**영화 속
통일
인문학**

더 생각	스스로 생각하고 만드는 내 삶을 위한 실천
인 문 학	인문학의 존재 이유는 나를 둘러싼 세상에 질문을 던지고 내 삶과 존재하는 모든 삶의 의미를 확인하며
시 리 즈	더 깊이 이해하는 데 있습니다. '더 생각 인문학 시리즈'는 일상의 삶에 중심을 두고 자발적인 개인을 성장
	시키며 사람의 가치를 고민하고 가치 있는 삶의 조건을 생각하는 기회로 다가가고자 합니다.

더 생각 인문학 시리즈 04

대중문화로 본 역사적 트라우마의 치유

영화 속 통일인문학

초판 1쇄 발행 | 2018년 8월 10일
초판 2쇄 발행 | 2019년 12월 5일

지은이 | 건국대학교 통일인문학연구단

발행인 | 김태영
발행처 | 도서출판 씽크스마트
주   소 | 서울특별시 마포구 토정로222(신수동) 한국출판콘텐츠센터 401호
전   화 | 02-323-5609 · 070-8836-8837
팩   스 | 02-337-5608

ISBN 978-89-6529-187-9   93680

• 잘못된 책은 구입한 서점에서 바꿔 드립니다.
• 이 책의 내용, 디자인, 이미지, 사진, 편집구성 등을 전체 또는 일부분이라도 사용할 때는 저자와 발행처 양쪽의 서면
  으로 된 동의서가 필요합니다.
• 원고 | kty0651@hanmail.net

• 이 도서의 국립중앙도서관 출판예정도서목록(CIP)은 서지정보유통지원시스템 홈페이지(http://seoji.nl.go.kr)와 국가
  자료공동목록시스템(http://www.nl.go.kr/kolisnet)에서 이용하실 수 있습니다.(CIP제어번호: 2018020600)

씽크스마트 • 더 큰 세상으로 통하는 길
도서출판 사이다 • 사람과 사람을 이어주는 다리

영화 속
통일
인문학

대중문화로 본
역사적
트라우마의
치유

건국대학교 통일인문학연구단 지음

추천의 말

통일인문학연구단의 연구자들이 함께 쓴 이 책은 한국영화를 통해 현대사에 아로새겨진 역사적 상처와 그것의 회복을 함께 살펴본다. 이 책을 통해 코리언의 '식민, 이산, 분단, 분단폭력, 탈북'이 낳은 아픔을 보듬을 수 있는 통일을 준비하는 것이 민족 공동의 과제라는 점이 더욱 선명해진다.

김홍걸
민족화해협력범국민협의회 대표상임의장

대중영화는 '문화산업의 푸른 꽃'이지만 정치공동체의 자기인식과 공동의 기억을 영상으로 재현한다는 점에서 '역사적 기록물'이기도 하다. 이 책은 '한국영화 다시 읽기'를 통해 20세기 이후 한국사를 '역사적 트라우마'의 관점에서 재인식하면서 그 '치유의 가능성'을 모색하고 있다.

심광현
한국예술종합학교 영상원 교수

통일인문학적 영화 읽기를 통해 수난의 현대사가 남긴 문제들은 우리의 일상과 밀접한 현재진행형의 과제임을 다시 느끼게 된다. 이 책은 고등학생을 위한 역사 강의 및 인문학적 관점의 평화통일 수업교재 또는 대학생을 위한 토론 교재로 유용할 것 같다.

신경은
성남고등학교 역사교사

이 책에서 만날 수 있는 '통일인문학'의 글쓰기는 딱딱한 논문도 아니고 섣부른 영화평론도 아니다. 우리 모두가 연루되어 있는 역사의 상처에 대한 응시는 결국 아무 죄 없이 사라졌고, 지금도 고통 받고 있는 사람들을 바라보는 따뜻한 시선에서 출발한다.

최나현
일본군성노예제 문제 해결을 위한 대학생 프로젝트 동아리
평화나비 네트워크 5기 전국대표

차례

2장 분단 트라우마

3장 분단폭력 트라우마

4장 탈북 트라우마

5장 이산 트라우마

6장 분단의 상처를 극복하는
통일에 대한 상상

머리말 1

한국영화의 민낯,
필름 속 '분단국가주의'

대중 매체로서 영화,
그리고 권력의 시선

영화는 대중에게 가장 친숙한 매체 중 하나이다. '대중매체(mass media)'는 말 그대로 대중에 의해, 대중을 위해, 대중적으로 사용되는 매체라고 할 수 있다. 여기서 '대중(mass)'은 '매체'를 통해서 특정한 문화를 생산하고 유통시키면서 소비하는 주체이며 '매체'는 이를 가능케 하는 수단이다. 하지만 원래부터 문화의 생산-유통-소비의 주체가 대중이었던 것은 아니다. 근대 자본주의 이전까지 문화 형성 및 향유의 주체는 귀족이었다. 그것은 귀족이 그 당시 지배자였기도 하지만 문화의 생산-유통-소비의 기술

김성민
건국대학교 통일인문학연구단장

적인 기반 자체가 소수에 제한적일 수밖에 없었기 때문이기도 하다.

모든 문화적인 창작 행위와 유통-소비과정은 특정한 수단들을 통해서 이루어진다. 그림을 그리기 위해서는 물감과 붓, 그림판이 필요하며 그것을 유통-소비하기 위해서는 전시공간이나 화첩이 필요하다. 이처럼 대중매체에서 '매체(media)'는 일차적으로 '수단, 도구'라는 뜻을 가지고 있다. 하지만 '매체(media)'는 칼이나 망치처럼 우리가 마음대로 사용할 수 있는 '수단, 도구(mediation)'이기만 한 것은 아니다. 과거 귀족문화를 생산-유통-소비하는 수단들은 매우 외연적으로도 내포적으로도 제한적이었다. 하지만 오늘날 이런 수단들은 매우 다양해졌고 그 범위도 세계화되었다.

　오늘날 사람들은 컴퓨터를 이용해서 그림을 그리고 사진기술들과 인터넷을 활용하여 이들을 유통-소비하고 있다. 사람들은 굳이 러시아의 아르미타주 박물관을 가지 않고도 거기에 걸려 있는 그림들을 감상할 수 있다. 여기서 매체는 불특정 다수의 집합인 대중이 문화를 생산-유통-소비하도록 하면서 이를 매개하고 연결하는 네트워크 그 자체이다. '미디어(media)'의 어원이 '사이, 중간(between)'이라는 의미를 지닌 'medius'로부터 나왔다는 것은 이를 상징적으로 보여주고 있다. 따라서 오늘날 '미디어'는 대중문화가 생산-유통-소비되는 기술적 기반이자 그것이 살아가는 '환경(medium)'이라고 할 수 있다.

　영화 또한 마찬가지이다. 과거에는 영화를 만드는 것도, 이를 소비하는 것도 극히 제한적이었다. 영화는 종합예술로, 동영상 제작 자체가 기술적으로 어려웠으며 소비 또한 영화를 상영하는 극장이 있어야 했다. 하지만 오늘날 사람들은 핸드폰을 가지고 동영상을 찍고 편집하며 집에서 영화를 감상한다. 따라서 오늘날 영화 또한 점점 더 대중에 의해 생산-유통-소비되고 있는 대상이 되었다. 그러나 대중매체의 기술적 발전이 이와 같은 대중화로만 귀결되는 것은 아니다. 대중문화의 발전은 그 역의 경향 또한 생산한다.

　대중적으로 생산-유통-소비되는 문화가 많을수록 기

술적으로 더 세련된 콘텐츠와 그렇지 않는 것의 차이는 도
드라질 수밖에 없으며 소비가 이루어지도록 대중을 유인
할 힘이 있는 콘텐츠와 그렇지 않은 것의 차이 또한 커질
수밖에 없다. 사람들은 다양한 영화를 생산-유통-소비하
지만 그중에서도 대중의 사랑을 받는 것은 극히 일부이며
많은 영화가 그 내용이나 질과 무관하게 태어난 지도 모르
는 사이에 사라진다. 배급사의 힘에 따라 개봉관의 숫자가
결정되며 문제작보다는 흥미 위주의 영화가 더 많은 관객
을 동원한다. 따라서 오늘날 대중을 불러 모으는 행위 자
체가 이미 '권력'이다.

　이런 점에서 권력의 비대칭성은 점점 더 대중문화의
생산-유통-소비의 전체 맥락을 결정하는 데 주요한 요인
이 되어가고 있다. 이들 기술은 과거의 제한적인 기술들과
달리 더 큰 규모의 스케일과 정교함, 그리고 전문성을 요
구한다. 바로 그렇기 때문에 이들 기술은 특정한 개인들
의 창발성에 의존하기보다 점점 더 국가장치와 같은 정치
권력 또는 '자본(capital)'과 같은 경제권력에 의존할 수밖에
없다. 오늘날 영화를 비롯하여 대중매체가 단순한 예술작
품이나 문화상품을 유통시키는 수단적 차원을 벗어나 사
회, 정치적인 차원에서 특정 권력을 대변하거나 경제적 이
득을 취하는 기제가 되는 것은 바로 이 때문이다.

　대중매체는 특정한 정치적 이해관계나 대중의 속물
적 욕망을 부추기는 자본의 비대칭적 권력의 장 내부에 존

재한다. CNN 뉴스는 그 실체적 진실과 무관하게 대중들에게 진리 그 자체가 된다. 그들은 이라크전쟁과 시리아전쟁을 생중계하고 미국의 입장을 세계화한다. 여기서 대중매체는 더 이상 대중에 의한, 대중을 위한, 대중의 매개자로 머물지 않는다. 그것은 매개자로 행동하지만 사실상 대중을 조작의 대상, 수동적 객체로 만든다. 마샬 맥루한(Marshall McLuhan)이 말한 것처럼 오늘날 '매체'는 의미와 가치, 진실 그 자체를 창조하는 메시아의 목소리, 즉 '메시지(message)'가 되어가고 있다.

한국영화 또한 마찬가지이다. 한국영화에는 한국의 근현대사를 살아온 사람들의 이야기가 있지만 그들의 이야기는 있는 그대로 순수하게 재현되지 않는다. 영화의 프레임 속에서 재현되는 이야기들에는 항상 그것을 잡아내고 드러내는 특정한 권력의 시선이 존재한다. 물론 이런 권력의 시선에 저항하면서 그것을 해체하거나 전복하고자 하는 '저항자의 시선'으로 만들어진 영화들도 있다. 하지만 영화도 그것을 생산-유통-소비하는 매체를 절대적으로 필요로 하기 때문에 영화의 주류(mainstream)는 언제나 정치-경제적인 권력과 욕망이 만들어내는 시선에 의해 장악되는 경향이 있다.

한국영화와 분단체제,
분단국가의 정체성과 분단국가주의

한국영화는 한국 또는 한국인에 의해 생산-유통-소비되는 영화라고 할 수 있다. 따라서 한국영화는 한국의 정치-경제-사회적 장 내부에서 생산되고 유통되며 소비된다. 그렇기 때문에 한국영화 속에서는 한국 또는 한국인의 삶과 서사, 기억들을 담고 있으면서도 거기에는 항상 이것들을 특정한 방식으로 재현하거나 드러내는 프레임, 즉 '권력의 시선'이 존재한다. 여기에는 정치적인 장에서 정치권력의 비대칭성뿐만 아니라 경제적인 장에서 자본권력의 비대칭성이 작동한다. 또한, 그것은 매우 의식적으로 프레임을 구축하는 방식으로 작동하기만 하는 것이 아니라 자기도 모르는 사이에 무의식적으로 특정한 가치와 정서들에 편향적으로 작동하기도 한다.

하지만 이 모든 것은 한국영화에서만 나타나는 독특한 것이 아니다. 그것은 한국 이외의 지역이나 사람들에게서도 나타난다. 물론 정치적인 장에서 작동하는 정치권력의 비대칭성과 경제적인 장에서 작동하는 자본권력의 비대칭성이 구체적으로 작동하고 드러나는 것은 한국이라는 지역, 한국인의 삶과 문화이다. 따라서 이와 같은 개별성 없이 권력의 비대칭성이 작동하는 구체적 양상을 분석할 수는 없다. 하지만 이런 권력의 비대칭성 중에는, 한국

이외의 다른 사회에서는 나타나지 않는 것으로서의 독특성을 보여주는 것들이 있다. 분단체제가 만들어내는 '프레임'과 '권력의 시선'은 다른 사회에서는 볼 수 없는 한국적 독특성을 보여주고 있다.

'분단'은 본래 하나의 나라를 이루고 살았던 민족 또는 하나의 나라를 이루고자 하는 인접지역의 사람들이 두 개 이상의 국가로 분열된 상태를 가리킨다. 한반도의 남쪽과 북쪽에는 '한국'과 '조선'이라는 두 개의 국가가 존재하며 그 둘은 모두다 '하나의 나라'를 건설해가는 '통일'을 국가 이념으로 내세우고 있다. 그런데 그렇기 때문에 많은 사람들은 '분단'의 책임을 자기 내부가 아니라 자기의 외부로부터 찾는 경향이 있다. 즉, 남쪽의 사람들은 북쪽 국가로부터, 북쪽의 사람들은 남쪽의 국가로부터 찾거나 아니면 그도 저도 아닌, 그 외부, 미국과 소련과 같은 국가에서 찾는 경향이 있다.

하지만 이것은 분단의 작동메커니즘을 제대로 보고 있는 것이 아니다. 만일 외세에 의해 분단되었다면 1980년대 동서냉전체제의 해체와 더불어 한반도의 분단도 극복되었어야 했다. 하지만 서독과 동독이 통일된 반면 한반도는 그렇지 못했다. 이것은 무엇을 의미하는가? 그것은 바로 한반도의 분단이 미국과 소련 같은 강대국에 의해서만 강제되고 있지는 않다는 것을 의미한다. 분단의 작동메커니즘은 단지 두 국가로 분열되어 있는 상태를 지속하고

자 하는 경향에서만 멈추는 것이다. 분단은, 대치하는 두 국가 간의 정치-군사적 대립을 생산하며 상대에 대한 적대성을 지속적으로 생산한다.

하지만 이런 상호 간의 정치-군사적 대립 및 상대를 향한 적대성은 나 밖에 있는 타자에 대한 폭력으로만 나타나는 것은 아니다. 외부를 향한 폭력은 내부를 향한 폭력으로 전화된다. 여기서 남과 북이라는 두 개의 분단국가는 그 안에 살고 있는 국민들을 각기 자신의 국가정체성에 일치시킬 것을 요구하며 그들과 다른 목소리를 내거나 행동을 하면 '적과 한패'라는 식으로 몰아붙인다. 따라서 남과 북을 포괄하는 민족은 남 또는 북의 분단국가로 축소되며 주권자로서 국민은 분단국가가 요구하는 국가정체성에 자신의 신체를 맞추어야 하는 지배의 대상으로 전락한다.

남 또는 북에 존재하는 국가는 민족 전체를 포괄하지 못하는 분단국가이다. 그들은 '코리언'이라는 하나의 민족을 대표하는 '정치체'라고 주장하고 있지만 실질적으로는 한반도에 살고 있는 코리언 전체를 포괄하지 못하고 있다. 하지만 현대국가들은 '국민(people)'국가이면서도 '민족(nation)'국가이다. 그들은 '상상된 정치적 공동체'로서 민족을 끊임없이 호명하면서 국민주권을 대표한다. 따라서 남과 북에 존재하는 분단국가에서 '분단'은, 드러나서는 안 되는 '흠집'이자 '결핍'이고 '결손'이다. 그들은 이 결핍을 메우고 감추기 위해서 '민족=국가'라는 자리를 뒤집어(전

치, displace) '국가=민족'이라는 식으로 국가정체성을 '국민'
들에게 강요하는 것이다.

　하지만 이런 강요는 우리가 피부로 느낄 수 있는 방식
으로만 작동하는 것은 아니다. 국가보안법과 같은 법-제
도적 장치는 물리적인 강제력을 직접적으로 동원하기 때
문에 지배와 억압을 피부로 느낄 수 있다. 반면 우리의 신
체에 아로새겨진 습성과 성향들은 어떤 외적 강제성 없
이 작동한다. 게다가 이 경우, 나는 내가 생각하고 느낀 방
식대로 행동하기 때문에 나의 의식과 행동에서의 '주체'
는 '나'다. 여기서 분단국가의 국가정체성은 곧 나의 정체
성이다. 따라서 '상징자본의 독점체'로서 국가는 학교뿐만
아니라 일상생활 속에서 친숙하게 작동하는 대중매체들을
활용하여 분단국가의 정체성을 국민들 각각의 몸과 마음
에 '신체화'시키고자 노력하는 경향이 있다.

　그런데 이렇게 신체화되면 사람들은 아무런 의심 없
이, 심지어 확신에 차서 '남이거나 북'이라는 양자택일적
선택을 하며 이에 근거하여 '남의 국가=민족의 대표, 북의
국가=민족의 적(괴뢰)'이라는 '도식'을 따라 생각하거나 행
동하게 된다. 분단국가주의는 바로 이와 같은 도식을 작동
시키는 믿음의 체계라고 할 수 있다. 한국사회에서 분단,
특히 전쟁을 다루는 영화들 대부분은 이와 같은 믿음의 체
계를 신체화하는 대표적인 매체였다. 여기서 국군은 선의
화신으로, 인민군은 악의 화신으로 그려지며 악인 인민군

은 죽어도 마땅한 자가 된다. 따라서 사람들은 이런 영화
들을 통해 분단국가주의를 내면화하고 친북 용공 세력들
은 죽어 마땅한 자들이라는 폭력을 자연스럽게 습득하게
된다.

분단폭력과 DMA신드롬,
그리고 반공영화

오늘날 평화학을 대표하는 석학인 요한 갈퉁(Johan
Galtung)은 직접적이고 물리적인 폭력만을 폭력으로 생각
하는 사람들의 인식을 뛰어넘어 '직접적-구조적-문화적
폭력'이라는 '폭력의 삼각형'에 대해 말한 바 있다. 이런
관점에서 보면 한반도의 분단체제는 군사적 충돌과 같은
직접적·물리적 폭력만을 생산하는 것이 아니다. 분단체
제가 생산하는 일상적 폭력은 직접적·물리적 폭력보다는
오히려 구조적이거나 문화적인 폭력들이 대부분이다. 분
단체제라는 구조가 생산하는 폭력은 분단국가주의와 같은
믿음체계를 통해서 문화적 폭력으로 전화하며 이들 문화
적 폭력은 다시 분단국가에 의해 이루어지는 '분단폭력'을
정당화하고 활성화하는 사회문화적 배경으로 'DMA신드
롬'을 작동시킨다.

'DMA'는 요한 갈퉁이 'Dichotomization(이분법화)',

'Manicheism(마니교주의)', 'Armageddon(아마겟돈)'의 첫 번째 알파벳을 조합하여 만든 신조어이다. 이는 폭력을 정당화하고 활성화하는 사회문화들은 기본적으로 '이분법화'와 '마니교주의', 그리고 '아마겟돈'이라는 논리적 궤적을 그리며 작동한다는 것을 보여주고 있다. 즉, 타자에 대한 폭력을 정당화하거나 활성화하는 문화들은 기본적으로 세계를 선과 악이라는 두 개의 양극단으로 이원화하고 '선'인 우리의 편에 설 것을 강요한다. 그런 이후, 마니교처럼 나의 편에 서지 않은 타자를 '악'으로 단죄하고 궁극적으로 선이 승리하기 위한 최후의 결전으로서 '아마겟돈'을 주장하면서 타자에 대한 폭력을 정당화하는 것이다.

분단폭력도 바로 이와 같은 DMA신드롬을 통해서 작동한다. 특히, 우리 사회 내부에서 남북문제를 남남갈등으로 전화시키는 메커니즘은 DMA신드롬의 문법을 그대로 따르고 있다. 이들은 남과 북을 선과 악으로 '이분법화'한다. 그런 이후, 그들은 '마니교'처럼 북을 민족의 배신자들이자 악의 화신으로 단죄하고 이들을 한반도에서 몰아내기 위한 최후 결전('아마겟돈')을 주장한다. 그런데 이런 최후 결전을 하기 위해서는 우리 내부부터 단속되어야 한다. 따라서 그가 누구이든 간에 그들은 분단국가의 정체성에 자신을 일치하지 않는 세력들을 좌익·용공 및 친북과 같은 불순 세력으로 단죄하고 그들에 대한 폭력은 이들 죄에 대한 단죄로 정당화되고 심지어 민족정화사업으로 신성화된다.

한국영화사에서 '반공영화'는 바로 이런 폭력을 정당화하고 신성화하는 작업의 일환으로 분단체제가 형성되던 바로 그 시기부터 국가에 의한 적극적인 후원 속에서 제작되었으며 군부 독재 정권에 의해 더욱더 활성화되었다. 반공영화는 역사적으로 분단체제의 형성 속에서 DMA신드롬의 문법을 사회적으로 확산시키면서 분단국가의 국민정체성을 강화시키는 역할을 수행했다. 첫째, 한반도에서 반쪽짜리 국가인 대한민국 정부가 수립된 지 2개월 후 '여순사건'이 일어났는데, 이것을 이승만 정권은 '대한민국=반공국가'라는 국가정체성을 확립하기 위한 기회로 삼았다.

여순사건 발발 시기에 제작된 반공영화는 총 7편 정도로, 이 중에서 여순사건과 직접적으로 관련되어 있는 반공영화는 4편이었으며 나머지 3편은 반공주의를 설파하기 위해 제작된 영화였다. 1948년 11월 5일 수도·국도·서울·중앙극장에서 〈여수 순천 반란 사건〉이 일제히 개봉되는 것을 시작으로 하여, 1949년 7월 20일 서울·중앙극장에서도 〈지리산 작전〉이 개봉되었다. 이 두 영화는 모두 다 여순사건을 다루고 있다. 하지만 이외에도 북한의 학정과 공산주의자들의 악랄함, 그리고 멸공을 설파하는 〈전우〉(1949), 〈성벽을 뚫고〉(1949), 〈북한의 실정〉(1949), 〈무너지는 삼팔선〉(1950) 등과 같은 영화들이 잇따라 개봉되었다.

둘째, 반공영화의 제작 주체들은 민간업체가 아니라 국가기관 또는 당시 정부에 의해 조직된 관변단체였다는 점이다. 이것은 분단국가가 직접 나서서 분단체제에서의 DMA신드롬을 확신시킬 목적으로 이들 영화를 제작했다는 것을 의미한다. 〈여수 순천 반란 사건〉은 내무부와 국방부가 후원하고 사단법인 조선영화사가 제작을 했으며 〈무너지는 삼팔선〉은 서울시 공보과의 후원으로 계몽문화협회에서 제작되었다. 하지만 이런 외피 없이 〈전우〉(공보처)처럼 정부가 직접 나서서 영화를 만들기도 했다. 심지어 〈북한의 실정〉, (육군본부 정보국), 〈지리산작전〉(육군본부 교육국), 〈성벽을 뚫고〉(제5사단 3연대 정훈과)와 같은 영화들은 군부대가 직접 나서서 제작된 영화들이었다.

그런데 이런 반공영화는 6·25전쟁을 통해서 더욱더 강화되었다. 전쟁 발발 이후 1953년까지 반공영화들은 주로 전쟁 상황을 알린다는 명분으로 기록 뉴스 영화처럼 제작되었으며 남쪽 내부에 존재하는 적을 색출하기 위한 상징체계를 더욱더 강화했다. 〈서부전선〉(1950), 〈오랑캐의 발자취〉(1951), 〈정의의 진격〉 1/2부(1951/1952), 〈싸우는 대한민국〉(1951), 〈총검은 살아 있다〉(1952), 〈영광의 길〉(1953) 등은 그 당시 전쟁을 숭고한 '선'의 승리라는 관점에서 묘사했다. 또한, 이후 1980년대까지 극장에서 영화 관람 이전에 반드시 상영해야 했던 관변뉴스라고 할 수 있는 〈대한뉴스〉, 〈국방뉴스〉 등도 이 당시 제작되었다.

하지만 이들의 역사는 결코 짧지 않았다. 1987년 민주화 이전까지만 하더라도 '대종상' 영화제에서는 "우수반공영화상"이나 "반공영화각본상" 등을 만들어 수상할 정도로, 국가의 적극적인 후원을 받았다. 따라서 분단국가주의와 관련하여 한국영화의 '민낯'은 매우 낯 뜨거운 것이 될 수밖에 없었다. 이들 반공영화가 가진 기획의도와 구성은 동일했다. 그것은 바로 북한과 공산주의자들을 '악마화'하고 '공포의 대상'으로 만듦으로써 DMA신드롬을 한국사회에 정착시킴으로써 분단국가주의를 국민들 스스로 실행하도록 만드는 것이었다.

〈북한의 실상〉에서 북은 파괴, 살육, 기만을 일삼는 공산적구이자 괴뢰도당으로 악마화되었다. 또한, 그렇기 때문에 〈전우〉에서는 북의 학정을 피해 남으로 온 형제가 각각 '경찰'과 '군인'이 되어 공산당을 때려잡는 과정이 영웅적으로 묘사되고 있다. 따라서 이들 영화는 모두다 이분법화, 마니교주의, 아마겟돈이라는 DMA신드롬의 문법을 그대로 성실하게 체현하고 있다. 물론 영화인들이 이에 대해 저항하지 않았던 것은 아니다. 그들은 비록 분단국가의 폭력에 굴복하여 반공영화를 만들었지만 그들 또한 예술인이었으며 이런 모든 갈등 속에 인간의 모습을 투영하고자 했다. 그러나 그것이 문제였다.

〈피아골〉(1955)은 기관의 검수와 검열을 거치고 나서도 개봉 이후에 용공영화 논쟁에 휘말리면서 국방부와 육군본부 간의 의견충돌을 유발했으며 〈7인의 여포로〉(1965)는 한국전쟁의 참전용사였던 이만희가 군사정권의 지원을 받아 제작된 영화임에도 불구하고 인민군 장교를 인간적으로 묘사했다고 반공법 위반으로 기소되었으며 결국 상영금지처분을 받았다. 따라서 반공영화는 지속적으로 내적 딜레마를 경험할 수밖에 없었다. 사실적으로 묘사하기 위해서는 공산주의자들을 인간적으로 그려야 하지만 그렇게 되었을 때, 선악의 이분법적 대립이 해체되는 반면 이를 피하기 위해 선악의 이분법적 대립을 도입하면 영화의 극적 내러티브와 갈등이 단순화되어 버리기 때문이다.

분단국가주의로부터의 빗겨짐, 민주화와 형제애의 도래

박정희 유신정권은 1973년 영화법 개정을 통해 '영화진흥공사'를 설립하고 반공영화 제작에 엄청난 자금을 투자했다. 임권택의 〈증언〉(1973), 이만희의 〈들국화는 피었는데〉(1974) 등이 그러하다. 하지만 당시 정부가 중고등학생들을 동원하여 단체 관람을 유도했음에도 불구하고 이들 영화는 대중으로부터 외면당했다. 이런 점에서 유신 파시즘이 강요하는 분단국가주의를 벗어나 분단을 '반공'이 아니라 '인간'의 관점에서 다루고자 하는 영화들이 돌출적으로 출현했다. 작가주의 영화는 이테올로기적 이분법과 선악의 대립을 벗어나 불완전한 존재로서 인간의 삶을 있는 그대로 그리고자 했다. 이런 작가주의 영화는 드물지만 돌출적으로 출현했다. 유현목의 〈오발탄〉(1961)을 시작으로 하여 임권택의 〈짝코〉(1980)와 〈길소뜸〉(1985), 배창호의 〈그해 겨울은 따뜻했네〉(1984) 등이 그러했다.

이런 작가주의 영화는 이분법적으로 단순화된 세계를 거부하고 인간의 삶이 가지고 있는 복잡성과 미묘함을 드러내고자 했다. 인간의 삶은 반공영화에서 보듯이 선과 악으로 재단할 수 있는 것이 아니다. 현실적으로 인간은 선과 악 사이에 존재한다. 그렇기 때문에 예술가로서 영화감독들은, 비록 그것이 반공영화라고 하더라도 영화의 진실성과 미학적 측면에서 인간의 실존적 삶 그 자체에 근거하고자 했다. 그런데 그것은 반공영화의 프레임인 'DMA신드롬'의 문법을 벗어나는 것이다. 따라서 작가주의 영화는 항상 용공논란을 달고 다녔다.

그러나 이런 작가주의 영화는 극단적으로 그려진 반공의 세계를 거부하는 것일 뿐, 분단체제 그 자체를 사유하거나 성찰한 영화라고 할 수는 없다. 한국영화계에서 분단폭력을 정면에서 다룬 영화들이 등장하는 것은 1987년 6·10민주항쟁 이후, 진행된 민주화와 그 민주화의 흐름 위에서 진행된 '코리안 뉴웨이브(Korean new wave)'이다. 처음에 그것은 '작가주의 영화'처럼 분단국가주의에 의해 억압되어 왔던 '인간'이라는 '실존'의 차원에서 분단을 다루기 시작했다. 또한, 한국 자본주의의 발전과 함께 진행된 한국 영화산업의 발전은 '분단 그 자체'도 반공이 아니라 대중적인 소비의 대상으로 만들어갔다.

특히, 이들 영화는 동서냉전체제의 와해라는 국제적 환경변화 및 '6·15 남북공동성명'(2000)과 '10·4선언'(2007)이라는 남북관계의 진전과 맞물려 분단 그 자체를 다루고 사유하는 '분단영화'로 발전해갔다. 이들 영화에서 분단은 더 이상 이분법, 마니교주의, 아마겟돈의 논리를 따라 묘사되지 않았다. 오히려 이들 영화는 기존의 반공을 희화화하고 분단체제가 생산하는 폭력을 사유하기 시작했다. 이것은 1987년 민주화가 낳은 효과이기도 했다. 분단국가의 정체성에 자신을 일치시켰던 국민이 주권자로서의 자신에 대해 자각하도록 일깨웠기 때문이다.

주권자로서 자신을 자각한 시민들은 그들이 겪은 정치적이고 시대적인 고통과 아픔을 더 이상 감내하지 않고 드러내는 데서 시작하나 이후 그들이 겪은 고통과 아픔이 그들이 살고 있는 분단국가에 의해 자행된 것임을 인식하는 데로 나아갔다. 따라서 그들은 더 이상 분단국가주의를 그 스스로 수행하지 않았다. 오히려 그들은 남북의 대립이라는 적대적 분단체제를 통해 강요되어 왔던 분단국가의 폭력에 저항했으며 분단폭력을 생산하는 분단체제 그 자체를 해체하는 길을 모색하였다. 그것은 이전의 반공영화가 생산하는 DMA신드롬과는 전혀 다른 방향이었다. 여기서 남과 북은 더 이상 선과 악의 이분법으로 등장하지 않는다. 대신에 남과 북은 '하나의 민족'이라는 동일화의 욕망을 가진 '형제'로 그려졌다.

　물론 이런 일련의 과정이 불가역적인 것은 아니었다. 민주화는 대중문화와 영화에서도 그들을 주체화했지만 이런 주체화는 한편으로 분단체제의 적대성을 기반으로 하여 권력을 강화해왔던 분단기득권 세력과 다른 한편으로 분단국가의 정체성에 자신을 일치시켰던 국가주의자들에게 격렬한 반발을 불러왔다. 그리고 그것은 한국 내적으로 정치적인 갈등과 대결을 조장하는 당파적 정쟁의 대상이 되었다. 김대중-노무현 정권 이후 들어선 이명박-박근혜 정권은 이런 반발을 대변하고 있었다. 반공영화를 다시 만들고 과거 분단국가주의에 의해 조성되었던 'DMA신드롬'을 되살려냈다. 게다가 이들 정권은 이미 해체되기 시작한 반공의 문법을 되살리고자 영화계를 비롯한 문화계의 블랙리스트를 작성하고 이들을 통제하고자 했다.

　그러나 그것은 그리 성공적이지 못했다. 〈포화 속으로〉(2010)와 170억 원이 투자된 〈인천상륙작전〉(2016) 등, 이명박-박근혜 정권은 분단국가주의의 도식을 다시 작동시키기 위해 노력했으나 대중의 반응은 신통치 않았다. 따라서 한국영화사에서 반공영화는 점점 더 살아남기 힘들어지고 있다. 그럼에도 불구하고 1948년 분단체제의 형성과 함께 시작된 분단국가주의는 지금도 여전히 작동하고 있다. 심지어 그들은 각종 탈법과 불법으로 탄핵을 당한 박근혜 정권조차 북과 남쪽 내의 친북세력이 기획한 음모의 희생양으로 생각하고 있다. 이런 점에서 DMA신드롬을 확산시켜 온 한국영화는 분단폭력의 가해자이기도 하다.

그렇다고 해서 한국영화가 가해자이기만 한 것도 아니다. 영화는 지배자의 권력에 의해 일방적으로 결정되는 것도 아니며 피지배자의 전복적 시선만을 구현하는 것도 아니다. 그것은 지배자와 피지배자 사이의 투쟁, 권력의 비대칭성을 향한 움직임과 그것을 해체하려는 움직임 사이에서 결정된다. 한국영화가 비록 분단체제의 형성과정 속에서 분단국가주의를 생산하고 사회화하는 상징체계로서 국가에 의해 생산되었지만 그것의 미래조차 분단국가의 권력에 의해 결정되었던 것은 아니다. 여기서는 여전히 분단국가주의의 시선을 해체하면서 분단폭력에 저항하는 균열이 존재한다.

게다가 민주화의 과정에서 주권자로서의 시민적 자각은 두 국가의 분단을 넘어선 '형제애'라는 욕망을 불러왔다. 그동안 분단국가가 자행한 분단폭력에 저항하면서 분단체제 그 자체를 문제 삼고자 했던 많은 분단영화는 이 욕망을 '민족적 동일화'라는 환상체계로 구현하고자 시도했다. 이런 점에서 이들 영화는 더 이상 분단국가주의에 사로잡힌 영화들이 아니었다. 이들 영화는 오히려 DMA 신드롬을 해체함으로써 분단국가주의의 작동을 해체하는 전복적인 영화들이 되었다. 따라서 한국영화사를 통해서 사유되어야 할 것은 분단국가주의의 생산과 확산만이 아니라 그것을 전복하고자 하는 여러 시도이며 이들 영화가 보여주는 간극과 균열, 해체와 전복의 양상이라고 할 수 있다.

머리말 2

영화로 본 코리언의 역사적 트라우마: 식민, 이산, 분단

분단영화의
대중심리적 토양

다른 예술 장르와 마찬가지로 영화 또한 기본적으로 미적 형상화를 추구한다. 하지만 사람들의 공감을 불러일으키는 것은 미적 형상화 그 자체가 아니다. 사람들과 공명하는 것은 삶과 생명이 가진 진실성이다. 아무리 아름다운 영화라고 할지라도 화면 속에 재현되는 것들이 단지 아름답고 화려하기만 하다면 사람들에게 외면당할 수밖에 없다. 반대로 재현된 것들이 투박하고 심지어 더럽다고 하더라도 우리네 삶과 세계에 대한 진실을 담고 있다면 사람들은 그것에 공명(共鳴)한다. 따라서 모든 영화는 나름의

박영균
건국대학교 통일인문학연구단 HK교수

방식으로 삶과 세계에 대한 진실을 담고자 한다.

모든 것이 그러하듯이 영상으로 재현되는 진실 또한 순전히 중립적일 수는 없다. 일반적으로 사람들은 진실을 말할 때 '중립'을 가장하는 경향이 있다. 모든 영화에서 재현되는 진실에는 감독이나 작가 나름의 시각과 관점, 프레임이 담겨 있다. 이들 프레임은 특정한 사회적 관계, 그들의 관습과 그 사회의 지배적 이데올로기를 가지고 있다. 그러므로 어떤 영화든 그것들 각각이 가진 욕망과 의지를 따라 삶과 세계를 특정한 방식으로 형상화한다. 반공영화의 경우도 마찬가지이다. 반공영화도 '반공'이라는 그 나름의 이데올로기와 욕망, 판타지를 담고 있다.

그러나 반공영화는 국가권력이 직접 대중매체를 사용

하여 '반공'이라는 목적을 실현하고자 하기 때문에 다른 영화들과 달리 더 정치적인 데 반해 덜 미학적이다. 반공영화들은 국가권력의 시선이 우세하기 때문에 삶과 세계를 좀 더 노골적으로 재단하고 상징화한다. 그것은 국가가 요구하는 상징화의 문법을 따라 분단을 형상화했고 그것을 소비하는 대중이 분단국가주의를 자신들의 신체에 각인하도록 만듦으로써 분단폭력을 스스로 수행하는 분단폭력의 '담지자이자 수행자(agent)'로 만드는 수단이 되었다.

이런 점에서 어떤 사람들은, 반공영화 대부분이 현실이나 진실에 대한 왜곡 또는 거짓이라고 여긴다. 반공영화는 물론 국가권력을 장악한 권력자들의 의도에 따라 진실 자체를 의도적으로 왜곡하거나 조작한다. 하지만 분단영화들이 분단국가주의를 유포하면서 '분단 아비투스'를 사람들의 신체에 아로새길 수 있었던 것은, 그 당시 사람들이 공감할 수 있는 요소들을 지녔기 때문이다. 분단 아비투스는 역사적으로 분단국가에 사는 국민들이 분단체제가 강요하는 구조와 질서를 신체화하는 특정한 성향과 믿음들의 체계라고 할 수 있다.

이런 성향과 믿음들의 체계는 분단국가가 정치적 목적을 위해 순전히 '허구적으로' 만들어내어 국민에게 주입한 것들이 아니다. 반공이데올로기를 설파하는 반공영화에도 대중의 공감을 불러일으키는 요소들이 있다. 그것이 없다면 반공영화가 설파하는 분단국가주의는 작동할 수 없다. 이런 점에서 대중의 공감을 불러일으키는 요소가 있는데, 바로 '분단 트라우마'이다. 분단 트라우마는 분단이 남긴 상처와 고통들에 대한 기억을 통해서 분단의 적대성을 신체화하며 분단 아비투스에 대한 정서적 공감을 만들어내고 DMA신드롬이 작동할 대중심리적 토양을 제공한다.

선악의 이분법을 통해서 상대를 악마화하고 궁극적으로 상대를 멸절시키는 최후의 전쟁을 요구하는 DMA 신드롬은 기본적으로 공격적이고 파괴적인 충동에 근거한다. 트라우마적 사건은 '외상 후 스트레스 장애(PTSD, Post Trauma Stress Disorder)'라는 용어가 말해주듯이 트라우마(trauma)를 주는 사건 이후(post) 그 사건의 상처가 남긴 압력(stress)으로 인한 '장애(disorder)'를 유발한다. 그런데 이 장애가 작동하는 방식은 두 가지의 방향성을 띤다. 하나는 자신의 책임을 물으면서 자기를 괴롭히는 '피학적 파괴 충동[masochism]'이며 다른 하나는 타자를 공격하면서 파괴하고자 하는 '가학적 파괴 충동[sadism]'이다.

분단체제는 바로 이와 같은 분단 트라우마가 남긴 장애를 이용하여 대중 스스로 분단폭력을 생산하도록 만든다. 분단폭력은 분단의 상처가 남긴 고통과 아픔을 공격적이고 파괴적인 충동으로 바꾸어 놓는다. 그것은 분단의 책임을 상대방에 전적으로 뒤집어씌움으로써 시작된다. 상대는 '악의 화신'이 된다. 그리고 그렇게 함으로써 상대에 폭력을 행사하는 데 둔감해진다. 분단 트라우마가 유발하는 장애는 거기서 멈추지 않고 내부에 대한 폭력으로 전화한다. 즉, 타자를 향한 공격은 내부를 향한 공격, '피학적 파괴 충동'으로 전화하는 것이다. 그들은 스스로를 검열하며 자신을 분단국가의 국민으로 정화하는 작업을 수행한다.

바로 이런 점에서 반공영화는 기본적으로 분단 아비투스를 생산하지만 이것이 작동할 수 있었던 것은 분단 트라우마가 남긴 PTSD를 자극하기 때문이다. PTSD는 기본적으로 트라우마적 사건을 환기함으로써 작동된다. 트라우마적 사건을 경험한 사람들은 그와 유사한 상황이 발생할 때, 지금 상황이 과거와 같지 않은데도 마치 과거의 사건이 바로 지금 여기서 일어나는 것처럼 과거의 기억을 현재화하며 그런 시간의 왜곡 속에서 '공포'나 '불안'에 사로잡힌다. 그런데 반공영화는 이와 같은 트라우마적 사건들을 '선과 악'의 이분법으로 프레임화함으로써 'PTSD'를 자극하고 그를 통해서 DMA신드롬을 작동시키는 것이다.

DMA신드롬을 작동시키는 반공영화에서의 트라우마는, 과거의 상처를 끊임없이 현재화함으로써 현재를 과거로 바꾸어 놓고 사람들이 '과거의 시간'에 사로잡히게 만든다. 여기서 그는 과거를 현재화함으로써 이미 지나간 과거로 '퇴행'한다. 현재는 과거와 미래 중간에 위치한다. 사람들은 현재를 통해 과거에서 미래로 나아가는데 과거에 사로잡힌 사람들은 현재를 과거의 시간으로 바꾸어 놓기 때문에 미래로 나아가지 못하고 '과거의 포로'가 된다. 이런 점에서 PTSD는 트라우마적 사건을 경험한 사람들이 트라우마에 사로잡혀 벗어날 수 없도록 노예화한다.

반공영화는 바로 이와 같은 작업을 통해서 분단 아비투스를 신체화한다. 그것은 트라우마적 사건이 남긴 고통이나 아픔을 끊임없이 들추어냄으로써 트라우마를 작동시키고 타자에 대한 적대성을 강화함으로써 '내부'를 집단적으로 강화하고 분단국가의 권력을 '전체주의'적 권력으로 바꾸어 놓는다. 스피노자가 말한 것처럼 전제군주는 대중의 '슬픈 정서'를 먹고 자란다. 분단국가의 전제권력은 대중의 슬픔과 비참함을 타자에 대한 증오로 바꾸고 그것을 통해서 자신의 권력을 강화하는 '증오의 정치학'을 작동시킨다. 따라서 분단을 대중의 신체에 아로새기는 분단 아비투스에 대한 해체 작업은 분단 트라우마가 남긴 고통과 아픔을 극복하는 작업 없이 제대로 수행될 수 없다.

분단 트라우마의 국가주의화와
극복의 모색

분단의 사회적 신체 및 분단국가주의를 체현한 신체들을 생산하는 분단 아비투스는 분단국가에 사는 사람들이라면 당연하게 그렇게 행동할 것이라고 간주되는 인식과 평가, 행위의 도식들로, 분단체제를 재생산하는 사고와 실천의 도식들의 내재화이다. 남북의 정통성 경쟁이나 체제우월성, 6·25전쟁을 기억하는 방식들은 모두 이와 같은 도식들을 기반으로 이루어지고 있다. 그런데 이런 도식들의 신체화는 국가권력에 의해 강요된 것이 아니라 반공영화처럼 분단 트라우마에 대한 기억들을 환기함으로써 대중의 정서적 공감을 만들어내고 이를 통해 자연스럽게 타자에 대한 적대성을 신체화했다.

애초에 프로이트(Sigmund Freud)는 PTSD를 일종의 '정신병'으로, 살인이나 강간 같은 '빅 트라우마'가 유발하는 것으로 생각했다. 하지만 PTSD는 지속적으로 이루어지는 소소한 폭력이나 작지만 반복적으로 행해지는 억압에 의해서도 발생한다. 그리고 이와 같은 '스몰 트라우마'로 유발되는 '복합성 PTSD'는 인격이나 인성의 왜곡을 유발하는 경향이 있다. 이들은 대부분 합리적이고 정상적인 생활을 한다. 하지만 특정한 사안이나 상황들에 대해서만은 이해가 전혀 불가능하거나 정상적인 소통이 안 되는 것이다.

분단 트라우마 또한 마찬가지이다. 개인에서 나타나는 PTSD와 다른 것은 사회적이고 집단적이라는 점이다. 일반적으로 특정 사회는 그들 나름대로 공유하는 가치와 문화, 행위 패턴이 있다. 따라서 이견은 있지만 사회적 현안들에 대한 합리적인 토론과 논의가 가능하다. 하지만 이런 합리적 토론이나 논의가 불가능해지는 경우가 있다. 역사적으로 한국사회에서 이와 같은 방식으로 나타났던 대표적인 문제가 남북문제였다. 오랜 세월 동안 남북관계는 한국에서 주요한 정쟁의 대상이었을 뿐만 아니라 남남갈등을 유발하는 주요한 소재가 되었다.

　게다가 이 경우에는 어떤 폭력이나 거짓도 정당화되며 심지어 진실로 둔갑하는 경향이 있다. 북에서 무엇을 이야기하고 행동하든 간에 사람들은 믿지 않으며 그 모든 것을 공작과 책략의 산물로, 일단 의심하고 본다. 똑같은 주장이라고 하더라도 북이 그것을 주장하는 한에서 그 주장의 진위 및 좋고 나쁨에 대한 판단이나 토론은 중단되고 이와 무관하게 '종북', '친북'이라는 딱지가 붙어 그에 대한 단죄가 정당화된다. 이 경우, 국가에 의한 테러와 살인이 정당화되고 법으로 그들을 단죄하는 근거가 되기도 했다. 여기서 이성적 토론과 합리적 판단은 중단되는 것이다.

　1945년 분단 이후, 좌익 척결로부터 시작하여 1948년 남과 북에서 건설된 분단국가를 정당화하기 위해 '반공'을 내세웠던 이승만 정권에서부터 박정희-전두환 군사정권까지 이와 같은 국가에 의한 분단폭력은 '국가보안법'이라는 사법살인의 형태로 지속되었다. 그들은 김구 암살과 같은 테러뿐만 아니라 대통령 후보였던 조봉암을 간첩으로 몰아 사형시켰다. 박정희-전두환 정권 또한, 북한의 위협

및 '반공'이라는 명분으로 정당화하고 민주화를 요구하는 시민과 학생들의 시위를 '좌경·용공세력'의 준동으로 몰아 탄압했다. 따라서 분단 트라우마가 야기한 PTSD는 대중 스스로에 대한 폭력을 생산하는 기제가 되었다.

하지만 트라우마적 사건을 겪은 사람들은 '과거 시간'에 포로로만 남아 있는 것은 아니다. 그들은 지속적으로 트라우마적 사건 자체를 극복하고 다른 사람들과의 관계를 회복함으로써 자신의 생명력을 활성화하고자 시도한다. 마찬가지로 한 사회가 겪는 PTSD도 시간이 지나면서 그것을 극복하고자 하는 노력들을 만들어낸다. 트라우마는 우리가 살면서 외부 환경과의 만남에서 필연적으로 겪을 수밖에 없는 위험 및 폭력들 때문에 발생하는 것으로, 인간의 실존을 생각하는 사람이라면 누구나 공감할 수밖에 없는 아픔이자 고통이라고 할 수 있다. 따라서 인간의 실존에 주목하는 사람이라면 비록 그가 반공영화를 만든다고 하더라도 그것의 문법적 틀을 그대로 따를 수 없다.

분단이라는 역사적 상처는 남과 북이 함께 겪었던 고통이자 아픔으로, 인간이라는 관점에서는 양자 모두에게 상처일 수밖에 없다. 따라서 반공영화가 비록 반공주의라는 규칙을 따라 영화를 만든다고 하더라도 인간의 삶을 통해서 어느 정도의 진실을 담고자 하는 경우, 그것은 반공주의 문법으로부터의 빗겨짐, 균열을 생산할 수밖에 없다. 〈피아골〉(1955), 〈7인의 여포로〉(1965) 등과 같이 국가의 지

원으로 제작된 반공영화가 불러일으킨 논란과 〈오발탄〉
(1961), 〈짝코〉(1980), 〈그해 겨울은 따뜻했네〉(1984)와 같은
작가주의 영화가 이를 보여주고 있다.

하지만 반공영화의 문법을 해체하는 데 가장 결정적
인 영향을 미친 요인은 '민주주의의 발전'이라고 할 수 있
다. 분단 트라우마가 낳은 장애는 '분단국가주의'를 강화
하면서 '국가테러리즘'을 정당화하는 경향이 있다. 그 때
문에 민주주의의 발전은 이와 같은 분단 트라우마를 극복
하고자 하는 노력들을 생산한다. 1987년 6·10민주항쟁과
더불어 진행된 한국사회의 민주화는 한국영화에서도 새
로운 바람을 불러일으켰다. 특히, 기존과 같은 반공영화는
더 이상 맥을 추지 못하게 되었다. 대신에 8·15해방 이후
좌우 대결 및 분단으로 이어지는 일련의 과정들을 휴머니
즘의 관점에서 다루기 시작했다.

대표적으로 분단 이후 처음으로 빨치산을 인간적 관
점에서 다룬 〈남부군〉(1990)과 〈태백산맥〉(1994)이 이 시기
에 개봉되었다. 빨치산은 이전까지 한민족 내부에 존재하
는 '적'으로, 대표적인 '악'으로 형상화되어 왔다. 그러나
이들 영화에서 빨치산은 더 이상 선과 악이라는 두 개의
대립으로 환원되지 않았다. 오히려 이들의 이데올로기적
대립은 분단이 낳은 고통이자 아픔으로 다루어지기 시작
했다. 따라서 이들 영화는 이제까지 반공영화들이 생산해
온 DMA신드롬을 해체하고 있다.

게다가 2000년 '6·10공동선언'과 2007년 '10·4선언'
과 같이 분단체제를 뒤흔드는 남북의 화해와 협력, 평화정
착의 제반 노력이 진행되면서 한국영화 또한 분단체제를
재생산하는 '분단 트라우마'를 극복하는 길을 모색하기 시
작했다. 이들 영화는 이전보다 더 직접적으로 분단체제 그
자체를 다루며 분단폭력을 초점화하고 이를 문제 삼았다.
또한, 통일에 대한 상상력을 통해서 분단과 전쟁이 남긴
상처를 어루만지고 함께 이를 극복할 수 있는 길을 모색하
고자 했다. 〈공동경비구역 JSA〉(2000)와 〈웰컴 투 동막골〉
(2005) 등이 이를 대표적으로 보여주고 있다.

코리언의 역사적 트라우마와
영화 치유

분단 트라우마를 극복하고자 하는 모든 노력은 '상
처에 대한 치유'를 목표로 한다. 분단 트라우마가 야기하
는 PTSD가 '정신병'과 다르듯이 '치유(healing)'는 '치료
(therapy)'와 다르다. 병을 고치는 것이 아니라 막혀 있는 리
비도를 다시 흐르도록 하는 것이며 생명력을 활성화하여
활력을 되찾도록 하는 것이다. 인간을 포함하여 모든 생명
체의 삶에서 중요한 것은 자신의 생명력을 활성화하는 일
이다. 하지만 PTSD를 앓는 사람은 타인과의 관계에서 자

신의 리비도를 에로스가 아니라 타나토스적 방식으로 작동시키기 때문에 양자의 삶을 활성화하는 것이 아니라 오히려 억압하며 파괴한다.

분단은 군사적 대치의 공간인 DMZ가 보여주듯이 바로 이와 같은 억압과 파괴의 시스템이다. 왜냐하면 분단은 '우리가 하나의 민족'이라는 민족적 환상, 또는 '상상된 정치공동체'로서의 민족이라는 환상을 만들어내는 민족적 리비도가 흐를 수 없도록 억압하기 때문이다. 남과 북에 사는 코리언들은 다른 나라에 사는 사람들과의 관계에는 없는 특별한 감정과 정서, 그리고 욕망을 지녔다. 하지만 서로에 대한 그런 욕망, 감정, 정서를 그대로 표현하거나 실행할 수 없다.

심지어 다른 나라 사람들은 손쉽게 언제든지 만날 수 있으나 남북의 주민은 국가에 의해 특별하게 허락되는 경우를 제외하면 만남이 철저하게 금지되어 있다. 따라서 분단은 우리가 가지고 있는 '민족적 동일화'의 욕망 및 서로를 향하는 민족적 리비도가 흐를 수 없도록 하는 근본적인 억압 장치이다. 그런데 이와 같은 분단이 억압 장치가 되는 것은, '민족≠국가'라는 어긋남 때문이다. 민족과 국가가 불일치하기 때문에 두 개의 분단국가는 그 자신을 민족이라는 상상된 정치공동체를 대표하는 정치체로서 내세우면서 상대를 불법으로 반쪽의 영토를 점거하고 있는 집단으로 몰아붙이는 것이다. 따라서 분단 트라우마를 치유하는 방향 또한 민족≠국가라는 어긋남을 극복하는 데로 향할 수밖에 없다.

하지만 민족≠국가라는 어긋남은 남북분단에서만 나타나는 것이 아니다. 식민과 이산 또한 마찬가지이다. 오늘날 우리가 보면 민족≠국가라는 어긋남이 가장 명료하게 드러나는 것은 남북분단이다. 하지만 민족≠국가라는 어긋남이 한반도에서 시작된 것은 일본 제국주의에 의한 식민 지배였다. 식민화는 코리언이라는 민족이 세운 국가가 아니라 일본인들이 세운 국가에서 살아가는 것이다. 따라서 식민화는 분단 트라우마와 마찬가지로 민족≠국가라는 어긋남에 따른 억압과 트라우마를 생산한다. 마찬가지로 이산도 다른 민족이 주류인 국가에서 살기 때문에 민족≠국가라는 어긋남에 따른 억압과 트라우마를 생산한다.

그런데 한반도의 역사에서 이와 같은 민족≠국가라는 어긋남을 구조적으로 공유하는 식민과 이산, 분단이 시작된 기원은 일본 제국주의에 의한 식민 지배였다. 근대 개항과 더불어 봉건적 조선왕조는 대한제국의 수립과 더불어 근대민족국가로의 전환을 모색하였다. 하지만 을사늑약과 같은 일본에 의한 강제점령은 민족=국가의 수립이라는 민족적 리비도의 흐름을 억압하고 봉쇄함으로써 억압을 생산했다. 또한, 한반도를 무력으로 점령한 일본은 토지조사사업과 같은 정책들을 통해 토지를 일본 제국주의 국가의 소유로 전환하고 농민들을 땅에서 내몰았을 뿐만 아니라 제국주의 전쟁을 위한 강제 동원 정책을 실시했다.

현재 우리에게는 약 700만 명에 이르는 코리언 디아스포라가 있다. 이들은 한반도에 거주하는 코리언 대비 약 10%에 이른다. 특히, 코리언은 유대인처럼 국가를 잃고 떠돈 적이 없으며 대항해시대와 같이 대량 이민이 일어나지도 않았다는 점에서 기이할 만큼 높은 비율이다. 하지만 일제에 의한 식민 지배는 500만 명이 넘는 코리언의 강제 이주를 낳았으며 이들은 오늘날 코리언 디아스포라의 선조가 되었다. 그래서 코리언 디아스포라 중 거의 60%에 이르는 사람들이 중국과 일본, 구소련 지역에 거주하고 있다.

바로 이런 점에서 코리언의 역사적 트라우마와 그것이 낳은 장애에 대한 극복 및 치유의 모색은 '분단'을 넘어서 '이산'과 '식민'까지 포함해야 한다. 한국영화들 속에는 이들 트라우마적 사건과 그 사건이 남긴 후유증, 그리고 장애가 담겨 있다. 물론 1987년 민주화 이전까지 한국영화들에서 이와 같은 트라우마는 '치유'의 관점에서가 아니라 오히려 자학적이고 피학적인 공격적 파괴충동을 자극하는 방식으로 형상화되는 경향이 있었다. 이것은 분단체제가 비단 분단 트라우마만이 아니라 식민과 이산 트라우마에서도 동일한 효과를 생산한다는 것을 의미한다.

게다가 식민과 이산, 분단 트라우마는 서로 중첩되면서 '장애'를 더욱 확대 증폭시키는 경향을 가지고 있다. 예

를 들어 분단 트라우마가 유발하는 북에 대한 가학적 파괴
충동은 오히려 친일까지를 정당화하면서 식민 트라우마를
가중시키는 경향이 있으며 남 또는 북의 국가에 민족을 일
치시키는 분단국가주의는 국민정체성과 민족정체성이 동
일할 수 없는 코리언 디아스포라들의 이산 트라우마를 증
폭시키는 경향이 있다. 왜냐하면 대한민국 중심주의는 민
족과 국민을 구분하는 재중 조선족을 중국인으로 몰아세
우는 폭력을 낳으며 북과 왕래하는 재일조선인들을 같은
민족으로 간주하지 않는 폭력을 생산하기 때문이다.

　하지만 인간의 실존적 고통과 아픔에 공감한 영화들
은 이와 같은 반공주의 문법을 벗어났으며 1987년 민주
화 이후에는 이런 역사적 트라우마에 사로잡히는 것이 아
니라 오히려 그것을 적극적으로 극복하고자 하는 영화들
이 제작되기 시작했다. 트라우마에 대한 치유는 무엇보다
도 코리언들이 겪은 식민과 이산, 분단의 상처를 직시하고
그것과 대면하는 데서부터 시작될 수 있다. 그러기에 이들
영화는 분단체제에 의해 강제되어 왔던 특정한 방식의 말
하기를 벗어나 자기 자신이 겪은 상처를 있는 그대로 표
현하는 '말하기'를 감행하며 그것을 통해서 고통과 아픔에
대한 공감을 만들고 사람들 사이에서 연대를 만들어내는
데 기여한다.

　그러므로 대중영화는 코리언의 역사적 트라우마를 분
단체제에서의 분단국가주의로 코드화하고 상징화하면서

국민들의 신체를 분단국가의 신체로 영토화하는 데 기여하기도 하지만 역으로 PTSD에 사로잡혀 있는 증오의 감정을 치유함으로써 분단의 아비투스를 해체하고 통일의 사회적 신체를 만들어가는 데 기여하기도 한다. 하지만 이것은 영화의 측면에서만 작동하는 것은 아니다. 그것을 감상하고 소비하는 독자의 능동적 작용 또한 존재한다. 예를 들어 우리는 반공영화를 분단국가주의를 만들어내는 상징화의 전략으로, PTSD를 활성화하는 방식으로 읽을 수도 있다. 그런데 그렇게 되면 그 영화는 '반공영화'임에도 불구하고 우리의 트라우마와 아비투스를 대면하는 하나의 장치가 될 수 있다.

치유의 관점에서
한국영화 읽기

코리언의 역사적 트라우마에 대한 치유는, 그들의 트라우마가 어떤 종류든 기본적으로 '민족≠국가'라는 어긋남이 만들어내는 상처이므로 코리언들이 근현대사에서 겪어야 했던 고통과 아픔에 대한 공감을 통해서 서로의 상처를 보듬으면서 코리언 상호 간에 가진 특별한 욕망인 '민족적 리비도(national libido)'가 흐르게 만드는 것이라고 할 수 있다. 즉, 식민 트라우마는 일본에 대한 과도한 적개심으로 일본국적자 코리언들에 대한 리비도적 흐름을 차단하며 이산 트라우마는 대한민국 중심주의를 취하는 한국인과의 리비도적 흐름을 차단하는데, 이와 같은 차단막, 장애물을 극복하는 것이 치유의 과정이라고 할 수 있다.

사실, 역사적 트라우마가 유발하는 장애는 기본적으로 국가폭력에 의해 일어난 트라우마적 사건을 국가폭력이 아니라 거기에 사는 사람들의 폭력으로 개인화하거나 전치시킬 때 일어난다. 식민지배라는 코리언들이 겪은 상처는 일본인들에 의해 이루어진 것이 아니라 일본 제국주의 국가가 자행한 것이다. 일본인들 또한 일본 제국주의 전쟁의 희생자들이었으며 일본 제국주의 국가가 자행한 국가폭력의 피해자들이었다. 하지만 식민 트라우마는 그들의 상처와 고통을 일본 제국주의 국가가 아니라 일본인이라는 종족적 관점으로 전치시키고 오히려 피해자인 그들을 가해자로 만들어버림으로써 피해자들 사이에서의 공감과 연대를 파괴한다.

그러므로 역사적 트라우마에 대한 치유는 이런 트라우마의 실체적 진실을 직시하고 그것에 대면하는 작업으로부터 시작될 수밖에 없다. 영화 〈박열〉은 가해자가 일본 제국주의 국가라는 점을 드러내며 〈고지전〉은 6·25전쟁에 대한 우리의 트라우마가 국가폭력의 산물이라는 것을 직시하도록 하며 〈공동경비구역 JSA〉는 분단체제에서 국가폭력의 가해자들은 두 개의 분단국가라는 점을 드러낸다.

치유의 방식을 창출하는 영화의 기법 또한 다양하다. 영화 〈천산의 디바: 고려 아리랑〉은 다큐멘터리식 기법을 통해 고려인들과 우리 사이에서 공명을 만들어내고 〈웰컴 투 동막골〉은 팝콘이 터지는 판타지를 통해 인종과 국경을 넘는 리비도적 흐름을 활성화시키고 있다.

그렇지만 이들 영화가 낳은 효과는 코리언들의 역사적 트라우마를 치유함으로써 그들 사이에서 고통의 공감과 연대를 창출하고 그들 사이에서 리비도가 다시 왕성하게 흐름으로써 서로의 관계가 서로의 생명력을 활성화하는 관계가 되도록 만드는 것이다. 식민과 이산, 분단이 공유하는 구조가 '민족≠국가'라는 어긋남이라는 점에서 코리언의 역사적 트라우마를 치유하고 극복하는 방향은 궁극적으로 분단을 극복하고 통일로 나아가는 것이다. 물론 시간상으로 보았을 때, 코리언의 역사적 트라우마에서 '민족≠국가'라는 어긋남이 시작된 기점은 일제 식민화라는 점에서 '근원적 트라우마(founding trauma)'는 '식민 트라우마'이며 그로부터 이산과 분단이 잇따라 발생하였다.

하지만 그것에 대한 치유는 이와 같은 시간의 순서를 따르지 않는다. 각각의 경우, 치유의 방식은 식민과 이산, 분단이 서로 착종된 방식으로 관계하는 위상학적 배치를 따라 이루어질 수밖에 없다. 식민과 이산, 분단 중 어느 것이 더 우세한 트라우마인지는 각각의 경우에 따라 다르기 때문이다. 게다가 식민과 이산은 현재 상태에서 '민족=

국가'가 될 수 없는, '민족=국가'였던 '과거로의 퇴행성'을 가지고 있다. 따라서 식민과 이산 트라우마는 '민족=국가'로의 퇴행을 통해 치유될 수 없다. 바로 이런 점에서 식민과 이산 트라우마를 치유하는 길은 한반도의 국가와 그들의 민족적 리비도를 일치시키는 데 있지 않다.

코리언 디아스포라는 그들이 다른 나라의 국민으로 살아갈 수밖에 없다는 사실을 안다. 하지만 그들은 자신들이 '상상하는 정치공동체'로서 민족이 두 개의 국가로 분열되어 있다는 점에서 상처를 받는다. 또한, 두 개의 국가로 분열되어 있기 때문에 다른 민족들의 국가에 살면서 꿈꾸는 고향이 든든한 버팀목이 되지 못한다. 따라서 각 상황에서 식민과 이산, 분단 간의 위상학적 배치와 접합, 그 중에서 우세한 트라우마의 양상들은 다를 수 있지만 이들 트라우마가 궁극적으로 분단 트라우마에 의해 최종적으로 결정된다는 점에서 이들 치유가 향하는 방향은 분단극복과 통일이라고 할 수 있다.

아울러 그렇기 때문에 분단 트라우마의 치유 또한, ① 남과 북 사이뿐만 아니라 다른 나라의 국민으로 사는 코리언 디아스포라를 포함하여 서로 다른 차이가 있으면서도 그런 차이들이 서로의 삶을 살찌울 수 있도록 민족적 리비도가 그들 사이에서 흐르게 만들어가는 작업이 되어야 하며 ② 남과 북 내부에서 분단국가에 의해 본국의 코리언들뿐만 아니라 재일조선인들을 비롯한 코리언 디아스포라에게 자행되어왔던 국가폭력과 분단폭력을 직시하면서 이를 해체하고 작업이 되어야 하며 ③ 이런 국가폭력과 분단폭력이 남긴 상처들에 대한 사회적인 공감과 국내외적인 연대를 불러일으키고 이들 희생자를 향한 애도를 통해서 사회적 치유를 수행해가는 작업이 될 수밖에 없다.

1

식민
트라우마

〈암살〉, 청산되지 않은 역사를 묻다

이시종
건국대학교 대학원 통일인문학과 박사과정 수료

1949년 김구의 암살과
반민특위 해체

1933년 대한민국임시정부는 한국 독립군 저격수 안옥윤(전지현), 신흥무관학교 출신 속사포(조진웅), 폭탄전문가 황덕삼(최덕문)으로 암살단을 구성해, 조선 주둔군 사령관 카와구치 마모루(박병은)와 친일파 거두 강인국(이경영)을 저격하기로 결정한다. 이들의 배후에는 백범 김구와 밀양 사람 김원봉이 있다. 영화 속에서는 이들의 거사가 해방 후 성공적으로 이어져 카타르시스를 주었지만, 현실 속 역사에서는 김구는 암살되었고, 김원봉은 남한의 역사 속에서 사라졌다.

1949년 6월 26일, 백범 김구가 그토록 애타게 그리워 했던 해방된 조국 땅에서 '암살'되었다. 암살자는 백범 김 구와 같은 북한 출신이며, 북한 청년들이 남쪽으로 내려와 만든 조직 '서북청년단' 소속에 현역 포병 소위였던 안두 희였다. 일제시대 '한인애국단'이라는 특무공작대를 만들 어 이봉창 의사와 윤봉길 의사의 '거사'를 통해 중국을 깜 짝 놀라게 하고 일본을 경악케 하며, 조선에 광복의 희망 을 주었던 백범 김구가 해방된 조국에서 동족의 손에 '암 살'당하리라고 그 누가 상상할 수 있었겠는가?

단독정부 수립 후 국민들의 열화와 같은 성원에 힘입 어 만들어진 '반민족행위특별조사위원회(이하 반민특위)는

3년 조국은 사라지고
작전이 시작된다

암살

7월 22일 대개봉

제대로 된 조사도 해보지 못하고 대통령 이승만의 협박과 친일파들 의 방해 책동으로 의해 '해체'되는 상황에 이르게 되었다. 일제 36년 간 일제에 협력했던 친일파 및 민 족반역자들에 대한 철저한 조사와 진상규명을 통해, 민족을 배반하고 일제에 빌붙어 살았던 자들을 처 단, 민족정기를 바로잡고 국민들의 염원을 풀고자 했던 '반민특위'가 해체된 것은 백범의 암살과 더불어 1949년을 잊지 못하게 하는 기억

들이었다.

　일제 치하 풍찬노숙의 생활을 하면서 8번의 이동을 통해 27년간 '임시정부'를 지켜냈던 김구는 왜 해방된 조국에서 암살당해야 했으며, 해방 후에도 독버섯처럼 살아남아 '반민특위'까지도 무력화시킨 친일파는 어떻게 살아남을 수 있었던 것일까? 영화 〈암살〉(2015, 감독 최동훈)은 우리에게 재미와 감동을 주었지만 현실의 역사는 우리에게 아픔과 청산되지 못한 숙제를 남기고 말았다.

'3·1혁명' 이후 신흥무관학교와

의열단의 활동

　1919년 3월 1일에 일어난 3·1혁명은 민족내부에 엄청난 반향을 일으켰다. 그 여파로 국내외에서 독립투쟁을 위한 임시정부를 구성하였고 '대한민국임시정부'가 1919년 4월 중국 상해에 수립되었다.

　이와 함께 독립투쟁에 참여하고자 하는 애국 청·장년들이 만주로 모여들었고 무장투쟁을 강화하기 위해 1919년 5월 3일 '신흥무관학교'가 설립되었다. 영화 〈암살〉의 '속사포'가 신흥무관학교 출신이다. 이곳에서 배출된 3,500여 명의 독립투사가 이후 만주와 중국관내에 진출하여 여러 독립운동단체에서 독립운동을 전개하였다.

   그 중 대표적인 단체 중 하나가 '의열단'이다. 1918년 중국 금릉대학에서 공부하던 김원봉은 신흥무관학교 출신 13명(혹은 10명)과 함께 1919년 12월 만주 길림성 파호문 밖 중국인 집에서 "정의의 사(事)를 맹렬히 실행한다."며 항일비밀결사인 '의열단'을 조직한 것이다. 의열단은 '공약 10조'와 '5파괴' 그리고 '7가살'의 행동목표를 정해서 파괴 대상으로 ① 조선총독부 ② 동양척식회사 ③ 매일신보사 ④ 각 경찰서 ⑤ 기타 왜적 중요기관 등 일제의 식민통치기관과 그 관련기관에 대한 폭파를 목적으로 했다. 또한 조국독립을 위해서는 과감하고 적극적인 투쟁과 희생정신을 강조하면서 암살 대상으로 ① 조선총독 이하 고관 ② 군부수뇌 ③ 대만총독 ④ 매국노 ⑤ 친일파 거두 ⑥ 적탐(밀정), ⑦ 반민족 토호열신(土豪劣紳) 등을 지목하였다.

   김원봉을 포함한 의열단은 창단 후 근거지를 길림에서 북경으로 옮겼다가 다시 상해에서 열렬단원을 포섭하고 세력을 확대하였다. 특히 신채호 선생이 1923년 발표한 〈조선혁명선언〉(일명 의열단 선언)은 당시 일부 민족주의자들의 독립노선이었던 문화주의, 외교론, 준비론 등 일체의 타협주의를 배격하고, 오직 폭력적 민중혁명에 의한 일제 타도라는 전술을 통한 독립 쟁취를 목표로 한 것이어서 '의열단' 성격을 가장 뚜렷하게 나타냈다. 1919년은 우리 민족이 대한민국임시정부를 수립하고, 신흥무관학교를 확대하며, 의열단이라는 테러, 암살을 전문으로 하는 투쟁조직을 만든 중요한 시간이었다.

의열단의 투쟁과
한인애국단 윤봉길의 거사

영화 〈암살〉에서 나타나는 친일파와 민족반역자들에
대한 테러와 암살은 1920년 3월부터 조직적이고 체계적
으로 구체화되었다. 의열단은 투쟁목표인 '5파괴'와 '7가
살'을 위해 밀양 · 진영 폭탄 반입사건(1920년 3월)을 시작
으로 1928년 12월 28일 의혈단원 나석주 의사의 '동양척
식회사 및 식산은행 폭탄투척사건'에 이르기까지 10년에
걸쳐 투쟁하면서 일제에 대한 강력한 암살과 파괴투쟁을

- 저격수 안옥윤(전지현), 신흥무관학교 출신 속사포(조진웅), 폭탄전문가 황덕삼(최덕문)
- 이들은 친일파를 척결하기 위해 조직되었다.

전개한 것이었다.

이러한 투쟁을 하게 된 이유에 대해 김원봉은 "우리 동포가 광복운동을 시작한 이래 임시정부를 조직하고, 혹은 군대를 조직하고, 혹은 공산당과 제휴하고, 혹은 국민대표회의를 개최하는 등 여러 가지 실책(實策)을 강구하여 보았으나 무슨 얻은 바가 있었는가? 우리 단원이 노리는 곳은 동경, 경성의 2개소로서 우선 조선총독을 죽이기를 대대로 5, 6명에 미치게 되면 반드시 그 후계자가 되려는 자가 없게 될 것이고, 동경 시민을 놀라게 함이 매년 2회에 달하면 한국독립문제는 반드시 그들 사이에서 제창되어 결국은 일본국민 스스로가 한국 통치를 포기하게 될 것은 명약관화한 일이다."고 하여 독립 쟁취를 위해서는 암살과 파괴를 통해서만 해결할 수 있다는 입장을 견지했다.

영화에서 무기와 폭탄을 조선 국내에 밀반입하기 위한 장면이 나오는데 실제 김원봉이 신흥무관학교 재학 시절 중국인 교관에게 폭탄제조법을 배웠고, 임시정부의 비밀조직인 구국모험단의 김성근을 통해 길림에서 의열단 단원들이 폭탄제조 기술을 전수받았다. 특히 1923년 초 일본 총독 사이토 마코토(齋藤實)와 고관대작들을 암살하기 위해 상해에서 비밀폭탄제조공장을 만들어 독일인과 헝가리인 등 각국의 폭탄기술자들을 초빙하여 고성능 폭탄을 제조하는 등 테러와 암살을 위한 노력을 줄기차게 전개한 것이다.

1931년 9월 일제가 만주사변을 일으키자 대한민국임시정부는 침체해 있는 독립투쟁의 활성화를 위해 1931년 10월 임시정부 산하에 비밀결사대인 '한인애국단'을 결성했다. 한인애국단의 이봉창은 1932년 1월 일본 동경에서 일왕을 척살하기 위해 수류탄을 투척했으나 실패했다. 그러나 같은 해 4월 29일 상해 홍구공원에서 열린 전승기념 및 천장절(일왕 생일) 기념식장에서 윤봉길 의사가 단상에 폭탄을 던져 시리카와(白川義則) 군사령관을 비롯한 일본군 수뇌부를 처단, 거사에 성공함으로써 임시정부의 위상을 드높이고 독립에 대한 조선인의 의지를 세계만방에 알리게 되었다. 이후에도 조선 총독과 일본 고관들에 대한 암살과 테러를 지속적으로 전개하자 일본은 김구에게 현상금 60만 원, 김원봉에게 100만 원이라는, 당시로써는 상상할 수 없는 거액의 현상금을 걸어서 독립투쟁을 막으려 했다.

김구와
김원봉의 연대

영화 〈암살〉에서 김구와 김원봉은 중국 중경에서 일본의 패망 소식을 함께 접하게 된다. 김구가 기쁘지 않으냐고 묻자, 김원봉이 고량주에 불을 붙이며 "너무 많은 사람들이 죽었다"고 슬퍼하는 장면이 나온다. 그런데 이 장면은 영화 속 허구이고 실제 김구와 김원봉의 결합은 1938년부터 시작되었다.

1931년 만주사변과 1932년 한인애국단의 거사 이후 일본의 탄압에 쫓긴 임시정부는 중국의 남부와 서부지역으로 옮겨 다니게 되었다. 임시정부의 민족주의 노선은 변화가 없었으나, 김원봉의 테러 · 암살 노선은 변화가 있었다. 의열단은 1929년 12월 북경에서 조선공산당 ML파인 안효구와 제휴하여 조선공산당재건동맹을 결성하고, 레닌주의정치학교의 개설과 함께 기관지 〈레닌〉을 발간하면서 계급적 이론에 기반을 둔 사회주의 노선을 수용하였다. 노선 변경과 함께 1935년에는 의열단 등 5개 단체를 규합하여 한국민족혁명당(1937년 조선민족혁명당으로 개칭)을 결성하였다.

임시정부를 지탱했던 김구 또한 1930년대 후반부터 국민당(김구), 민족혁명당(이청천), 한국독립당(조소앙)으로 나뉘어 있던 3당을 1940년에 통합하여 한국독립당을 결당하였다. 양당이 조직을 확장하고 있을 때인 1940년 김구의 임시정부와 한국독립당은 김원봉의 조선민족혁명당과 함께 중경에 위치하고 있었던 것이다. 이를 계기로 중국 국민당이 좌우합작을 권고하였다. 특히 중국정부가 "임시정부 승인문제를 영 · 미 양국 정부와 협상하고 중국의 국무회의에도 제출하겠다"고 이야기하며 임시정부를 중심으로 합작을 종용한 것이 중요한 계기가 되었다. 이에 따라 조선민족혁명당은 1941년 5월 당 중앙회의에서 내부적으로 임시정부에 참여할 것을 결정하고, 한국독립당에 양당이 공동으로 임시정부를 운영하자고 제의하였다.

1942년 4월 20일 임시정부가 김원봉의 조선의용대를 광복군으로 편입할 것을 결의하고, 조선의용대와 광복군에 대한 통제권을 가지고 있었던 중국군사위원회가 5월 15일 "한국광복군총사령부에 부사령 직제를 증설함과 아울러 김원봉을 광복군 부사령으로 파견한다. 원래의 조선의용대는 광복군 제1지대로 개편한다"는 내용의 '조선의용대의 광복군 편입 및 광복군 개편'에 관한 명령을 내리고, 1942년 7월 조선의용대가 '조선의용대개편선언'을 발표하면서 광복군 편입을 공식적으로 선언하였다. 이로써 김구와 김원봉이 함께 하게 되었고, 이에 따라 임시정부는 좌우 연합정권을 구성하게 되었다.

좌우연합정권은 임시정부를 공동운영하면서 공동정부 구성을 위한 '대한민국임시헌장'이라는 헌법의 개정을 통해 국무위원은 종전의 6~10인에서 8~14인으로 증원하였고, 행정부서도 2개 부서를 증원하며, 주석과 부주석을 비롯한 국무위원은 의정원에서 선출하고, 각 행정부서의 부서장은 주석이 추천 제안하도록 하여 정부가 구성되었다. 주석에는 김구, 부주석에는 김규식, 국무위원과 군무부장에 김원봉이 선출된 것이다. 임시정부는 좌우연합정권 정권의 성격에 대해 다음과 같이 규정하였다.

"이번 선거된 정부 주석 부주석 및 전체 국무위원은 우리 혁명운동사에서 가장 공헌이 많은 민족적 지도자이며, 또 우리 민족의 각 혁명정당과 사회주의 각 당의 권위 있는 지도자들이 연합 일치하여 생산한 전 민족 통일전선 정부이다. 우리들의 임시정부는 대내적으로는 일체 반일세력을 통일적으로 지도할 수 있고, 대외적으로는 전민족의 의사와 권력을 대표한 것이니, 이것은 전민족의 권위 있고 능력 있는 최고 영도 기관을 이룬 것이다."

이로써 중경임시정부는 좌우연합정권을 이루었고, 이와 함께 연안의 조선독립동맹과의 연대를 위해 장건상을 파견하였고, 연해주에 있는 김일성부대에는 이충모를 파견하여 독립운동세력의 연대를 도모하였으며, 국내에는 국내공작위원회 설치를 위해 문덕홍과 백창섭을 파견하여 국내 독립운동 세력과의 연계를 추진하였으나 일본의 패망으로 그 뜻을 이루지 못했다.

해방과 김구,
김원봉의 분열

김원봉은 의열단을 조직하면서 암살대상으로 '7가살'을 정하였다. 이는 임시정부가 정한 규정과도 별반 차이가 없었다. 임시정부가 정한 '7가살' 즉 죽여도 되는 7가지 처단 대상은 '① 일본인 ② 매국적 ③ 고등경찰, 형사, 밀고자 ④ 친일주호 ⑤ 적의 관리 ⑥ 불량배 ⑦ 배반자'로 정했다. 의열단의 '7가살'과 차이가 있다면 대만총독인데 어차피 그 자리는 일본인이 임명되기에 의열단과 임시정부가 규정한 '7가살'은 차이가 없는 것이라고 볼 수 있다.

영화 〈암살〉에서 친일파 거두와 적탐이자 밀고자·배반자인 염석진(이정재)은 임시정부와 의열단에서 '7가살'로 규정한 인물이었기에 반드시 죽여야 하는 인간이었다. 영화에서도 염석진을 '일제의 밀정이라면 죽이라'는 백범 김구의 명령을 실행해서 해방 이후 결국 처단하지만, 현실의 역사에서는 불행하게도 역사의 심판이 이루어지지 못한

- 영화 속 염석진 같은 인물들은 영화 속에서만 역사의 심판을 받았다.

것이 사실이다.

1945년 8월 일제의 패망소식을 들은 김구는 11월 23일 환국에 앞서 8월 28일 한국독립당 제5차 대표자대회를 개최하고 선언, 당의 및 당강, 27개조 정책, 당면구호 등을 채택하였는데 이는 임시정부의 정강. 정책과 일치하였다. 한국독립당은 대표자대회 선언에서 새로운 국가건설에 대한 입장을 밝혔고, 그 실천을 위한 당면구호에서는 "임시정부의 정권을 전민족의 의사에 의하여 조직되는 신정부에 교환케 하자"라고 하여 새로운 정부 구성을 위해서 임시정부는 과도적 역할을 한 후, 새로운 정부가 수립되면 과도정부의 역할을 이행하겠다는 의사를 밝혔다.

그러나 이러한 김구의 생각과는 달리 미군정은 임시정부를 인정하지 않았고, 귀국함에 있어서도 '개인 자격'으로만 입국하도록 했다.

이러한 미군정의 방침은 임시정부 내에서 연합정권을 구성했던 김원봉의 조선민족혁명당에도 똑같이 규정되었다. 김원봉의 조선민족혁명당은 10월 10일 중경에서 제9회 전당대회를 열고 당면 강령과 정책을 발표하였다. 당면강령 12개 항과 당면정책 17개 항을 통해 "1. 국내의 각 민주당파와 민주 영수를 단합하여 전국 통일적 임시 연합정부를 건립할 것. 2. 전국 통일적 임시 연합정부가 성립된 후 최속한 기간 내에 보선제를 실시하여 국민대표대회를 열고 헌법을 제정하며 정식 정부를 성립할 것."등을 주장하였다. 위의 주장에서도 알 수 있듯이 김구 중심의 한독당은 임정중심의 과도정권 수립을 통해 정권이양을 원했다. 김원봉의 조선민족혁명당은 임정의 총사직과 직권 정지 후 입국해서 국내 각 독립운동 당파와 협의하여 임정의 장래를 결정할 것을 주장하여 양자는 의견일치를 보지 못한 상태에서 각각 개인 자격으로 입국하게 된 것이었다.

귀국 후 김원봉의 조선민족혁명당 세력은 좌우의 통일합작과 민주정부 수립을 주장하면서 김구를 주축으로 구성된 비상국민회의에 참여하였으나, 모스크바 3상회의 결정에 따른 탁치논란 속에서 김원봉세력은 좌익이 결성하여 만든 민주주의민족전선에 참여하게 되었다. 이로써 중국 중경에서 연합정권을 구성했던 임시정부는 1945년 12월에 발표된 '모스크바 3상회의' 결정에 대한 의견대립으로 갈라서게 된 것이다. 김구의 입장에서는 1942년부터 논의된, 조선에 대한 외세의 '공동관리론' 즉 신탁통치가 해방 후에도 미·소에 의해 결정된 것을 받아들일 수 없었기에 제2의 독립운동을 해야 한다고 주장, 강력한 반탁투쟁을 전개하기 시작한 것이다. 이에 반해 김원봉은 모스크바 3상회의 결정에 따른 미·소공위에 참여해서 통일정부를 수립해야 한다는 생각을 가지고 있었다.

친일파의 부활과
반민특위 해체

신탁통치 문제를 둘러싸고 좌우가 대립하는 상황에서 1946년 10월 대구에서 발생한 10월항쟁의 배후로 몰린 김원봉은 미군정과 우익에 쫓기게 되었고, 1947년 2월 친일 악질경찰인 노덕술에게 체포되었다. 수갑을 찬 채 수도경찰청에 끌려가게 된 김원봉에게 노덕술이 뺨을 때리고 욕설을 하는 등 참을 수 없는 모욕을 주었다. 조국해방을 위해 온 몸을 바쳐 투쟁해 온 김원봉이 해방된 조국에서 친일경찰 출신에게 받은 탄압은 씻을 수 없는 치욕이었다.

영화 〈암살〉의 염석진은 해방이 되자 일제 헌병 특수수사대 간부에서 경찰로 변신했다. 해방 직후 일주일 동안 전국에서 일어난 경찰관에 대한 폭행사건 117건 중 111건이 조선인 경찰에 대한 폭행이었다. 그 이유는 그들이 일본인보다 더 악랄하게 조선인들을 탄압했기 때문이었다. 염석진이 반민특위 재판에서 증거불충분으로 나올 때 그를 환송한 것은 경찰이었다.

일제는 태평양 전쟁을 일으키고 전쟁에 필요한 물자와 인원을 동원하기 위해 파쇼적 총동원체제를 구축하여 인적, 물적 수탈을 강화하였다. 이를 위해 국가총동원법 등 각종 악법을 제정하였고, 내선일체와 황국신민화, 창씨개명 등을 통해 민족말살정책을 자행하였다. 일제침략에 앞장서서 조선민중을 전쟁의 총알받이로 내보냈던 친일경찰 출신들이 미군정의 비호하에 또다시 해방된 조선에서 일본인들이 떠난 치안을 장악하고 이에 저항하는 독립운동 세력에 대한 탄압을 일삼는 비극의 역사의 중심에는 친일 경찰출신인 노덕술 등이 있었던 것이다.

1947년 7월 남조선과도입법의원은 '민족반역자, 부일협력자, 모리간상배에 관한 특별법'을 제정하여 친일파처단에 대한 최초의 입법안을 제정했으나, 친일파를 등용하고 있던 미군정의 러치 군정장관이 서명하지 않아서 불발되고 말았다. 그 후 1948년 5월 10일 남한만의 선거를 통해 구성된 제헌국회는 정부수립을 앞두고 민족정기를 바로잡고 친일파와 민족반역자를 처벌할 특별법 제정에 착수하여 1948년 9월 '반민족행위 처벌법'을 제정하였다.

이 법을 통해 '반민족행위특별조사위원회'가 10월 22일 설치되었고, 반민특위의 효율적 집행을 위해 '반민족행위특별조사기관설치법'을 제정하여 중앙과 지방에 중앙사무국 및 지방 사무분국을 설치하였다. 반민특위는 1949년 1월 친일파를 선정하기 위한 예비조사에 들어가 7,000여 명의 친일파 명단을 작성하고, 친일파에 대한 체포를 단행하였다. 독립 운동가를 악랄하게 고문한 것으로 악명 높은 노덕술은 해방 이후 수도경찰청 수사과장을 지내던 중, 1월 29일 체포되었다.

그러나 친일파 척결에 반대한 이승만은 반민특위를

비난하는 담화를 발표하기 시작하였고, 이에 고무된 친일
파세력은 반민특위 관계자를 암살하려는 계획을 세우고,
반민특위 활동을 저지하기 위해 반대 시위를 벌였다. 이들
은 서울경찰청 사찰과장 최운하가 반민특위에 체포되자,
6월 6일 반민특위를 습격하고 특경대원들을 체포하는 등
강력히 반발하였다. 이와 함께 친일파 처단에 앞장섰던 노
일환을 비롯한 소장파의원들을 북한과 연계하여 정부를
전복하려 했다는 '국회 프락치사건'을 활용하여 체포함으
로써 반민특위를 와해시키고자 하였다. 반민특위를 해체
하려는 공격적인 활동 때문에 겨우 680명의 조사를 통해
집행유예 5인, 실형 7인, 공민권 정지 18인 등 30명만 제
재하는 선에 그쳤고, 실형이 선고된 7인도 재심청구 등을
통해 모두 풀려나 친일파 청산은 물거품이 되었다. '그들'
은 면죄부와 함께 새롭게 부활하였다. 그들은 친일세력을
비호하는 친미정권하에서 이를 거부하는 세력에 탄압을
일삼았고, 그 세력의 중심에 있던 백범 김구를 '암살'함으
로써 또다시 친일파 중심의 세상을 만든 것이다.

청산되지 않은
역사와 기록

일제의 조선 병탄에 맞서 3·1혁명과 함께 들불처럼

일어난 우리 민족은 국내외에서 끝없는 장정의 투쟁을 전개하였다. 우익이든 좌익이든 단 한 번도 투쟁의 깃발을 내린 적이 없었다. 국내에서는 1929년 신간회 해체 이후에도 전국 단위로 노·농 투쟁이 끊임없이 전개되었고, 여기에 학생층은 노농 연대의 고삐를 늦추지 않았다. 조선공산당 재건운동이 있었고, 건국동맹을 통해 전국적 단위의 조직을 건설하기 위해 노력했으며, 일부는 산속으로 들어가 무장투쟁을 준비하였다.

조선을 둘러싼 중국과 소련에서도 각각의 상황에 맞춰 무장투쟁을 전개하였다. 1946년 5월 백범 김구는 정치적 상황이 긴박히 돌아가는 상황에서도 일본에 있던 박열에게 '일본에 방치된 이봉창, 윤봉길, 백정기 의사의 유해 봉환'을 부탁한 후, 이들의 유해가 국내로 봉환되자 손수 추모 행사를 거행하였다. 이와 함께 지방순회를 할 때는 반드시 그 지역 독립운동가 후손들을 찾아서 격려하고 생활비를 전달하곤 하였다.

김구는 알고 있었다. 그분들의 투쟁과 희생이 민족해방에 커다란 영향을 주었다는 사실을. 민족이 해방된 지 70여 년의 세월이 흘렀어도 여전히 독립 운동가를 다룬 영화가 흥행에 성공하는 것은 그분들의 희생에 대한 고마움에 대한 표현이기도 하지만, 다른 한편으론 지나온 역사에 대한 아쉬움이 남아있기 있기 때문이기도 하다. 임시정부 수립 후 27년간 8번이나 도시를 옮겨 다니면서도 지켜냈던 대한민국임시정부, 그리고 일제의 간악하고 악랄한 탄압 속에서도 임시정부를 지키고, 민주공화정의 원칙을 유지하기 위해서 임시의정원을 만들고 마침내 독립투쟁의 최우선 과제인 무장투쟁을 전개한 광복군 조직까지 말이다.

그런데 이분들의 눈물겨운 투쟁은 해방된 조국에서 김구는 암살되었고, 김원봉은 친일파들의 탄압으로 월북하면서 그 막을 내리고 말았다. 식민지 민족해방의 주역들은 해방된 조국에서 비극적으로 생을 마감했지만, 이들을 탄압했던 친일파와 민족반역자들은 그들을 비호하는 정권과 함께 성장하면서 부와 권력을 함께 누리는 세상이 되고 말았다. 영화 〈암살〉의 마지막 장면에서 염석진에게 '왜 변절했냐'고 물었을 때, 그의 대답은 '해방이 될 줄 몰랐다'고 이야기하고, '해방될 줄 알았으면 변절했겠느냐'고 소리치는 장면이 나온다.

친일파들은 해방이 될 거라 생각하지 않았지만 독립운동가들은 민족해방을 위해 끊임없이 투쟁했다. 너무도 많은 사람들이 독립투쟁에 참여했지만 그 분들의 기록은 얼마 남아 있지 않다. 그리고 우리의 현대사는 분단과 전쟁과 함께 그 모든 평가가 '반공'의 잣대로 규정됨으로써 모든 것들이 올바로 평가되지 않았다. 세월이 흘렀어도 기억하고 기록해야 할 점은 영화 〈암살〉에서 나오는 말처럼 "싸우는 사람들이 있었다는 것을 보여주어야 한다"는 것이다. 식민지 민족해방투쟁을 해온 분들에 대한 존경과 감사의 마음을 기록하고 잊지 말아야 하듯 민족을 배반하고 제국주의 일본에 투항하거나 협력한 자들에 대한 기록을 남겨두어야 한다. 우리가 김구의 〈백범일지〉와 김원봉의 동영상을 통해 시대를 알고 그분들의 역경을 이해할 수 있 듯이 '기록'을 통해 독립투쟁을 한 분들과 이들을 탄압했 던 자들을 분명히 남겨서 역사적 평가가 이루어지도록 해 야 한다. 그래야 민족을 배반하고 민중을 배반하면 역사에 씻을 수 없는 인간으로 기록된다는 사실을 깨달아 역사의 부름에 배신하지 않게 되는 것이다.

식민과 분단과 전쟁의 트라우마와 그 과정에서 국가 폭력에 희생된 수많은 사람들의 원혼을 달랠 수 있는 것은 결국 우리 민족 최대 과제인 "통일"이다. 그 이유는 그 분 들이 '독립'을 위해 싸웠고, '통일'을 위해 투쟁했기 때문 이다. 독립은 되었지만 아직도 '통일'을 이루지는 못했다. 이제는 남과 북은 서로의 '차이'와 '다름'을 이해하고 민 족공통성을 찾기 위한 노력을 전개한다면 영토적, 정치적 '통일'을 당장 이루지 못한다 할지라도 소통과 치유를 통 한 '통합'의 길로는 나아갈 수 있을 거라 생각하기 때문이 다. 그것만이 영화 〈암살〉에서 나오는 수많은 독립운동가 와 해방과 분단 그리고 전쟁으로 희생된 분들을 위한 '산 자들'의 도리이자 진정한 독립을 이룬 상태일 것이다.

〈아이 캔 스피크〉, 트라우마 '말하기'를 너머 고통의 연대와 사회적 치유로

 박솔지
건국대학교 대학원 통일인문학과 박사과정

> 나와 우리를 찾아가는 과정,
> 〈아이 캔 스피크〉

일본군 '위안부'를 소재로 다룬 영화 〈아이 캔 스피크〉(2017, 감독 김현석)는 누적 관객 수 330만여 명을 기록하며 2017년 흥행영화 대열에 이름을 올렸다. 영화는 흥행은 물론이고 수상의 영광도 거머쥐었다. 감독, 극본 모두 수상을 했음은 물론, 주인공 옥분 역을 맡은 나문희는 제38회 청룡영화상 여우주연상, 제54회 백상예술대상 영화 부문 여자 최우수 연기상을 포함해 총 9개의 상을 받았다.

영화에 대한 평도 여럿 쏟아졌다. 〈아이 캔 스피크〉가 보여주는 영화 자체의 테크닉에 대해서는 썩 좋은 평가를 받지는 못했지만, 소재에 접근하고 그것을 다루는 방식에서는 좋은 평가를 받았다. 이 영화는 역사를 다룬 영화들 중에서 그 당시를 배경으로 하지 않고 직접적인 메시지를 전달하는 방식이 아니라는 점에서 주목을 받았고, 한 사건의 피해자를 다루는 방식에서도 절망과 슬픔에 빠진 존재로서만 접근하지 않았다는 점에서 좋은 평을 받았다.

영화는 명진구청으로 발령을 받아 처음 출근한 9급 공무원 민재(이제훈)와 '온 동네 불법흔적을 찾아 신고하는 열혈 시민'이자 동시에 '구청의 블랙리스트 1호', 일명 도깨비 할매 옥분(나문희)이 만나는 장면으로부터 시작된다. 옥분이 살고 있는 오래된 시장과 상가가 재개발 문제를 둘러싼 갈등에 놓이게 되면서 옥분이 민원인으로 구청에 방문하며 '박주임' 민재와 만난다. 절차와 원칙이 곧 진리라 믿는 민재와 세상만사에 다 참견하고 다니는 옥분의 건조했던 만남은 두 사람이 영어 과외를 하기로 하면서 달라진다.

〈아이 캔 스피크〉가 관객에게 던지는 메시지는 트라우마의 치유는 '말하기'에서 시작된다는 것과 트라우마를 가진 이들이 말할 수 있도록 함께해야 하는 우리들의 역할이 있다는 것이다. 영화에서 주인공 옥분은 온 동네 사람들의 '트러블 메이커'로 그려진다. 즉, 옥분이 가진 트라우마적 증상들은 영화 속에서 그녀의 일상적 관계들을 통해 나타난다. 트라우마의 치유 역시 옥분 자신과 그녀를 둘러싼 관계가 새롭게 형성되는 과정을 통해 그려지고 있다. 영화는 옥분의 트라우마가 한 개인의 문제를 넘어 사회의 문제, 집단과 역사의 트라우마라는 점을 보여준다. 그리고 그 트라우마의 치유는 주변과의 연대 속에서 가능하다고 이야기하는 것이다.

주변 사람에게 아쉬운 소리는 절대 하지 않을 것 같은 옥분은 어쩐 일인지 기를 쓰고 영어 공부에 매달린다. 영어학원에서도 거절당하고 민재에게도 수차례 무시를 당하면서도 옥분은 시간과 장소를 가리지 않고 영어 공부를 한다. 끝까지 옥분에게 영어를 가르쳐주지 않으려 했던 민재는, 어느 날 고등학생 동생 영재가 옥분의 집에 와서 저녁을 얻어먹는 장면을 목격한다. 동생을 뒤쫓다 옥분의 집에 오게 된 민재는 옥분이 영어 공부에 얼마나 열정이 있는지 알게 되고, 동생에게 밥을 챙겨주는 것을 대가로 옥분에게 영어 과외를 해주기로 한다.

그러던 어느 날, 옥분은 친구 정심의 병원을 찾는다. 날이 갈수록 치매증상이 심해지는 정심의 모습을 보며 옥분은 그동안 외면했던 정심의 부탁을 들어주기로 마음을 먹는다. 오랜 세월 줄기차게 정심이 옥분에게 부탁했던 것

은, 일본군'위안부' 문제 해결을 위한 증언자로 함께 행동
하자는 것이었다. 그렇게 옥분은 늘 피하기만 했던 활동가
들과 대화하고, 기자의 인터뷰에 응하면서 결국 세상 앞에
자신의 이야기를 꺼내 놓기 시작한다.

　　하지만 정작 증인석에 올라야 할 옥분의 자격이 문제
시되면서 영화는 위기의 순간에 직면한다. 옥분이 과거 회
피했던 '위안부' 피해자 등록이 발목을 잡게 된 것이다. 그
러자 민재를 비롯한 명진구청 직원들과 상가 사람들은 옥
분의 증인자격 신청을 위해 서명운동을 전개하게 된다. 심
지어 민재는 옥분이 보여준 적 있는 사진을 찾아 직접 미
국으로 향한다.

　　드디어 청문회 증언석에 올라선 옥분. 오랜 세월 자신
의 트라우마를 말하지 못했던 옥분은 그 순간 수많은 시선
속에 강한 압박과 긴장감을 느낀다. 결정적 순간, 달려온
민재의 목소리에 옥분은 다시 용기를 내고 증언을 시작한
다. 옥분은 가장 먼저 자신의 몸에 난 상처와 흔적들을 모
두 드러내 보인다.

　　　　"일본군들이 내 몸에 새겨놓은 칼자국과 낙서요. 내
　　　　몸엔 이런 흉터들이 수도 없이 있습니다. 이 흉터들을
　　　　볼 때마다 그 지옥 같은 고통이 한없이 되살아납니다.
　　　　증거가 없다고요? 내가 바로 증거에요. 여기 계시는
　　　　미첼이 증거고 살아있는 생존자들 모두가 증거입니다.

그 지옥 같은 고통을 당했을 때, 내 나이 겨우 열세 살
이었소. 열세 살. 나는 죽지 못해 살았소. 고향을 그리
워하며 내 가족을 만날 날을 기다리며."

"나는 일본군의 만행으로 꿈이 짓밟힌 수많은 소녀
들을 대신해서 이 자리에 섰습니다. 우리는 그 소녀들
이 겪었던 고통을 반드시 기억해야 합니다. 일본은 반
인륜적인 범죄를 저질렀습니다. 하지만, 지금까지 '위
안부' 문제에 대한 진정성 있는 사과는 없었습니다. 이
자리에서 확실하게 이야기합니다. 일본은 강요와 협박
으로 우리를 성노예로 만들었습니다. 지옥 같은 기억
때문에 평생을 고통 속에서 살아온 우리는 일본의 뻔
뻔한 태도와 책임을 회피하는 모습에 더 고통받고 분
노합니다. 우리는 당신들에게 무리한 요구를 하는 것
이 아닙니다. 단지 잘못을 인정하기만 하면 됩니다. 당
신들이 용서받을 기회를 주고자 하는 것입니다. 우리
가 아직 목숨이 붙어 있을 때, "I'm sorry." 그게 그렇
게 어렵습니까? 후세에게 무거운 짐을 지우지 않으려
면 더 늦기 전에 인정하고 사과하시오. 여기 계신 모
든 분들에게 부탁드립니다. 우리가 겪었던 일들을 꼭
기억해주세요. 그리고 꼭 기억해 주세요. 다시는 반복
돼서는 안 될 슬픈 역사를."
옥분의 증언이 끝나고 옥분은 청문회에 참석했던 많

은 의원에게 응원과 사과를 받는다. 물론 여전히 일본은 "도대체 얼마를 받고 싶어서 이러는가?"라고 소리쳤다. 여기에 옥분은 일본어로 고함친다. "너, 바보냐! 더러운 돈 필요 없다고 전해라. 당장 인정하고 사과해라. 이 뻔뻔한 놈들아!"

영화 〈아이 캔 스피크〉는 그렇게 주인공 옥분이 자기 문제와 직면함과 동시에 민재, 활동가들, 먼 나라의 또 다른 피해자, 함께 살던 이웃, 어릴 때 헤어진 남동생까지 그간에 단절되었던 관계들을 회복해가는 과정을 보여준다. 그리고 그 과정을 통해 옥분은 자기 안에 묻어두었던 트라우마를 인식하고 또한 자신이 치유의 창조자이자 조정자가 되어가야 함을 깨닫게 된다. 온갖 일에 참견하고 따지는 '프로불편러' 옥분은 어떻게 모두와 연결되고 치유의 주체가 되었을까.

일본군 '위안부'가 남긴 우리 모두의 트라우마

영화 속, 드디어 옥분은 60년 동안 꺼내 놓지 않았던 이야기를 하기로 결심한다. 그리고 옥분의 결심을 시작으로 옥분이 주변 사람들과 맺었던 관계들이 점차 변화한다. 먼저 재개발 문제 때문에 옥분에게 험한 말을 했던 민재가 옥분에게 찾아와 사과를 건넨다. 그리고 옥분은 그에게 옷장 속에 숨겨두었던 자신의 과거와 진심을 꺼내 보여준다. 미국으로 입양된 남동생과 통화하고 싶다는 이유로 영어를 배우는 줄 알았던 옥분이 사실 치매가 진행되는 정심을 대신해 언젠가 자신이 증언해야 할 날이 올 것을 예감하고 영어를 배우기 시작했던 것이다.

> "정심이는 여기저기 다니면서 열심히 증언을 하고 다녔지. 한 번은 나고야를 갔는디, 거기 통역관 우리가 쌀밥이 먹고 싶어서 위안소를 갔다고 전혀 딴판으로 통역을 해놨다는 거여. 정심이는 그길로 죽을 힘을 다해서 영어를 공부했어. 우리가 겪은 일을 전세계 사람들에게 제대로 전달을 하겠다고. 정심이가 청문회에서 하려던 말이여. 몇 년 전부터 정심이가 정신이 오락가락하는디 그때부터 내가 예감을 했던 것 같어. 언젠가는 정심이 대신 내가 할 일이 생길 거라고. 그래서 내가 영어를 배웠어. 박 주임아. 나 마지막으로 한 번만 도와줄 수 없겠냐."

가해자 일본정부의 부인, 그것이 바로 옥분이 그토록 애를 써서 영어를 배우기로 결심한 이유였다. 2015년 12월 30일. 예정대로라면 이 날은 주한일본대사관 앞 '평화로'에서 그 해의 마지막인 제1211차 수요시위가 진행되어야 했다. 바로 전 주 수요일 크리스마스이브에 있었던 제 1210차 수요시위에서 다음 주는 2015년 한 해 동안 돌아가신 9분의 할머니들을 기리는 추모제가 진행된다고 공지했기 때문이다.

하지만 제1211차 수요시위는 2015년 12월 30일 수요일이 아닌 2016년 1월 7일 수요일에 진행되었다. 이유는 수요시위가 진행되기로 한 이틀 전 발표된 한일합의 내용 때문이었다. 2015년 12월 28일, 한국의 박근혜 정부와 일본 아베 신조 정부는 이날 '한-일 외교장관' 회담을 열었다. 그리고 그 자리에서 일본군'위안부' 피해자 문제 해결 방안에 대한 합의가 진행되었다. 합의된 내용은 곧 공동기자회견을 통해 발표되었다.

그동안 수요시위에서, 그리고 피해자 할머니들이 줄기차게 요구했던 일곱 가지의 요구사항과는 어떤 것도 합치되지 않는 양 국가 간의 합의 사항이었다. "① 전쟁범죄 인정 ② 진상규명 ③ 공식사죄 ④ 법적 배상 ⑤ 전범자 처벌 ⑥ 역사 교과서에 기록 ⑦ 추모비와 사료관 건립"의 요구사항들은 '책임을 통감'하고 '사죄와 반성의 마음을 표현'한다는 모호한 말 속에서 사실상 제거되어 있었다.

그러나 재단 설립을 통한 지원과 범죄인정 및 법적배상 사이에는 거대한 간극이 있다. 일본군'위안부' 생존자들이 침묵을 깨고 거리에 나와 오랜 시간의 '침묵'과 맞서 싸운 이유는, 돈 때문이 아니었다. 동병상련의 아픔을 공유한 사람들을 떠나보내고, 가슴 아픈 그와 나의 상처와 삶을 기억하고 위로하기 위해 준비했던 추모제는 도저히 그대로 진행될 수 없었다.

그렇게 '평화로'에는 '소녀상'을 지키고 2015 한일합의를 규탄하기 위한 지붕 없는 농성장이 차려졌다. 그리고 이를 시작으로 협상 무효와 재협상을 요구하는 운동이 더 폭발적으로 전개되었다. 수요시위를 이끌어 온 단체들뿐 아니라 각 지역의 시민운동과 중·고등학생들의 자발적인 움직임이 결합되어 전국 각지에 '평화의 소녀상' 건립 운동이 벌어졌다. 한-일 두 국가가 부인한 역사의 책임을 더 많은 사람의 행동을 통해 두 국가에 되묻는 움직임이 이어진 것이다.

시민들의 움직임은 '바로 세우는 것', '바로 알리는 것'을 확장시킴으로써 생존자와 연대하고 부당한 정부에 항의하는 형태로 나타났던 것이다. 이러한 연장선에서 일본군'위안부'를 기억하고 재현하기 위한 작업은 지금도 지속되고 있다. 다수의 재현물은 영화, 다큐멘터리, 애니메이션, 기념비 등을 통해서 형상화되고 있다. 이렇게 일본군'위안부'에 대한 '재현'의 시도가 계속되고 있는 것은 이들을 기억하고, 역사를 기억하고, 또한 치유하기 위함이다.

일본군'위안부' 문제는 피해 생존자 개인의 트라우마이면서 동시에 우리가 모두 짊어지고 있는 집단 트라우마이고 역사적 트라우마이다. 그렇기 때문에 어떻게 기억되게 하고 치유할 수 있을 것인가의 문제는 근본적으로 개인적 차원의 트라우마 치유의 관점에서 접근해서는 진전될 수 없다. '평화비 건립운동'과 '소녀상 지킴이' 운동 등이 보여주고 있듯이 일본군'위안부' 운동의 성장과 전개의 파노라마는 집단 트라우마의 치유에 대한 실천적 사례로서 우리 앞에 펼쳐지고 있다. 영화 〈아이 캔 스피크〉도 이런 실천적 치유 양상을 영화화한 작품이라고 할 수 있다.

영화는 일본군'위안부'라는 트라우마의 치유대상이자 주체인 주인공 옥분의 성장과정을 보여줌으로써, 나의 서사와 집단의 서사가 어떻게 결합되어 공통의 서사를 만들고 아픔의 연대를 통해서 치유의 길로 갈 수 있는지를 보여주고 있다. 이때의 치유는 생존자가 살아갈 수 있는 스스로의 역량을 강화하고 단절되었던 타인과의 관계성을 회복해나간다는 것을 의미한다.

심리적 외상은 한 사람의 신뢰, 자율성, 주도성, 능력, 정체성, 친밀감과 같은 마음의 힘을 무너뜨리고 헝클어 놓는다. 한 사람이 아이에서 어른으로 성장해나가는 과정에서 형성되는 이런 마음의 힘은, 처음부터 부모, 형제, 친구 등 나와 연결된 타인과의 관계 속에서 키워지는 것이다. 그렇기 때문에 회복과 치유는 다시 이 관계 속에서만 이루어질 수 있다.

트라우마를 가진 사람은 이중적 얼굴을 가지고 있다.

한편으로는 진실을 말하고자 하고, 다른 한편으로는 그 진실을 감추고자 하는 것이다. 옥분도 그와 같은 트라우마적 장애를 앓고 있다. 일본군'위안부'들은 일본제국주의 국가에 의해 강제로 동원되었음에도 불구하고 성적 수치심 때문에 자신의 과거를 감추고자 했다. 일본군'위안부'들의 증언이 치유의 출발점이 될 수 있는 것은 바로 이 때문이다. 영화 속에서 옥분도 엄마가 보여주었던 2차 가해에서 벗어나 진실을 말하고자 하는 것으로부터 자기치유를 시작하고 있다. 증언하기로 결심한 옥분은 엄마의 무덤가를 찾는다.

> "엄마, 죽을 때까지 꽁꽁 숨기고 살라고 했는디. 엄마랑 그렇게 굳게 약속 했는디. 인자 그 약속 못 지켜. 아니, 안 지킬라고. 돌아가신 엄마보다는 정심이가, 정심이보다는 내가 더 중하니께. 엄마, 왜 그랬어? 왜 그렇게 망신스러워하고 아들 앞길 막힐까 봐 전전긍긍 쉬쉬하고. 내 부모형제마저 날 버렸는데, 내가 어떻게 떳떳하게 살 수가 있겠어? 불쌍한 내 새끼 욕봤다, 욕봤어 한 마디만 해주고 가지. 그라고 가지. 엄마. 엄마."

엄마의 무덤 앞에 그동안의 고민을 털어놓고 돌아온 옥분은 자신을 피하는 진주댁(염혜란)을 찾아가 따져 묻는다. 화가 난 옥분은 내가 험한 과거를 갖고 있어서 그러느 냐고 따져 묻는다. 그러자 진주댁은 옥분에게 너무 서운해 서 그랬다고 말한다. 그러면서 그 오랜 시간을 함께 보냈 는데 그렇게 힘든데 내게 왜 그런 사연 한번 말하지 않았 느냐고, 내가 이해해주지 못할 사람으로 보였냐며 눈물을 보인다.

사실 진주댁은 옥분이 일본군‘위안부’였다는 사실을 알았기 때문에 피한 것이 아니고, 그 힘든 과거를 자기에 게도 말하지 못했다는 데 화를 낸 것이었다. 옥분은 자신 의 과거를 수치스럽게 여기며 다른 사람들이 알면 자신을 싫어할 거라고 생각했지만 오히려 정반대였다. 많은 사람 들은 그들의 상처에 공감하고 있었다. 옥분의 ‘말하기’와 ‘행동’은 심지어 오랜 세월 단절되었던 남동생과의 관계 변화에까지 이어진다. 결국 문제는 상처를 자기 안에 가둬 둠으로써 관계를 단절했던 옥분이 자신의 이야기를 세상 밖에 꺼내놓고 말함으로써 해소되기 시작한다. 이런 점에 서 트라우마의 치유는 말하기이기도 하다. 〈아이 캔 스피 크〉의 제목이 보여주듯이 치유는 ‘아이 캔 스피크’에서 시 작된다.

우리 함께 할까요?
아이 캔 스피크!

'위안부'라는 용어는 성폭력을 당하는 피해자의 입장이 아닌 '위안'을 받는 가해자 입장의 용어이다. 또는 '종군위안부'라고도 하는데 종군은 군을 따라갔다는 뜻으로 결국 이 말에는 자발적이라는 의미가 포함되어 있다. 일본군'위안부'를 지칭하는 표현으로는 '정신대'도 있는데, 이 표현은 일제강점기 전시체제에 돌입하면서 조선의 노동력을 강제동원한 제도 전반을 뜻한다. 그 중에서도 여성의 경우는 여자(근로)정신대라는 이름으로 광범위하게 불렸다. 그런 이유로 UN을 포함한 공식적인 국제 활동의 장에서 일본군'위안부'는 일본군 성노예(military sexual slavery)라는 표현을 사용했다. '위안부'라는 표현이 적절한 것은 아니지만 일반적으로 통용되는 점을 고려해 작은따옴표를 붙여 '위안부'로 표현하는 것이 다수다.

- 자신의 과거와 잊을 수 없는 고통을 세상 밖으로 꺼내놓는 옥분

　일본은 1930년대에 들어서면서 전쟁수행에 차질을 빚고 있었다. 만주사변(1931년)과 중일전쟁(1937년)으로 전선이 확대되고 전쟁은 장기화되었으며, 이런 와중에 일본군에 의한 주민 강간 사건이 빈번하게 발생하게 되었다. 이에 따라 점령지에서의 반일감정이 고조되었음은 물론이고 군인들 사이에 성병이 유행하기 시작했다.

　이런 상황에서 일본군이 문제의 수습책으로 택한 것은 '위안소' 제도의 도입이었다. 1932년경 설치된 '군 위안소'는 1937년 말부터 본격적으로 설치되었다. 일본군은 위안소의 설치 목적, 관리감독, '위안부' 동원에 대한 명확한 원칙을 가지고 체계적으로 이를 실행했다. 이에 따라 당시 식민지였던 조선뿐 아니라 일본, 중국, 필리핀, 인도네시아 등지에서 많은 여성이 은밀하면서도 체계적인 지침에 따라 '군 위안부'로 동원되었다. 당시 끌려간 여성들의 나이는 10대 초반에서 20대 후반까지 광범위했다. 당시의 산 증인으로 생존하고 있는 이들은 대부분 1920년대 후반 출생자이다. 한국 정부에 등록된 '일본군 성노예제'의 생존자는 총 239명이고 2018년 6월 현재, 이들 중 단 28명만이 생존하고 있다.

　문제의 시작은 식민과 전쟁이라는 역사적 상황에 있었다. '국가'라 이름 붙여진 권력은 수없이 많은 사람의 성을 도구화하였다. 노예가 된 여성들은 죽임당하기도 했고 스스로 죽음을 선택하기도 했다. 살아남은 이들은 일본 패전 후 마땅히 모두 집으로 돌아갔어야 했다. 그러나 이들 중 전쟁터에 남겨져 폭격에 사망한 사람도 있었고, 퇴각하는 일본군에 의해 학살당한 이들도 있었다. 스스로 돌아오기를 선택하지 않은 사람들도 있었다. 그대로 이국에 잔류하거나 스스로 목숨을 끊은 경우도 적지 않았다. 끝끝내 돌아온 이들은 연합군의 포로를 거쳐서 돌아오거나 갖은 수를 써서 개별적으로 귀국하였다. 하지만 이들의 삶마저도 평탄치 못했다. 옥분이 그 오랜 시간 동안 자신이 '위안부'였다는 사실을 그 누구에게도 말하지 못했던 이유도 유사하다.

살아남아 돌아온 것만으로도 큰 격려와 위로가 필요했을 이들은 뿌리 깊은 가부장제 사회에서 모든 것을 숨겨야만 함께 살아갈 수 있는 존재가 되었다. 내 잘못이 아닌데도 내 잘못인 것처럼 살아야 했고, 온몸에 그대로 남은 상처와 흔적들 때문에 결혼도 하지 못하고 살아온 이들도 많았다. 무엇보다 감춰둔 이들의 삶과 상처를 할퀴는 것은 '가해자'의 행보였다. 심리적 외상의 가해자는 범죄에 대한 책임에서 벗어나기 위해 은폐와 침묵을 끊임없이 시도한다. 일본 정부도 예외는 아니었으며, 한국 정부는 이를 사실상 방조했다.

1991년 8월 14일, '알면서도 모르는 일' 중 하나였던 일본군'위안부' 문제의 진실은 김학순의 증언으로 세상에 드러나기 시작했다. 그리고 80년대 중반부터 학계에서 진

행되었던 연구와 민주화운동 과정에서 성장한 진보적 여
성운동 단체들과의 조직적 연대가 당사자들의 공개적인
커밍아웃과 지속적인 증언활동과 함께 결합되어 갔다.

'아이 캔 스피크'. 영화화된 할머니 옥분의 결심은 함
께 말해 달라고 부탁한 정심이 있었기에 굳어지게 되었다.
없던 일처럼 살아왔지만 결코 없던 일이 될 수 없던 기억
은 결국 옥분 스스로 증언자가 되기 위해 영어공부를 하게
했고, 비행기에 올라타게 했다.

영화 〈아이 캔 스피크〉의 주인공 옥분의 실제 모티브
가 된 할머니는 이용수이다. 2007년 미국 하원에서 만장
일치로 채택된 일본 정부의 '위안부' 사죄 결의안(HR121)
은 1997년 의회에 제출되고 10년을 체류 중인 안건이었
다. 결의안 통과의 결정적 계기는 영화의 장면처럼 당시
공개 청문회에 참석하여 증언한 이용수, 故 김군자, 얀 러
프 오헤른(Jan Ruff O'Herne) 세 사람 덕분이었다. '위안부' 40
만 명이라는 숫자만으로는 어느 정도의 피해인지 가늠하
지 못하던 미 하원의원들은 이들의 생생한 증언과 한국에
서 매주 수요일마다 진행되고 있는 수요시위의 존재에 대
해 인식함으로써 비로소 마음을 돌려세웠던 것이다.

이 싸움의 시작에는 '말하기'가 있었다. 증언 자체가
봉쇄되어왔던 사회구조의 깨어짐은 생존피해자의 말하기
에서 시작되었다. 하지만 '말하기'만으로 치유가 가능한
것은 아니다. 말하기는 사람들 사이에서의 공감과 연대를

만들어낼 때만 치유로 나아갈 수 있다. 그래서 활동가들은 이들의 말을 설득력 있고 실제적 힘을 가진 말로, 행동으로 확장시키고자 노력해왔다.

제프리 알렉산더(J. Alexander)는 트라우마에 대해서 단순히 특정 사건에서 자연발생적으로만 만들어지는 것이 아니라, 사건 발생 이후 각종 매개물의 개입과 조정을 통해 재구성되는 사회적 산물이라고 이야기했다. 즉, 특정 시간과 공간에 머물러 있는 것이 아니라 끊임없는 의미부여와 재해석의 과정에서 유동하고 재구성되는 것이다. 일본군 '위안부' 트라우마는 말하기를 시작으로 이들의 이야기를 듣고 공감하는 청중을 확장하고 나아가 함께 싸우는 연대를 통해 사회적 치유로 나아가고 있는 것이다.

'위안부'로 끌려갔던 당시의 사진 속 옥분은 13살의 어린아이였다. 말해서는 안 된다는 엄마의 말에 사진을 옷장 깊숙이 60여 년의 세월 동안 지켜오던 옥분은 "잊고 싶은 과거지만 그 사진은 버리지 않았어. 잊으면 내가 지는 거니께."라고 단호히 말하며 잊지 않았음을 밝힌다. "60년 넘게 아무한테 안 보여줬는디. 이 사진을 너한테 보여주는 것만으로도 이상하게 내 마음이 후련타." 그렇게 전혀 상관없는 삶의 존재로 살아오던 옥분과 민재가 민원인과 구청직원에서 학생과 영어선생으로, 나아가 함께 일본군'위안부' 문제의 해결을 위해 움직이는 사람이 되어간다.

"절차대로 하면 됩니다." 민재의 이 대사는 타인의 삶에 관심 갖지도 관여하고 싶지도 않은 일반적인 사람들의 모습을 대변한다. 옥분과 엮이고 싶지 않아서 영어과외도 한사코 거절했던 민재는 옥분의 열정적인 모습과 그녀의 아픔을 지켜보면서 점차 달라져 간다. 상가 재개발 문제도 절차적 처리만 하면 결과가 어떻든 상관없다고 생각했던 민재는 상가 주민들을 위해 나서서 일을 해결해주기도 하고, 심지어 옥분의 증인 자격 증명을 위해 사진을 찾아 미국행 비행기를 타고 가기도 한다. 팍팍한 자기 삶을 챙기기도 벅차다고 생각했던 민재가 옥분의 삶과 연결되면서 피해자들이 입은 트라우마를 이해하고 책임의식을 가진 도덕적 행위자이자 집단적 성원으로서 성장해 가는 것이다. 물론 현실에서 민재처럼 우연히, 드라마틱하게 생존피해자 할머니와 연결되는 경우는 드물다.

하지만 우리의 주변에서 이와 같은 연대의 움직임은 지속적으로 전개되고 있다. 매주 수요일 낮 12시, 주한일본대사관 앞 '평화로'에서 진행되는 세계에서 가장 오랫동안 지속되고 있는 시위. 수요시위를 찾는 이들의 발걸음이 천천히 할머니들과 연결되어 가는 것이 보통이다. '일본군 성노예제 진상규명과 책임이행 등 문제해결, 피해자들의 명예와 인권회복을 요구'하는 수요시위는 2018년 6월 현재 1340회를 넘어 가고 있다.

너머의 세계를 위한
연대

　세계사에서 가장 장기적으로 지속되고 있는 수요시위
는 가정과 사회에서 침묵을 강요당한 이들에게 말할 권리
를 부여하고 듣는 이들이 모이는 말하기의 장을 열어주었
다. 수요시위에서 시작된 일본군'위안부' 문제 해결의 연
대의 장은 다양하게 확장되어 왔다. 〈아이 캔 스피크〉에
서 등장한 것처럼 국제적 활동을 통해 일본 정부의 범죄사
실을 밝히고 인정하게 하는 활동들도 있었고, 국내에서는
〈전쟁과여성인권박물관〉 건립, 보통 '소녀상'으로 불리는
평화비 설립이 있었다.

　그 중에서도 〈나비기금〉은 일본군'위안부' 문제 해결
이 결코 당사자 한 사람에 대한 사과와 배상에 그치지 않
는다는 것을 보여주는 사례이다. 일본군'위안부' 생존피해
자인 김복동과 길원옥은 지금도 전쟁과 성폭력으로 고통
받는 세계 각지의 여성들을 당사자로서 연대하고 지원해
야 한다는 뜻을 밝혔다. 그리고 이들의 뜻에서 〈나비기금〉
이 시작되었다. 두 사람은 일본으로부터 배상을 받을 경우
전액을 〈나비기금〉에 내놓겠다고 했다. 이 뜻을 받아 2012
년 3·8 여성대회를 기점으로 〈나비기금〉이 공식화되어
이어지고 있다. '나비(Butterfly)'는 일본군'위안부' 문제해결
을 위한 활동의 상징물이다. 나비는 일본군'위안부' 피해

자들은 물론 전 세계의 모든 여성이 차별과 억압, 폭력에서 해방되어 자유롭게 날갯짓하기를 염원하는 의미를 담고 있다.

이렇게 뜻깊은 〈나비기금〉의 첫 번째 지원자는 멀리 콩고민주공화국에 살고 있는 레베카 마시카(Rebecca Masika Katsuva)이다. 마시카는 콩고 내전 중에 강간을 당한 피해자로, 지금은 다른 여성 피해자 및 어린이들을 돕는 활동가이기도 하다. 두 번째 기금은 베트남 전쟁 당시 한국군에 의한 성폭력 피해자들과 아이들에게 전달되었고 지금도 평화와 연대의 날갯짓은 계속되고 있다. 콩고로 전해진 나비기금은 시공간을 넘어선 여성들의 연대이고, 베트남으로 간 지원금은 피해자임과 동시에 전쟁과 성폭력의 가해 당사국 시민으로서 사죄의 마음을 담은 연대를 의미한다고 할 수 있다. '더 이상 우리 같은 일이 일어나선 안 된다'는 할머니들의 말은 진심 그 자체이며, 자신을 감추었던 지난날에서 인권활동가로서 달라진 정체성을 표현하는 것이기도 하다.

"다 지켜보고 있습니다. 언제 너거는 반드시 사죄하고 배상할 것이다 하는 걸. 하늘나라에 있는 할머니들한테 해결 못 하고 가면 할머니한테 야단맞거든요. 그러니까 할머니들 몫도 다 해야 됩니다. 돌아가신 할머니 238명. 그 할머니들한테도 사죄 배상해야

됩니다. 거짓말한 놈들 그대로 했어요. 이렇게 해도
법으로 인정하는지 모르겠습니다. 고만할게요. 여러
분 고맙습니다. 열심히 하겠습니다. 제 나이 이제 89
입니다. 운동하기 딱 알맞은 나입니다."
– 이용수 할머니(1928년 대구 출생)

운동하기 딱 알맞은 나이, 89세라는 이용수 할머니의
발언에 담긴 활동가로서의 정체성은 영화의 마지막에 보
여주는 옥분의 모습에 투영되어 있다. 옥분은 어려웠던 첫
증언을 마치고 다시 시장으로 돌아온다. 그리고 옥분은 여
전히 매사 따박따박 참견하는 할매로 시장통을 활보한다.
하지만 영화가 시작될 때의 옥분과 마지막에 등장하는 옥
분은 같지 않다. 옥분의 달라진 정체성은 그를 둘러싼 관
계의 변화를 의미하기도 한다. 옥분의 참견에 대해 눈살을
찌푸리던 사람들은 웃으며 옥분을 대해준다. 그것은 단순
한 친분을 넘어 이들이 '용기 있는 활동가 옥분'을 향해 보
내는 응원과 격려라고 볼 수 있을 것이다. 일상으로 돌아
온 옥분은 한편으로 이번 주는 샌프란시스코로, 다음번에
는 또 어딘가로 증언이 필요한 곳을 가기 위해 비행기에
오른다. 산책을 하던 옥분은 느닷없이 뛰기 시작하며 민재
에게 말한다.

"일본 놈들은 우리 죽기만 기다릴 텐데, 난 보란 듯

이 오래 살 거여! 200살까지! 박 주임, 따라붙어봐!"

잊지 않았지만 말할 수 없었던 옥분의 트라우마는 상
관없이 살아가던 민재를, 또 어딘가의 누군가를 묶어세우
는 연대의 고리로 변화했다. '아이 캔 스피크', 옥분의 말
하기에서 시작된 움직임은 우리 모두의 이야기가 되어 우
리는 무엇을 할 수 있을지, 무엇을 해야 할 것인지 묻는다.
나의 이야기를 넘어서 또 다른 상처받은 이들을 향한 치유
와 연대의 손길을 어디로 내밀어야 하는지, 그 해답은 오
늘도 "살아 숨 쉬는 한 행동하겠다."는 '위안부' 할머니들
의 움직임 속에 있다.

〈박열〉, 식민 트라우마를 극복하는 한-일 연대의 길

신매인
건국대학교 통일인문학연구단 HK연구원

2015년 12월 국민의 동의 없이 조용히 한·일 일본군 위안부 합의가 타결되었다. 한국 정부와 일본 정부는 일본 군 위안부의 명예와 존엄의 회복과 마음의 상처를 치유하기 위한 사업을 추진하기로 했다. 일본 정부는 유엔이나 국제사회에 위안부 문제에 대한 비난이나 비판을 자제할 것을 한국 정부에 요청했다. 박근혜 정부는 일본 정부가 추진하는 문제해결 방식에 협력할 것을 약속했다.

일본 정치인들은 합의 이후에도 위안부의 강제연행과 전쟁범죄를 부정했다. 일본 역사 교과서에서 위안부 동원의 강제성 부분이 삭제되었다. 역사적 내용이 대폭 축소되거나 내용 자체가 언급되지 않았다. 일본 정부는 위안부 기록물을 유네스코 기록유산에 올리려는 한국 시민단체의 활동을 적극적으로 저지했다. 위안부 기록물을 유네스코 세계기록유산으로 올리려는 시도는 여성가족부 지원으로 추진되었다. 합의 이후 사무실 철수지시가 내려왔다. 위안부 합의에 여러 문제가 있지만 그중 가장 큰 문제는 합의금 10억 엔이 배상금으로 법적 잘못을 인정하고 책임지는 형태가 아니라 도의적 책임만을 지는 치유금의 형태라는 것이다. 결국, 합의에 따른 사과는 법적 책임이 아니라 도의적 책임에 근거한 것이다.

현재 시민단체들은 양국 정부 간의 공식적 약속이라고는 하지만 이 합의로 위안부 문제가 해결될 수 없다는 태도를 밝혔다. 도의적 책임이라는 기만적인 방식으로는 이 문제를 수용할 수 없다는 것이다. 사실상 박근혜 정부가 일본 정부와 맺은 2015 위안부 합의를 준수하지 않겠다고 공식적으로 밝힌 것이다.

영화계는 한국과 일본의 위안부 문제를 둘러싼 논의에 대한 대중의 마음을 읽기라도 한 듯 2015년부터 연이어 일제 강점기를 다룬 영화들을 선보였다. 〈동주〉, 〈암살〉, 〈밀정〉, 〈박열〉 같은 영화는 현재의 시대 상황과 맞물려 우리에게 일제 강점기의 아픔이 남아있음을 보여준다. 일제의 식민 지배로 인한 수탈과 억압, 차별에 대한 집단적 기억이 세대를 따라 전해져오며 현세대에서는 반일감정으로 나타난다. 이러한 한국인의 집단적인 모습은 트라우마적 양상을 보인다.

기존의 일제 강점기 영화들은 일본의 조선 수탈 악행에 초점을 맞추거나 친일파에 관한 이야기를 주로 다루었다. 일본인들이 얼마나 조선인들을 억압하고 수탈했는지 그 잔혹함에 초점을 두었다. 이들에 맞서 싸운 애국열사의 모습을 통해 식민의 문제를 민족과 민족의 대립으로 그려 냈다. 일본인보다 더 일본인 같은 친일파들의 매국 행위와 조선인으로 겪어야 했던 고문과 수탈을 그려 트라우마를 자극했다.

영화 〈박열〉(2016, 감독 이준익)은 실제 있었던 관동대지진과 조선인 학살에 대한 식민 트라우마 양상을 자세히 보여준다. 역사적 경험이 어떤 형태의 집단 트라우마로 나타나는지, 그리고 그 증상으로 왜곡된 가해자에게 감정을 쏟아내는 일련의 과정이 드러난다. 〈밀정〉이나 〈암살〉에서 일본 제국주의 정부 자체를 다루기보다는 그 주변인 경무국장이나 형사 등 인물에게 초점을 두었다. 그러나 〈박열〉은 일본 제국주의 정부 그 자체에 폭탄을 던진 이야기로 기존의 영화와는 다른 차별성이 있다. 〈박열〉은 '조선인들을 궁극적으로 수탈하고 억압한 악의 근원은 무엇인가, 우리는 누구와 싸워야 하는가'라는 보다 더 근본적인 질문을 던진다.

영화 〈박열〉은 한국과 일본의 민족대립이라는 이분법적 사고에서 벗어난다. 민중과 제국주의의 대결, 지배와 피지배자의 대립 구도를 그려냈다. 민족을 초월한 민중의 연대과정을 통해 화해와 협력의 메시지를 보낸다. 영화 속 규종(배제기)과 박열(이제훈)의 모습을 따라가다 보면 우리는 현재 우리에게 나타나는 반일감정으로 나타난 트라우마를 극복하는 길과 마주할 수 있다.

'관동대지진'과
조선인 학살

1923년 9월 1일 오전 11시 관동지방에서 진도 7.9의 강진이 발생했다. 대규모 지진으로 화재와 같은 2차 피해가 발생하고 수많은 사람이 다치거나 목숨을 잃었다. 지진 피해에 대한 민중들의 불안과 분노는 일본 정부를 향했다. 사람들이 황궁 앞으로 몰려가 대책을 내놓으라고 소동을 벌였으며 곧 폭동으로 번질 조짐을 보였다. 대지진이 발생한 틈을 타 조선인이 우물에 독을 타고 여기저기 불을 지르고 다닌다는 유언비어가 퍼졌다. 일본의 주요 인사들에게 폭탄을 던지려 했다는 등 조선인 폭동에 대한 소문과 기사가 나왔다. '다수의 조선인이 과격한 사상을 가진 자

와 규합하고 있으므로 재향군인회 · 소방수 · 청년단원 등
이 협력해서 그들을 경계하고 유사시에는 적당한 대책을
세우라'는 계엄령의 선포로 조선인 학살 분위기가 형성되
었다.

　계엄령 이후 자발적으로 조직된 자경단은 사람들에게
'15엔 55센' 말해보라고 했다. '15엔 55센(쥬고엔 고쥬고센)'
은 조선인이 말하기 어려운 발음이다. 이 발음을 원어민
(일본인)처럼 하지 못하면 바로 그 자리에서 살해당했다. 9
월 1일부터 6일에 걸쳐 여러 지역에서 군대 · 경찰 · 자경
단과 심지어 마을 농민들까지도 조선인 학살에 가담했다.

　박열과 그의 동료들은 조선인 학살이 막 벌어지고 있
을 때 경찰서에 구금되었다. 조선인에 대한 무차별 학살이
벌어지는 동네보다는 경찰에 잡혀가는 것이 더 안전하다
고 판단한 것이다. 그런데 학살을 피해 경찰서로 뛰어 들
어온 조선인을 쫓아 자경단이 경찰서까지 들이닥쳤다. 경
찰서 안에서 살해행위가 벌어졌어도 경찰은 자경단을 처
벌하지 않았다. 갇혀있는 박열일당은 조선인이 살해당하
는 장면을 눈앞에서 목격했다.

　　"15엔 55엔 발음해 봐." "너네 조선인이지?"
　　"그래, 조선인이다!!"

　학살의 현장을 두 눈으로 지켜본 박열과 자경단 사이

의 대치상황은 대지진으로 인한 일본인과 조선인의 첨예한 감정 대립을 보여준다. 뒤늦게 온 경찰이 자경단원들을 경찰서 밖으로 쫓아내는 장면에서 박열을 통해 학살에 대한 분노와 민족차별에 대한 감정을 여과 없이 드러낸다. 조선인으로서 겪는 수모와 아픔이 우리의 아픔이 되고 그 시대 조선인의 감정에 몰입하게 한다.

그 당시 학살된 조선인은 6,000여 명으로 추정되며 많게는 만 명 이상으로도 보았다. 독일의 문서에 따르면 14,000명으로 추정되지만 아직도 학살자 수에 대한 통계는 정확하지 않다. 그 외에도 검거된 한인의 수는 6,200여 명이었다. 군대에 갇힌 인원은 2,123명이었고 특별고등경찰에 의해 '불순 학생 및 요주의 청년'이라며 4,052명이나 검거되었다. 조선인 학살의 사태가 걷잡을 수 없이 커지자 일본 정부는 이를 무마하기 위해 검거된 조선인에게 죄를 뒤집어씌우기 위해 사건을 조작한다. 이때 선택된 인물이 바로 박열이다.

박열은 대지진 이전부터 '불령사'라는 무정부주의자 단체를 조직하여 활동했다. 일본 정부는 정부의 정책에 반대하고 불량한 태도를 보이는 조선인들을 가리켜 불령선인이라고 불렀다. '불령사'는 바로 불령선인에서 따온 이름이었다. '그래 우리는 불량한 조선인이야, 그래서 뭐 어쩔건데'라며 부당한 권력에 저항하는 개인의 자유와 평등의 의지를 보여주는 것이다. 자신들을 불량 인자로 규정지은 일본 정부에 대한 반항의 표현과 조롱이었다.

불령사는 한인 15명과 일본인 6명으로 구성된 단체였다. 모임장소로 쓰인 박열의 집에는 '불령사'라는 간판이 당당히 걸려있었다. 그의 집 벽에도 '혁명가', '노동자', '반역', '타도 일본', '제국주의 타도' 등의 표어가 쓰여 있었다. 불령사는 조선의 독립만을 외치는 것이 아니라 제국주의에 맞서고자 했다. 비밀결사이기보다는 아나키즘 사상을 대중에게 알려주고 때로는 독립운동을 매도하는 사람을 징계하는 활동을 했다. 대중적이고 직접 행동하는 반체제 사상단체였다고 할 수 있다.

이들은 주로 조선에서 발생한 수평운동(조선형평사)이나 철도 파업에 후원 전보를 보내는 일을 했다. 일본인 아나키스트들을 초청해 강연을 듣기도 했으며 조선인노동자 학살사건 등 노동자 운동에 일본 운동가들과 연합하여 활동했다. 불령사를 조직하고 폭탄을 밀반입해 일본 고위층 암살하려 한 혐의로 기소된 박열은 조선인 학살 책임을 무마하려는 일본 정부의 속셈을 눈치 챘다. 그러나 이것을 역이용하여 조선의 독립을 주장하고 일본 국가의 야만적인 행태를 세계에 알리고자 했다. 그는 폭탄으로 일본의 히로히토 황태자를 암살하려고 했다고 자백했다. 황태자 암살 미수는 대역죄이며 이것은 곧 사형을 의미했다.

"조선인 최초로 대역죄의 주인공이 되겠군"이라고 말하는 변호사에게 박열은 "일본인에게는 대역이죠, 조선인으로서 해야 할 일이 대역이라면 얼마든지 대역 죄인이 되겠습니다"라고 말했다. 사형도 당연하게 받아들였다. 조선에도 재판 소식이 전해졌다. 소식을 듣고 일본으로 건너온 조선인 기자는 박열에게 조선인들이 그에게 얼마나 큰 열망을 품고 있는지 전해주었다. "기자 양반, 이 재판이 조선에서 화제가 되도록 해줄 수 있겠소? 이번 재판으로 조선인들에게 꼭 보여주고 싶은 것이 있소"라며 박열은 자신이 이 재판을 통해 이루고자 하는 바가 있음을 암시했다.

박열은 일본 황태자 암살 미수 혐의로 일본 사회에 큰 파급력을 줄 기회를 놓치지 않았다. 그는 이를 조선인 무차별 학살에 대한 비판적인 국제 여론과 관심으로 연결시켰다. 재판을 전 세계가 주목하는 정치투쟁의 장으로 만든 것이다. 이미 조선인 학살이 외신 기자들을 통해 국제사회에 보도되어 일본은 문명국이 아닌 야만국으로 국내외 여론의 규탄을 받고 있었다. 학살 보도가 통제된 후 조선인 대역 죄인의 재판이 시작되자 이 사건은 외신의 큰 관심을 끌게 된 것이었다.

그는 재판을 받는 조건으로 네 가지 사항을 요구한다. 첫째, 자신이 조선 민족을 대표하여 법정에 서는 것이다. 따라서 일본 법관이 천황을 대표하여 법복을 입기에 자신 또한 조선의 예복을 입고 재판을 받게 할 것. 둘째, 조선 민족 대표로 일본이 조선을 강탈한 강도 행위를 규탄하기 위해 재판을 받는 것이니 이런 취지를 담은 선언문 낭

독하게 할 것. 셋째, 재판 중 조선말 사용할 것이니 통역관 있어야 할 것. 넷째, 재판 중 앉을 자리의 높이를 재판관과 같게 할 것.

실제로 1차 공판에서 박열은 조선 예복을 입고 조선말로 일본인 법관의 질문에 대답했다. 1차 공판 중 조선 예복을 입은 박열이 일본 정부가 용납할 수 없는 발언을 하자 법정은 아수라장이 되었다. 2차 공판은 비공개로 진행되었지만, 재판에 관한 관심은 더욱 커졌다. 재판과정에서 박열의 언행을 통해 무차별 학살에서 살아남은 조선인들과 식민지 조선에서 수탈당하고 억압받고 있는 조선 민중들은 얼마나 속이 시원했을까. 박열은 우리에게 가려운 곳을 긁어주는 통쾌함을 선사했다.

함께 재판을 받은 가네코 후미코(金子 文子, 최희서)의 복

- 조선인 예복을 입고 재판에 참여한 박열

장과 발언도 큰 관심을 받았다. 그녀는 일본인이지만 흰 저고리에 검정치마를 입고 조선머리를 한 채 자신을 '박문자(朴文子)'라고 소개했다. 그녀는 일본의 제국주의와 천황제의 악행을 폭로했다. 제국주의의 피해자인 일본 민중을 대표하여 일제와 맞선 것이다.

일본 제국주의를 향한 이들의 투쟁은 일본뿐 아니라 조선에서도 큰 반향을 일으켰다. 최종적으로 법원은 박열과 가네코 후미코에게 대역 죄인으로 사형판결을 내렸다. 판결을 듣고 박열은 조선어로 재판장을 질책했고 가네코 후미코는 조선어로 만세를 외쳤다. 이들에게 판결 그 자체는 중요하지 않았다. 판결과정을 통해 그들이 일본 제국주의와 맞서 싸우고 일본, 조선 그리고 세계인들에게 그들의 뜻을 전하는 것이 중요했다.

판결 이후 일본 내각에는 조선인 학살 은폐에 대한 부정적 반응과 조선인들이 모두 이 재판을 주목하고 있다는 사실로 사형집행에 관한 논쟁이 있었다. 큰 변수 중 하나로 한반도 조선인들의 반응이 작용했다. 1919년 3월 1일에 일어난 운동을 통해 일본 내각은 조선인의 역동성을 확인했다. 그들은 조선 민중이 다시 대규모 운동을 일으킬까 걱정했다. 3·1운동 이후 식민지 조선에 대한 정책이 무단통치에서 문화 정치로 변경된 것도 이에 대한 우려 때문이었다. 사이토 마코토(齋藤實) 조선 총독은 조선에서 3·1운동이 겨우 진압되었는데 박열에게 사형이 집행된다면 조선에서 무슨 일이 벌어질지 예측을 할 수 없기에 걱정된다고 말했다.

일본 정부는 조선인 학살에 대한 책임을 모면하기 위해 일본 황태자 암살 미수인 박열 사건을 내세웠지만, 일본 검찰은 법원에 '은사(恩赦) 신청서'를 제출했다. 이것은 사형판결을 무기징역으로 감형해달라는 신청서였다. 정부가 이 신청서를 제출한 것은 박열의 사형으로 인한 조선인들의 반발을 잠재우기 위한 것으로서 일종의 연출이었다.

결국, 사형 선고를 받은 박열은 무기징역으로 감형을 받았다. 이것은 일본 정부가 박열 사건이 근거가 분명하지 않은 '정치 조작 사건'임을 은연중에 스스로 인정한 셈이다. 조선인들이 박열 사건에 촉각을 세우고 조선 민중의 힘이 두려워 박열을 감형할 수밖에 없었던 상황이었다는 것을 알 수 있다. 그러나 박열은 자신의 사형판결이 독립운동의 불씨로 작용하길 바랐다. 조선인들이 마음을 움직여 큰 운동을 일으키길 원했던 것이다. 일제의 부당함을 전 세계에 알려 조선의 독립을 의도했던 그였기에 생각지 못한 감형에 분노했다.

트라우마 루프(Loop),
반일과 혐한

영화에서 조선인에 대한 유언비어가 퍼지자 경찰서
구금되어 있던 박열의 친구 규종은 "조선인이 우물에 독
을 탔다고 하는데 그럼 진짜로 독을 타버리자, 집에 조선
인들이 불을 질렀다는데 그럼 불을 질러버리자!"라고 소
리친다. 규종의 억울함과 분노는 조선인에 대한 유언비어
를 사실로 만들어 일본인에게 상해를 가하는 형식으로 표
출되었고 이것은 일본인 전체를 향했다.

사실 엄밀히 따지면 이 사건에서 가해자는 일본 제국
주의 정부였다. 규종은 일본 정부와 민중을 구별하지 않고
'일본놈들'에 대한 적대감을 표출한다. 그동안 규종은 일
본 민중과 함께 일본 정부를 타도하기 위해 많은 활동을
했음에도 불구하고 조선을 식민지로 만든 일본 정부에 대
한 적대감을 다른 방향으로 왜곡시켰다. '가해자'에 대한
왜곡으로 모든 일본인을 가해자로 만들어 그들을 향한 증
오와 분노를 숨기지 않았다. 일본 민중과 협력하며 조선의
독립과 조선·일본 노동자 문제를 외쳤던 규종은 조선인
학살이라는 상처로 독립을 일본인 모두와 맞서는 민족과
민족의 대립 문제로 인식하게 되었다.

영화를 보는 사람들도 규종과 마찬가지로 폭력에는
폭력으로, 우리가 당한 만큼 갚아주어야 한다는 마음이 생

기지 않았을까. 그렇다면 과연 한반도의 조선인들은 실제로 어떤 반응을 보였을까. 초기에 한반도의 조선인들은 학살에 대한 소식을 접할 수 없었다. 지진 피해 규모와 상황 그리고 피해자들의 생활에 관한 간략한 정보만 접할 수 있었다. 조선인들은 일본인과 재일조선인들을 구분하지 않고 구호단체를 만들어 지진 피해자들을 위한 모금 운동을 벌였다. 재난을 겪은 일본에 대한 동정적인 여론도 형성되었다.

　그동안 조선에서 발간된 신문들은 조선총독부의 검열로 조선인 학살 소식에 대해 자세히 다루지 못했으나 9월 10일 이후 상황은 달라졌다. 일본에서 조선으로 돌아오는 조선인들에 의해 한반도에 조선인 학살 소식이 자세히 전해졌다. 학살 소식이 한반도에 전해지자 대지진을 겪은 일본 사람들에 대한 동정 여론은 사라졌다. 일부 조선인들은 재조일본인들에 대한 강한 적개심을 드러냈다. 심지어 이전과 달리 격양된 감정을 숨기지 않고 드러내는 일도 있었다. 이들은 지진으로 일본이 피해 본 것을 기뻐하거나 심지어 재조일본인에게 상해를 입혔다. 일본인 경찰관에게 돌을 던지기도 하며 일본인을 폭행하기도 했다. 대규모로 조직된 집단 운동이나 시위는 일어나지 않았지만, 일본인 여성을 희롱하는 등 조선인들의 행동에 변화가 나타났다.

　이에 따라 재조일본인들도 스스로 흉기를 소지하고 다니거나 자경단을 조직할 것을 건의하며 주변의 조선인에 대한 불신과 적대감을 드러냈다. 조선인 학살 소식이 한반도에서 일본인과 한국인 상호 간의 민족적 분노를 고조시킨 것이다. 규종은 한발 더 나아가 한민족인 조선인에게도 분노를 표출한다. 조선인 기자가 박열의 재판과정을 취재하러 조선에서 불령사로 찾아 왔다. 조선의 신문에는 '박열과 그 애인'이라는 제목으로 기사가 실렸다. 이것을 본 기자는 "박열이 실제로 무엇을 했나. 일본 내각에 이용만 당하고 이를 즐기는 것처럼 보이지 않나? 여자관계도 복잡한 것 같다"라며 박열을 비판한다. 관심을 받고 싶어서 조선인 학살을 이용하는 인물로 박열을 바라보자 규종은 기자에게 화를 참지 못하고 "너 일본 앞잡이냐?!"라고 하며 폭력적인 반응을 보인다.

기자는 박열 사건과 조선인 학살에 대한 진상을 규명하기 위해 일본으로 건너온 것으로 불령사 회원들과 싸우려 한 것은 아니었다. 그러나 일본에서 민족차별을 겪고 눈앞에서 조선인이 일본인에게 살해당하는 모습을 지켜볼 수밖에 없었던 규종에게 기자의 발언은 식민 트라우마를 자극하기에는 충분했다.

지금도 일본에 대한 감정은 불쑥불쑥 튀어나온다. 일상의 삶에서 반일감정은 숨어 있다가 역사 교과서 논란이나 일본군 위안부 합의와 소녀상에 관한 이슈들이 등장할 때면 한국인들은 분노한다. 그러나 우리는 규종의 반응과 마찬가지로 분노를 일본 정부가 아닌 왜곡된 가해자인 일본인 전체에게 표출한다. 야구나 축구 등 스포츠 경기에서 한일전이 한국인들에게 주는 무게감은 남다르다. 올림픽에서도 한일전은 주목을 많이 받는다. 평창올림픽에서 여자 컬링팀은 한일전에 압박감이 커서 다른 경기보다 잘하고 싶었다고 인터뷰하기도 했다. 일본과의 첫 경기에서 패배한 후, 준결승에서 다시 만났을 때 선수들의 부담은 더 컸을 것이다. 그러나 준결승에서 승리의 순간에 온 국민은 짜릿함을 느꼈다. 상대국가가 일본이 아니었어도 경기 패배 후 아쉬움이나 승리 후 기쁜 마음은 물론 있겠지만 일본과의 경기가 주는 패배감과 승리감은 훨씬 크다. 이러한 큰 진폭의 감정은 일본의 식민지였던 과거에 받은 민족 자존심의 상처가 오늘날 우리에게 아직도 영향을 미치고 있음을 보여준다. 반일감정이 한국인들 사이에 휘몰아칠 때 반일감정에 동조하지 않는 한국인들을 '친일파'로 매도하는 것 또한 심심찮게 발견되는데 식민 트라우마의 한 양상으로 볼 수 있다.

한국에 반일감정이 있다면 일본에는 '혐한'이 존재한다. 혐한의 구체적 표출로 '헤이트 스피치(hate speech)'를 들 수 있다. 헤이트 스피치는 인종, 성, 종교, 정치적 견해, 사회적 위치, 외모 등에 대해 의도적으로 헐뜯는 발언으로 증오의 감정을 담고 있다. 이런 헤이트 스피치의 거친 언행과 증오의 감정이 폭력, 테러 등의 범죄행위로 드러나는 것을 '헤이트 크라임(hate crime, 증오범죄)'이라고 한다.

헤이트 스피치는 2013년 3월에서 8월 일본의 한 극우 세력이 재일조선인을 대상으로 한 시위를 통해 한국에 알려졌다. 같은 해 7월 일본 법원은 이 단체에 손해배상과 시위 금지 명령을 내렸다. 국제사회에서는 헤이트 스피치를 법으로 규제하고 증오범죄에 대한 처벌도 엄중한 편이다. 그러나 아직 일본은 헤이트 스피치를 규제하고 있지 않다. 2016년 오사카의 어느 유명한 초밥 식당에서 한국인에게 고추냉이가 가득 든 초밥을 내놓아 우리를 경악시킨 이른바 '와사비 테러'는 증오범죄라고 볼 수 있다. 이후에도 한국인 여행객들이 길거리에서 폭행을 당하는 일이 벌어져 한동안 일본에 여행 가면 안 된다는 인식이 한국인들 사이에 퍼졌다. 2018년 3월 30일 밤에 벚꽃 구경을 나온 한국인이 일본인 남성이 휘두른 칼에 등이 찔린 일도 발생했다.

이러한 혐한의 구체적인 사건들은 일본 전 지역이 아니라 특정 지역에서 발생하는 것이지만 한국과 한국인을 향한 혐오와 증오의 표현임은 분명하다. 반일에는 혐한으로, 혐한에는 반일로. 이러한 증오 감정의 무한 루프를 어떻게 극복할 수 있을까. 박열은 우리에게 말한다. "우리가 일본 민중하고 싸우는 거냐."

우물에 독을 타고 불을 지르자는 규종을 향한 이 한마디는 우리에게도 같은 메시지를 보내고 있다. 박열은 시야에 들어오지 않았던 새로운 부분을 짚어준다. 그도 규종과 마찬가지로 민족적 차별, 수탈 그리고 처참한 식민 지배를 경험했다. 민족에 대한 아픔과 상처가 있었지만 반응은 달랐다.

국가·민족을 초월한
민중의 연대

박열은 조선을 사랑했고 조선의 독립을 외쳤지만, 조선의 문제만을 위해 활동하지 않았다. 그는 일본 제국주의를 타도하고자 했으며 모든 일본인을 적대시하지도 아니었다. 그는 일본 제국주의와 천황을 신으로 여기는 일본 정부를 일본 민중과 분리하여 생각했다. 일본에 살면서 '근로자의 날' 시위나 '광산 노동자 학대 사건'으로 투쟁할 때 일본인들과 함께 연대하여 정부와 맞섰다. 그가 조직한 불령사도 조선 민중과 일본 민중이 함께하는 운동 단체였다.

박열의 변호를 맡은 후세 변호사도 독특한 이력을 갖고 있었다. 불령사 회원들의 신문사 주필 폭행 사건을 맡았으며 2·8 독립선언 때 참여한 사람들을 변호하기도 했다. 그는 2004년 대한민국 최초로 건국훈장을 수여 받은 일본인이 되었다. 박열의 재판이 조작된 사건이며 그를 사형으로 몰고 갈, 이길 가능성이 희박한 재판이라는 것을 알았으면서도 조선인의 변호를 맡았다. 아무리 보아도 부와 명예를 얻기 위해서라고 생각하기는 어렵다. 변호사 선임료를 많이 받을 수 있는 사건도 아니었고 오히려 같은 민족에게 배신자 소리를 듣는 일이었다.

그는 마음을 움직이는 양심의 소리를 흘려들을 수 없었다. 일제의 조선 수탈이 옳지 않으며 조선인들을 무차별 학살하고 대역 죄인으로 몰아가는 일을 지켜볼 수 없었다. 조선인들을 변호하는 일은 일본인 변호사로서 일본 정부에 대항하고 조선 민중과 연대하는 그만의 방식이었을 것이다. 후세 변호사 이외에도 박열과 함께 투쟁한 일본인들이 존재했다. 조선에서 기자 생활을 하며 조선 총독을 비판한 이유로 감옥에 투옥되었던 소설가 나카니시 이노스케(中西伊之助)의 말 한마디가 마음을 울린다. "나 하나 사죄한다고 무슨 보탬이 되겠냐만 일본이 민족차별의 죗값을 치를 수 있게 노력하겠습니다."

이 사죄의 말은 영화 속 박열에게 하는 것이 아니라 영화를 보고 있는 필자에게 그리고 모든 한국인에게 하는 말로 들린다. 소설가 나카니시와 함께 온 사토무라 긴조 또한 박열에게 "당신을 응원하는 일본 민중을 기억해 주시오. 민중의 양심을 끝까지 포기하지 마십시오"라고 말한다. 민족을 초월하여 일본 제국주의 정부를 타도하는 투쟁을 포기하지 말라는 것이었다. 우리는 위안부 문제의 책임을 지지 않는 일본 정부의 모습을 볼 때마다 분노한다. 공식적으로 반성이나 사죄라는 표현을 썼지만, 역사를 왜

곡하며 위안부 문제의 본질을 흐리고 부정하는 언행을 일삼는 모습을 보면 진정으로 사죄하는 태도로 느껴지지 않는다.

그러나 일본 제국주의 정부의 악행에 분노하는 일본 민중의 존재는 한국인들 내면에 존재하는 식민 트라우마와 반일감정을 누그러트린다. 일본 민중과 조선인 사이의 연대를 잊지 말라는 사토무라의 말은 오늘날 식민 트라우마를 겪는 우리에게 연대의 중요성을 느끼게 한다. 이런 진심 어린 대화를 통해 반일감정과 혐한이라는 민족 간의 첨예한 갈등을 풀 수 있는 날을 기대한다.

실제로 한일관계에서 무수한 적대감을 생산하며 논쟁이 되는 문제들을 해결하기 위해 한국과 일본의 시민단체들은 연대하여 싸워나가는 중이다. 관동대지진과 조선인 학살은 떼려야 뗄 수 없는 문제이다. 진상규명을 위해 양국의 지식인들과 시민단체가 연대하고 있다. 327개의 시민 단체가 함께하는 '고교무상화에서 조선학교 배제를 반대하는 연락회'는 조선학교 차별 반대에 큰 목소리를 내며 일본 정부와 맞선다. 한국 시민단체들도 일본인들과 하나의 목소리를 내며 민족 차별문제를 해결하기 위해 지금도 노력하고 있다. 일본의 위안부 문제 웹사이트인 'Fight for Justice' 일본 정부가 위안부에 대한 책임을 지지 않으려 하는 모습을 비판하고 역사적 사실을 세계사회에 알리기 위해 활동하고 있다.

　　일본 제국주의 만행에 대해 사과하는 일본 시민단체들이 많이 있으나 그 책임을 지는 것은 제국주의 전범인 일본 국가이어야 한다. 역사에 책임을 지려는 일본 민중은 양심을 포기하지 않고 함께 하는 한·일연대의 길을 제시한다. 한국 민중과 일본 민중이 연대하여 반성하지 않는 일본 제국주의 정부를 향해 투쟁하자는 것이다. 민족을 뛰어넘어 연대를 통해 한일민중은 성숙한 세계시민사회를 만들 수 있다. 나아가 평화공존을 위한 노력을 통해 우리는 식민 트라우마로 발생하는 반일감정과 혐한의 고리를 끊고 트라우마를 극복할 수 있는 희망의 길을 모색할 수 있을 것이다.

2

분단
트라우마

〈태백산맥〉,
살아있는 사람들을 위한 씻김굿

김정아
건국대학교 대학원 통일인문학과 박사과정 수료

같은 듯 다른
소설과 영화

영화 〈태백산맥〉(1994, 감독 임권택)은 1994년 9월 17일 개봉된 임권택 감독의 94번째 연출작이다. 영화의 원작은 당시 350만부나 팔린 조정래 작가의 소설 『태백산맥』이었다. 『태백산맥』은 1983년 〈현대문학〉 9월호에 연재를 시작하여 1989년 전 10권으로 간행된 대하 역사소설이다. 1999년 중앙일보 '20세기 한국의 베스트셀러'에 선정되었고, 한국일보에서 실시한 '문인들이 뽑은 지난 1백 년 동안의 소설 중에서 21세기에 남을 10대 작품'에 선정되었다. 하지만 8개의 우익 단체가 "우익을 악의 대명사로 묘사하고 좌익과 빨치산, 인민군은 해방 전사로 찬양했다"며 조정래 작가를 국가보안법 혐의로 경찰에 고발했다. 영화도 개봉 전부터 상영 저지선언을 하는 단체들이 있을 만큼 이념논쟁에 휩싸였다. 그들은 "원작과 같은 영화를 상영할 경우 화약, 휘발유, 석유, 가스 등 모든 수단과 방법을 가리지 않고 상영을 막겠다."는 내용의 협박성 편지를 서울시내 일부 극장에 보냈다. 고려대 언론대학원이 시사회를 열자, 폭파하겠다는 협박전화를 할 만큼 사회적으로 큰 뉴스가 되었다.

여러 논란 속에서도 영화 〈태백산맥〉은 공연윤리위원회 심의를 통과하여 9월 17일, 전국 43개 극장에서 개봉되었다. 영화는 관객들의 호응을 얻어 94년도 한국영화 흥행순위 4위에 올랐다. 그해 열린 각종 시상식에서 많은 상을 받을 만큼 작품성도 높은 평가를 받았다. 제33회 대종상영화제 3개 부문, 제5회 춘사영화제 감독상과 촬영상 등 3개 부문, 제15회 청룡영화제 작품상, 남녀조연상 등 4개 부문을 수상했다. 1995년에는 독일에 수출되었으며, 제45회 베를린국제영화제 경쟁부문에서 상영되었다.

필자에게 영화 〈태백산맥〉은 원작소설 『태백산맥』과 다른 작품으로 이해됐다. 시대적 배경과 이야기의 큰 줄기가 비슷하지만 조정래 작가와 임권택 감독이 작품에서 이야기하고자 하는 주제가 다르기 때문이다. 두 작품 모두 해방직후 정치 · 사회적으로 매우 혼란한 남한에서의 좌우갈등과 그 시대를 살았던 사람들의 선택을 보여주고 있다. 그러나 조정래 작가가 "다수의 민중과 빨치산이라는 특정한 계층을 통해서 은폐된 역사를 드러내고, 그 시기의 갈등과 대립이 어떻게 분단의 기원을 형성했는가를 사회 역사적으로 해명하고자 했다"면, 임권택 감독은 해방직후 좌우익의 이념대립 속에 희생당한 사람들을 통해 민족의 비극과 아픔을 그리고자 했다.

또한 소설과 영화는 구체적인 시기와 등장인물이 다르다. 소설은 여순사건에서 1953년 7월 휴전협정 직후까지 다루면서 남한지역의 다양한 정치적 입장을 수많은 등장인물의 시각으로 상세히 다루어 당시 상황을 총체적으로 보여준다. 이에 비해 영화는 시공간의 한계가 있어서인지 여순사건으로 빨치산부대가 벌교의 율어지역을 해방구로 장악하는 데부터 시작하여 1951년 인민군의 패퇴까지를 중간파인 김범우(안성기)의 시각으로 그린다. 또한 영화 속 등장인물들의 운명과 입장이 소설과 다른 경우가 많다.

영화 〈태백산맥〉은 1948년 10월 20일 벌교 경찰서 전화벨 소리로 시작된다. 남한 단독정부수립에 반대하여 4·3항쟁이 일어난 제주에 진압부대로 파견되는 데 반대하며 여수 14연대가 반란을 일으킨 것을 알리는 벨소리였다. 이후 벌교에서 벌어지는 사건들을 민족주의자인 학교 교사 김범우의 시각으로 따라간다. 친일파 청산, 농지개혁 등 남한사회의 근본적인 모순을 타파하는 개혁은 제대로 이루어지지 못하고 남북의 이념적 분단 상황에서 좌우갈등이 첨예한 가운데 사람들은 어느 한쪽을 선택해야만 했다. 영화는 사람들이 선택의 과정에서 보복이 보복을 불러 서로 죽고 죽이는 비극을 보여주고 있다.

필자는 영화 〈태백산맥〉을 소설과 비교하지 않고 "어느 편도 들고 싶지 않고, 전쟁에 희생당한 우리 민족에 대해 씻김굿을 하고 싶은" 임권택 감독의 마음을 따라가며 보고자 한다. 영화 〈태백산맥〉은 남과 북이 70년 동안 갈라져 살아오면서 서로에 대한 적대감과 증오를 키워 온 세월의 시작점을 보여주는 영화이다. 그러므로 우리의 식민, 분단, 전쟁의 역사적 트라우마의 기원을 당시 사람들의 삶속에서 성찰해 볼 수 있다. 남쪽 내부의 이념갈등과 서로 다른 생각을 지닌 사람들의 남남갈등이 시작된 해방정국에서, 전쟁과 학살이 어떻게 '빨갱이'로 의미화되어 증오가 심화되었는지를 영화의 핵심 장면을 통해 알아보고자 한다. 그래서 서로가 서로에게 입힌 상처들을 공감하고 치유하기 위한 해원의 마당으로 가는 길을 찾아보고 싶다.

증오의 시작,
학살

'빨갱이'와 '종북'은 지금 우리 사회에서는 그 어떤 낙인보다 무서운 낙인이다. 모든 것을 잠식하는 '빨갱이'는 무엇을 의미하는 것이며 언제부터 쓰이는 말이었을까? 현재 사전적 의미로는 '공산주의자를 비하는 말'인 '빨갱이'는 해방정국에서 어떻게 쓰였을까?

여수 14연대 국군들의 반란을 진압하기 위해 온 계엄사령부의 토벌대와 지방 청년단의 지나친 보복행위를 중단해 달라고 항의 차 모인 지역수습위원들과 만난 자리에서 토벌대장은 "이남사람들은 빨갱이를 몰라. 벌교사람 80%는 빨갱이라고 보고 있어. 빨갱이들한테 무슨 재판이 필요 있어. 당신은 빨갱이들이 한 짓을 못 봤어. 앞으로 빨갱이에 동조하는 자는 빨갱이로 취급하겠소, 모두 조심하시오."라고 이야기한다.

그는 황해도에서 알아주는 지주 아들로 집안이 땅을 빼앗기고 아버지가 반동으로 처형당한 후 가족이 뿔뿔이

- 벌교를 장악한 빨치산부대에 의해 행해지는 인민재판

헤어져 생사를 모르는 사연을 가진 사람이다. 북에서 시행된 토지개혁으로 땅을 잃고 남으로 내려온 지주 가족들은 북의 사회주의에 동조하는 사람들을 증오하는 마음을 지니게 된 것이다. 또한 빨치산부대의 인민재판으로 인해 가족을 잃은 사람들도 청년단에 들어가 산사람이 된 '빨갱이'의 남은 가족들에게 죽음의 보복을 가한다. 이념 대립에 의한 것이 아니라 내 가족의 죽음에 대한 보복인 것이다.

자신들이 직접 피해를 입지 않은 영화의 다른 인물들은 '빨갱이'에 대해 그리 나쁜 감정을 가지고 있지는 않았다. 수습위원들과 모임을 마친 후 김범우와 함께 걸어오던 북초등학교 교장은 "평소에 빨갱이라는 말이 공산주의자나 사회주의자라는 말과 뜻이 같으면서도 느낌이 많이 다르다는 것은 알고 있었소만, 오늘 토벌대장이 하는 '빨갱이'라는 말은 정말 증오와 살기를 품고 있더군요. 그 말 한마디에 사람 목숨이 오고가는 위태로움을 느꼈어요."라고 말한다.

양조장집 아들 정하섭(신현준)이 무당의 딸 소화를 만났을 때에도 일반적인 사람들의 '산사람들'에 대한 생각을 읽을 수 있다. "나는 빨갱이요. 당신은 빨갱이를 어떻게 생각하오?" "가난하고 불쌍한 사람들 편이라는디 그렇게 나쁜 사람이랑가요?"

토벌대장 임만수가 염상진(김명곤) 아내 죽산댁을 취

조하면서 자식 굶겨가면서 빨갱이짓 하면 뭐하겠다는 거
냐고 비난하자 죽산댁은 맞으면서도 당당하게 대답한다.
"자식이 굶은게 빨갱이 하재, 빨갱이한께 자식을 굶긴 건
아니재라. 설움 중에 굶는 설움이 제일 큰 거인디 한쪽에
못 먹어서 부황든 사람이 허천나게 많은디 있는 사람들은
쌀가마니 쌓아놓고 유과해 먹고 떡 해 먹고 요런 시상이
어찌 사람 사는 시상이여."

    남쪽의 산사람들에 대한 당시 사람들의 생각은 벌교
경찰이 신임 토벌대장에게 염상진에 대해 설명하는 데서
도 들을 수 있다. 그는 염상진을 비롯한 산사람들이 일제
강점기부터 일제에 맞서 산에서 싸우던 사람들임을, 친일
파들에 의한 해방정국의 부조리에 저항하는 사회주의자들
임을 말하고 있다. 김범우를 찾은 계엄사령부 심재모(최동
준) 중위와의 대화에서도 벌교에서 좌우익 갈등이 심한 이
유에 대해서 들을 수 있다.

    "대체 벌교란 어떤 곳입니까? 왜 그렇게 좌익이 많
    이 나왔고, 좌우익의 갈등이 심했는지요?"
    "벌교에서의 좌우익 갈등은 땅에서 시작되었고, 땅
    으로 귀결된다고 볼 수 있죠."
    "땅이라고요? 조금 뜻밖이군요."
    "이 땅의 문제는 일제 침략에서부터 설명되어야 합니
    다. 한반도에 식민지화에 착수한 일본이 제일 먼저 한

것은 8년간 토지조사라는 것을 벌여 농민들의 땅을
약탈하였는데 그 결과 농민의 8할이 소작농으로 전락
하고, 그들의 8할이 극심한 굶주림에 허덕여야하는 전
락농가가 된 것이 식민지의 현실이었지요."

일제의 식민지배가 끝났음에도 사람들의 삶은 전혀
나아지지 않았던 해방정국이었다. 특히 남쪽에서는 농지
개혁법이 지주들의 반대로 늦어지고 있었고, 친일파 청산
도 반민특위의 해산으로 어려워졌다. 수확량의 7할 이상
을 지주에게 바쳐야하는 현실에서 춘궁기와 추궁기의 악
순환에 시달려야하는 농민들의 비참함이 집중된 곳이 땅
이 너른 삼남지방이었고, 그중 가장 심한 곳이 벌교가 속
한 전라도지방이었다. 이북에서 무상몰수 무상분배의 토
지개혁이 단행된 데 반해 남쪽에서는 친일 지주들의 강한
반발로 농지개혁이 늦어져 소작들의 실망과 분노가 커지
고 있었다. 영화에서는 농지개혁을 방해하는 지주들을 인
민재판을 통해 '처단'하는 모습을 담고 있다.

남북이 갈라져 있던 상황에서 지식인들은 한쪽을 선
택하도록 강요당하는 상황이었고, 민중은 자신들의 땅을
갖기 위해 한쪽을 선택하게 된 것이다. 남로당 당원인 이
지숙이 민족과 사람을 우선하는 민족주의자 김범우에게
이젠 어느 한쪽을 선택해야 한다고 말하고, 염상진이 이념
과 상관없이 모든 사람을 치료해주는 자애병원 원장에게

조차 한편을 선택하라고 하는 것도 같은 맥락이다. 하지만 당시 사람들은 이념적으로 좌와 우로 명확하게 갈라져 있지 않았다. 좌로 분류되는 사람들 중에는 친일파들이 다시 득세하는 세상이 원망스러워 진정한 해방을 열망하는 사람들도 있었지만 높은 비율을 차지하는 농민들은 그저 자신의 땅을 갖고 싶은 마음으로 친일 지주들을 공격하다가 국군에게 부역자로 찍혀 더 이상 마을에서 살 수가 없어 산으로 들어온 사람들이었다. 우파로 분류되는 사람들도 해방된 조국에서 미국과 소련의 신탁통치가 아니라 우리 정부를 수립해야한다는 절실한 마음을 가진 민족주의자도 있었고 자신의 재산을 지키고자 정부 편에 선 지주들도 있었다. 그들에게는 자유민주주의니, 공산주의니 하는 이념이 그리 중요하지 않았다.

　　남과 북으로 분단된 상황에서 남과 북 어느 곳에서나 사람들은 한쪽을 선택하도록 강요받았다. 결국 자애병원 원장도 보도연맹원으로 가입당하고 '빨갱이를 몰아내자' '멸공통일' 플래카드를 앞세운 우익대열에 서게 된다. 일반 민중도 서로를 죽이고, 다시 피의 보복을 하게 된 것은 서로 다른 이념 때문이 아니라 시대적 상황에 의한 '강요당한 선택' 때문이었던 것이다. '빨갱이'는 교장선생님 말처럼 그저 독립운동을 하면서 사회주의를 선택한 사람들을 일컫는 말이었지만 38선이 나뉘고 남과 북이 다른 체제의 국가들에 의해 군정이 실시되면서 점점 더 커진 마음

의 간극과 상호 보복과 학살로 인해 심화된 증오가 덧씌워
진 것이다.

증오의 심화,
'손가락재판'

산에서 내려온 며칠 만에 반란군은 진압군에 의해 쫓
겨 가게 된다. 염상진이 자신의 어머니에게 청년단 단장인
아우 염상구(김갑수)의 집에 가 있으라고 하자 그 어머니는
형제간에 총부리를 겨누며 싸우는 상황을 가슴 아파한다.
"모르것다, 두 자식 틈새에서 한시도 맘 편한 일이 없으니
형제간에 무슨 할 짓들이 없어서 서로 가슴에 총부리 겨누
는 짓들이다냐."

- 낮에는 국군에게, 밤에는 빨치산에게 보복을 당하는 주민들

입산하는 아들 강동식에게 그 아비는 탄식한다. "열흘도 못 채우고 야반도주할 것들이 그리 험허게 사람을 해쳐. 이것들아, 내 70 평생에 나라가 금하는 일 맞서서 이기는 놈 못 봤다. 이것들아."

빨치산부대가 '인민재판'으로 지주들을 처형하고, 10월 24일 벌교가 다시 국군에 의해 진압된 후 보복이 시작된다. 영화는 빨치산부대에 부역한 자들을 분류하기 위해 초등학교 운동장에 모여드는 사람들이 수군대는 소리로 피의 보복이 시작됐음을 알린다. 벌교를 진압한 국군 토벌대는 경찰서 앞에서는 도망치는 사람을 현장에서 총을 쏴 즉결처형을 하고, 마을 주민들을 운동장에 모아놓고 '손가락재판'으로 부역자를 색출한다. 지역의 점령군이 바뀔 때마다, 산마을에는 낮에는 국군이, 밤에는 산사람들이 와서 상대방에게 부역한 자들을 가려내라고 주민들을 협박한다.

불려나온 주민은 자기가 살기 위해 오랜 세월 함께 살아온 이웃을 부역자라고 손가락으로 가리킨다. 이웃들에 의한 '손가락재판'은 아무런 변명의 기회조차 주어지지 않고 총살로 이어졌고 그렇게 수많은 사람들이 억울하게 죽어갔다. 이념갈등과 계급갈등이 아니라 자기가 살기 위해 상대를 죽일 수밖에 없었고, 그런 자신을 정당화하기 위해 상대를 악마화해서 분노와 증오를 키운 것이다.

이 땅에는 70년이 지난 지금까지도 같은 마을에 함께

살면서 당시의 원한으로 서로 원수로 지내면서, 자식 세대에게도 미움과 증오를 대물림하며 사는 사람들이 있다. 세월이 흘렀지만 사람들의 원한은 옅어지지 않고 깊이깊이 한으로 서렸다. 당시를 겪지 않은 세대들도 마을에 전해오는 '역사적 트라우마'에서 자유롭지 못하다.

화해, 살아있는 자들을 위한
진혼제 '씻김굿'

자신의 집 지하에 숨어있는 염상구에게 총을 들고 찾아온 염상진은 동생의 머리에 총구를 들이대며 이야기한다.

- 외서댁 남편의 부탁으로 씻김굿을 하는 소화

"우린 같이 자랐다. 가난도 같이 겪었고 배도 같이 곯았다. 도대체 왜 네가 반동 짓을 하는지 알 수가 없다."

"피차 살자고 하는 것 아닌가. 이쪽은 이쪽대로 저쪽은 저쪽대로. 나는 잘난 형놈 땜시 배우도 못하고 무식해서 빨갱이사상이 뭣인지 모르네. 허나 그쪽도 잘한 것은 없어. 말끝마다 사람 사는 세상 맹그다면서 어떻게 사람 목숨을 파리 목숨 취급인가? 평등? 그것이 그리 쉽다면 여기서는 왜 안했것어. 얘기를 들은께 사람들이 등을 돌린담서. 그것은 또 뭣이여? 겨우 고런 시상 만들것다고 그렇게 설레발을 쳤당가?"

"우린 만들 것이다."

"그려. 누구나 자기 방식이 있것재. 엄니 잘 모시더라고. 그것이 내 마지막 소원이여."

마지막 죽음 앞에서도 엄마를 부탁하는 동생 염상구에게 자신의 총을 건네며, 자신의 집도 감시 중이니 도망가라는 형 염상진의 모습에서 이념보다 형제애가 더 우선임을 영화는 말한다. 주도권이 바뀔 때마다 큰아들과 작은아들 집을 드나들며 손자들의 끼니를 걱정하는 어머니는 이념이 달라도 서로 돌봐야하는 한 핏줄임을 몸으로 보여준다.

김범우는 빨치산부대가 마지막으로 후퇴하면서 마을

에서 행하는 무차별 처형에 항의하기 위해 염상진을 찾았다. 인민군의 패퇴 상황과 주민들 간에 무차별 보복사형이 이루어지는 상황을 자신도 통제할 수 없음을 괴로워하며 염상진은 다음과 같이 고백한다. "마르크스를 처음 읽었을 때의 감격을 지금도 기억하고 있네. 더 이상 계급과 착취가 없으면서 모든 사람들이 완전한 평등 속에서 인간적인 삶을 누리면서 사는 세상, 그 세상을 만들기 위해 내 평생을 바치겠다고 맹세했었네. 대체 어디서부터 무엇이 잘못된 걸까? 할 수만 있다면 처음부터 다시 시작하고 싶다."

김범우는 염상진에게 단호하게 얘기한다. "너무 늦었소. 그러기엔 형님의 손에는 너무 많은 사람의 피가 묻어 있소. 사람을 수단으로 삼고 사람 간의 증오에 토대하고 있는 한, 그 어떠한 사상도 사람들을 구원할 순 없습니다." 염상진이 꿈꾸었던 세상과 김범우가 꿈꾸는 세상은 차이가 있을까?

강동식은 다른 이들을 죽이면서도 염상구에게 겁탈당하다 자살한 자신의 아내 외서댁을 위한 씻김굿을 소화에게 부탁한다. 벌교 노동당사로 쓰이던 건물은 불타오르고, 무차별적 보복이 이루어지는 가운데 외서댁을 위한 씻김굿이 진행된다. 굿을 마치고 돌아가는 새벽길에 소화를 만난 김범우는 산 자들의 목숨조차 가벼이 여겨지는 이때에 죽은 자의 넋을 정성스레 다루는 것이 우리가 잃어버린 세상을 보는 기분이라며 소화에게 감사를 전한다.

하지만 소화는 "굿이란 살아있는 사람들을 위한 것이 재라. 살아있는 자들의 한을 푸는 것이요."라고 말한다. 이 에 김범우도 살아있는 사람들의 해원이 필요함을 이야기 한다. "산 자들의 한, 그렇다면 당신이 해야 할 일이 너무 많을 것 같소."

남과 북은 70년 동안 살아있는 자들의 한이 더욱 깊어 진 상황이다. 지난 세월 동안 남북은 전쟁으로 인한 상처 를 치유하기는커녕 서로에 대한 적대감을 키우고, 상대에 대한 증오를 재생산해 왔다. 식민, 전쟁, 분단으로 인한 역 사적 트라우마를 심화시켜온 것이다. 분단과 전쟁 이후 남 북민 모두는 '역사의 조난자'로 '비정상국가'에서 살아오 고 있다. 남에서는 내부에서도 끊임없는 이념갈등으로 '빨 갱이' '종북'이라며 손가락질하고 낙인찍으며 살아왔다.

우리는 남과 북 현재 모습의 원인과 과정을 제대로 인 식해야 한다. 우리의 분단이 누구에 의해 형성됐는지, 왜 남과 북이 70년이나 적대적 관계를 유지하고 서로 미워하 며 살아오고 있는지에 대해서 말이다. 영화 〈태백산맥〉은 여순사건을 배경으로 벌교지역에서 서로가 서로를 죽이 는 '손가락재판'을 우리 안의 살아있는 증오의 출발점으로 설명하고 있다. 영화는 "그 어떤 이념도 완전할 수 없으며 증오를 토대로 하는 한 우리를 구원할 수 없음"을 김범우 의 대사를 통해 이야기한다. 영화는 마지막 장면에서 자막으로 한국전쟁이 민간인 사상자만도 약 286만 명인 승자가 없는 전쟁이었음을 상기시킨다.

'사람 사는 좋은 세상'은 이념을 떠나 우리 모두의 꿈이기도 하다. 우리의 통일도, 남남갈등의 해결도 모두가 잘사는 좋은 세상을 만들어가는 과정이어야 한다. 그 길의 가장 앞에 있는 걸림돌은 우리 안의 증오, 적대감, 맺혀있는 한일 것이다. 소화의 씻김굿, 진혼제를 통해서라도 살아있는 자들의 한을 풀어 우리 안의 증오와 적대감을 치유할 수 있다면 좋겠다. 서로에게 겨눈 총부리를 내리고 마음을 열고 만나, 서로의 아픔에 공감하며 서로를 위로하고 새로운 미래에 대한 이야기를 시작했으면 좋겠다. 염상진과 염상구의 어머니처럼 이념으로 갈라진 형제들 때문에 가슴 아픈 어머니의 슬픔은 이 땅에서 다시는 없었으면 좋겠다.

2018년 4월 27일, 휴전과 분단이 이루어진 판문점 널문리, '너른마당'에서 남북정상회담이 이루어졌다. 지뢰 가득한 공간에서 하늘 높이 날아 생명을 지켜온 새들의 지저귐과 푸른 숲을 배경으로 남북 정상의 진정성 있는 만남이 온 국민이 지켜보는 가운데 12시간 동안 이어졌다. 이 회담이 그 공간에서 치열하게 싸우다 죽어간 이들을 위한 진혼제이고, 여전히 싸우고 있는 산 자들의 화해를 위한 '씻김굿'이었기를 바란다. 그래서 2018년 4월에 시작된 '새봄의 희망'이 진정한 한반도의 평화로 이어지길 간절히 기원한다.

〈고지전〉,
전쟁 감옥에 갇힌 사람들

박성은
건국대학교 대학원 통일인문학과 박사과정 수료

영화 〈고지전〉(2011, 감독 장훈) 은 한국전쟁의 일면을 애록고지라 는 한정된 공간에서 구현하고 있 다. 애록고지는 실제의 장소가 아 니라 한국전쟁의 속성을 그려내기 위한 하나의 상상된 장소다. 〈고지 전〉은 전쟁영화라는 큰 범주 안에 서 볼 때 독특함을 지니고 있는데 그것을 구별하기 위해서는 다른 전 쟁영화에는 있는데 〈고지전〉에는 없는 점을 찾아야 명확하게 알아 볼 수 있다. 우선 이 영화에는 스펙

한국전쟁의 마지막
기록되지 않은
그들의 마지막 전투

2011 휴먼대작
고지전

타클한 전투, 리얼한 전투를 그려내기 위해 화려한 영상기술이 쓰이지 않았다. 또 이 영화에는 공산주의 타도, 자유대한 만세, 민족애, 애국심, 동지애, 승리, 적 등과 같은 단어가 쓰이지 않았다. 그리고 뛰어난 지략과 전투력으로 전쟁을 승리로 이끄는 특출난 영웅을 만들지 않았고, 동지를 살리기 위해 자신의 목숨을 바치는 고귀한 희생도 없고, 적에 대한 끓어오르는 적개심도 없다. 다시 말해 전쟁영화에서 관객이 기대할 수 있는 평범하면서도 익숙한 장치들이 없다. 이전에 보지 못한 낯선 전쟁이 애록고지에서 일어나고 있다.

이 영화를 초반에 끌고 가는 것은 애록고지에 배치된 부대 중 하나인 악어중대에서 일어난 두 가지 사건이다. 하나는 인민군의 편지가 군사우편으로 배달된 사건이고 다른 하나는 전임 중대장 기철진의 석연찮은 사망 사건이다. 이 과제를 가지고 외부자인 강은표가 악어중대의 내부로 들어가서 사건을 파헤치게 된다. 그러나 차근차근 베일을 벗을 거라는 미스터리에 대한 기대는 얼마 가지 않아 너무도 쉽게 어긋나버린다. 사건의 해결이 이 영화의 주된 서사가 아니었던 것이다.

그럼 이 영화를 어떻게 보아야 하는가? 가장 쉬운 방법은 강은표(신하균)의 시선과 생각을 따라가는 것이다. 그가 본 것, 느끼는 것, 생각하는 것을 따라가다 보면 이 영화의 진면목을 발견할 수 있다. 영화가 펼쳐 보이는 세계를 낯설어할 관객을 위해 관객과 같은 위치에 강은표를 설정했기 때문이다. 그는 전투 생활이 익숙해지면서 악어중대의 일원으로 내부자가 되는 듯했지만 결정적인 순간에 그들에 동화되지 못하고 마지막까지 외부자의 위치에 서 있게 된다. 그가 곧 관객이며 목격자이며 증언자이고 질문하는 자이기 때문이다. 정리하자면 〈고지전〉은 애록고지라는 한정된 공간을 중심으로 고지탈환전을 벌이는 악어중대에서 일어나는 사건들이 강은표의 시선에 따라 전개되는 영화다. 따라서 애록고지라는 장소의 역할을 먼저 파악하고 나서 악어중대로 접근해 가야 한다.

'Aero-k'
고지

이 영화의 첫 시퀀스에 나오는 장소는 서울이다. 1952년 가을 즈음으로 보이는 서울은 전쟁을 격려하는 플래카드를 든 여학생들의 행렬이 지나가는 한편으로 장이 서고 물건을 흥정하고 거리에 노래가 흐르고 있는 풍경이다. 서울은 이미 일상을 되찾은 모습으로 전쟁은 전선에서만 이루어지는 먼 거리의 사건에 불과했다. 두 번째 시퀀스는 벌판에 나무판자로 만들어진 판문점이다. 서울과 전선의 중간에서 황량한 벌판에 널빤지로 지은 회담장에 미군과 인민군과 국군이 모여 있지만 역시 전선의 긴장감은 없었다. 영화의 앞에 잠깐 비친 서울과 판문점은 모두 전투가 벌어지는 전선과 거리가 있는 곳이었다. 그러나 이 두 장면을 제외하고는 애록고지만이 이 영화의 유일한 공간이다.

애로-케이 고지, 그냥 애록고지라 부르는 능선은 휴전협정당사자인 연합군과 북한군이 군사분계선 안으로 확보하기 위해 신경을 곤두세우는 군사 요충지다. 고지는 군사적 용어로 전략적으로 유리한 높은 곳의 진지를 말한다. 고지의 가치는 적의 움직임을 파악할 수 있는 적합한 장소로 공격과 방어에서 거점의 역할을 할 때 높아진다. 애록고지가 위치한 곳은 남북이 점령하고 있는 안정적인 경계선에서 지도상 1cm, 실제 거리 0.5km 거리에 있는 작은 능선이다. 이곳을 차지하기 위해 휴전협정을 하는 내내 인민군과 국방군은 물론 중공군과 연합군의 합동 전투가 치열하게 진행된다.

애록고지는 어떤 효용가치가 있길래 그토록 양측이 집착했던 것일까? 영화에서 애록고지는 전쟁이 나기 전에 어떤 이름으로 불렸는지, 주변의 산과 들판과는 어떤 연계를 가졌는지, 사람들은 이곳을 어떻게 사용하고 있었는지 등 그곳이 가지고 있는 본래의 가치는 무엇인지에 대해 아무런 설명이 없다. 누구도 관심이 없다. 이곳에 있었을 시간의 축적과 주변과 가졌을 관계들이 모두 사라지고 오직

전쟁을 위해 점령해야 하는 현재적 가치만 남아 있을 뿐이
다. 애록고지가 휴전협상의 주요 의제가 된 것은 '국경선'
의 의미보다는 개전을 염두에 두고 유리한 '군사분계선'을
확보하기 위함이었다. 종전이 아니라 휴전을 협의하기 때
문에 군사적 가치만이 고려되어 적을 감시하고 유사시 진
격이 용이한 장소를 차지하려 했던 것이다. 이 같은 군사
적 가치에 의해 영화 속 케이먼 캠프에 속한 악어중대는
휴전되는 날까지 2년이 넘도록 고지 탈환을 위해 수없이
전투를 치렀다.

애록고지의 실제 모델은 철원에 있는 백마고지다. 한
국전쟁 때 심한 포격으로 산등성이가 허옇게 벗겨져서 마
치 백마(白馬)가 쓰러져 누워있는 듯한 형상을 하였다고
'백마고지'라 부르게 되었다는 설이 유력하다. 이를 드러

- 참혹한 고지전이 벌어진 '애록고지'는 한국전쟁과 분단된 한반도의 축소판이다.

내듯이 영화에서 애록고지는 겨울과 여름 풍경에 차이가 없다. 봄이 와도 풀 한 포기 자랄 틈이 없이 군홧발 총탄에 시달리고 전투가 지나간 자리에 수없는 시체만이 차곡차곡 묻혀 있는 죽음의 산이다. 눈이 살짝 덮여있는 겨울에나 겨우 계절을 알 수 있을 뿐 2년이 넘도록 민둥산의 모습으로 우뚝 서서 전투만이 산의 존재를 증명하고 있었다. 실제로 1952년 10월 6일 새벽 시작된 백마고지 전투는 열흘 동안 주인이 12번 바뀌고 총탄 27만 발이 쏟아졌으며 17,000여 명의 사상자를 내고서야 국군의 손에 떨어졌다. (영화 속 애록고지와 달리) 그 후로 휴전이 될 때까지 국군의 점령지였다.

영화에서 애록고지는 빼앗으려는 전투와 빼앗기지 않으려는 전투의 주된 무대가 된다. 고지를 둘러싸고 벌어지는 전투는 빗발치는 총알 사이로 삶과 죽음이 결정된다. 살아서 다행이라고 안도하거나 머뭇거릴 시간이 없다. 죽지 않으려면 계속 정상을 향해 돌진해서 적을 몰아내야 한다. 그렇게 적군과 아군의 시체를 밟고 정상을 탈환하면 한 번의 전투가 또 끝난다. 끊임없이 되풀이되는 전투로 헐벗은 애록고지의 표면은 수 없는 총탄과 시체들을 바닥에 묻고 있다. 그러나 애록고지의 능선 아래에는 또 다른 공간이 있었다. 적으로서 대면하게 되면 반드시 죽여야 하는 상반된 위치에 있는 사람들이 만들어낸 공간이었다.

14벙커의

비밀

　방첩대 소속 강은표 중위는 판문점에서 휴전협정 과정에 참여하는 후방 생활을 하고 있었다. 그의 전투 경험은 전쟁 초기 서울이 함락되었을 때 인민군에게 붙잡혔다가 풀려난 것이 전부였다. 전투와 멀어져 있던 강은표는 캐이먼 캠프에 주둔한 부대 중 하나인 악어중대에 가서 인민군과 내통하는 자를 색출하고 전임 지휘관의 석연찮은 죽음에 대해 조사해 오라는 임무를 받았다. 악어중대는 정식 중대 이름이 아니었다. 애록고지를 담당한 부대 중 일부로 전투력이 뛰어나서 별칭이 더 유명해진 중대였다.

　악어중대는 이상했다. 매일 치열한 전투를 치르는 군인들이라기엔 규율이 없고 나태해 보였다. 국방군이 춥다고 아무렇지도 않다는 듯이 인민군복을 입고 있고, 병영 안에서 전쟁고아들을 돌보고, 정신착란을 보이는 병사를 감싸고 있는가 하면, 이 명성이 높은 악어중대를 이끄는 임시중대장은 새파랗게 어린 모르핀 중독자 신일영(이제훈) 대위였다. 후방에 전달된 악어중대의 전투성과가 과장된 것은 아닌지 의심스러웠다.

　그러나 다음날 악어중대의 전투력은 사실임이 증명되었다. 강은표가 도착하던 날 탈환했던 고지는 밤새 주인이 바뀌었고 신임 중대장의 지휘 아래 재탈환의 전투가 시작되었다. 이들의 전투는 살벌했고 무자비했다. 살상 기계처럼 손발이 척척 맞아 떨어지는 전투력, 수류탄을 들고 혼자서 적의 포를 향해 아무렇지도 않게 돌진하는 신일영 대위, 그리고 고지를 탈환한 후 산등성이에 널브러진 시체를 신속하게 묻는 중대원들의 무감정한 삽질. 산등성이를 타고 적을 죽이면서 돌진하는 데 최적화된 이들이 어제 막사에서 흐트러져있던 그들과 동일인물이라는 게 믿어지지 않았다.

고지를 탈환한 직후 인민군과 내통한 자는 금방 알 수 있었다. 14벙커에 모인 김수혁(고수) 중위와 병사들이 범인이었다. 전쟁 초기 나무 십자가를 붙들고 살려달라고 기도하던 겁쟁이 김수혁이 전과에 따른 특진을 거듭해 중위가 되어 전투를 이끌고 있었다. 전투에서는 인정사정없이 적을 살상하던 김수혁과 병사들은 고지를 탈환하자 인민군이 남겨놓은 술을 마시고 웃고 떠들며 인민군이 넣어둔 편지들을 보고 있었다.

14벙커. 시작은 단순한 잔꾀였다. 어차피 또 탈환할 건데 후퇴할 때 짐이 되는 먹을거리와 담배 따위를 상자에 담아 묻어두었다가 재탈환하면 찾으려고 했다. 그런데 인민군이 어찌 알고 물자를 쏙 빼가고 상자에 똥만 가득 채워놓았다. 욕지거리를 잔뜩 써서 주고받기를 여러 번, 어느 날은 술 한 병과 편지 여러 장이 들어있었다. 남쪽이 고향인 인민군들이 집에 소식을 전해주면 좋겠다는 부탁을 하며 술을 뇌물로 준 것이었다. 그 후로 인민군들은 편지와 함께 성냥이나 술을 넣어두었고 악어중대원들은 담배나 초콜릿 등을 넣어두었다. 그들은 전투가 진행되는 동안은 서로를 죽이는 적이었지만 전투가 끝난 후에는 그렇게 서로 물자를 교환하고 작은 편의를 봐 주는 소속이 다른 보통의 군인들처럼 보였다.

벙커는 지표면에 없는 공간으로 지도 위에 표시되지 않는다. 지상의 주인이 누구냐에 따라 딸려오는 공간이지만 지상의 소유권만큼 명확하게 소유권이 드러나지 않을 수도 있다. 숨길 수 있는 여지가 있고 흔적을 남길 수 있는 그늘이 있는 곳이기 때문이다. 악어중대의 일부와 인민군의 일부는 애록고지의 표면에서는 치열한 전투를 하지만 14벙커에서는 휴전을 맞은 군인들처럼 긴장을 풀고 무기를 내려놓았다. 두 집단은 지상의 소유권이 바뀌었다고 14벙커의 소유권을 주장하지 않았고 오히려 공동의 장소로 인식해 파괴하지 않고 보존했다. 영화에서 모든 전투가 지상에서만 이루어지는 것은 아니었다. 군데군데 파 들어간 벙커에서 적을 몰아내야 하는 상황도 연출되었다. 그러나 양측은 14벙커만큼은 전투의 장으로 사용하지 않았던 것이다.

14벙커는 양측이 자율적으로 만들어 낸 중립의 장소이며 평화의 장소였다. 그곳이 전장이었다면 처음부터 상자 속에는 안전핀을 뺀 수류탄이 있었어야 했다. 그 후로도 서로를 살상할 기회는 얼마든지 있었다. 그러나 상자를 매개로 농담처럼 주고받은 욕설이 부탁이 되고 감사의 표시가 되면서 그들 사이에는 서로를 죽이지 않을 거라는 신뢰가 쌓이게 되었다. 오히려 서로가 주고받는 작은 물건들과 사연들이 소소한 즐거움이 되어 전투의 상처와 고단함을 달래주었다. 북이든 남이든 선택의 이유와는 상관없이 전쟁의 무자비함 속에 던져졌다는 공통의 처지에서 그들은 서로의 위로가 되기도 했다. 그리하여 양측은 14벙커를 위로의 장소로 평화의 장소로 공동의 장소로 만들어 갔던 것이다. 그 안에서는 서로가 적이 아니라 고향을 떠나 전장에서 언제 죽을지 모르는 똑같은 처지의 청년들일 뿐이었다. 전쟁이 끝났으면 하는 공통의 소망을 나눌 수 있는 곳, 휴전의 미래를 미리 맛볼 수 있는 곳도 바로 14벙커였다.

14벙커에서 주고받은 그들의 소망은 마지막 12시간 전투를 앞두고 인민군이 부르는 '전선야곡'을 통해 극적으로 드러났다. 짙은 안개를 사이에 두고 대치한 국방군과 인민군은 이미 휴전이라는 달콤함을 맛본 후라 전투의 의지는 사라지고 없었다. 합의된 시간 동안 안개가 그들 사이에 끼어서 더는 싸우지 않기를 바랐다. 그 바람이 14벙커를 통해 인민군에게 전해진 남한의 노래 '전선야곡'에 실려 왔다. 인민군이 먼저 부르자 화답하듯이 국방군이 따라부르더니 어느새 합창이 되어 애록고지를 감싸게 되었다.

열일곱 앳된 남성식(이다윗)이 중대에 배치된 첫날 미

성으로 불렸던 노래 속에서 총소리를 자장가 삼아 꿈속
에서 뵌 어머니는 정한수를 떠놓고 '이 아들의 명'을 빌고
있었다. '공'을 빌고 있다는 원곡과 달리 전선의 병사들은
'명'으로 바꿔 불렀다. 그들이 함께 부른 '전선야곡'은 무
기를 내려놓고 살아서 고향집에 가고픈 모두의 마음이었
고 평화를 갈망하는 외침이었다. 그리고 휴전협정까지 맺
은 마당에 부칙을 만들어 기어이 마지막 전투를 치르게 하
는 누군가에게 들리게 하려는 저항의 목소리였다. 결국 이
들이 14벙커에서 주고받은 공통의 정서는 제발 전쟁을 멈
춰달라는 평화의 의지였던 것이다.

    한편, 강은표는 내통자들을 알아내고도 상부에 보고
하지 못했다. 인민군들이 보내달라는 편지에는 죽음을 앞
둔 전사들이 어머니를 그리워하고 고향에 가고 싶은 마음
만 있을 뿐 그 어떤 군사기밀도 없었고 그들이 사익을 위
해 군사 물자를 거래한 의혹도 없었기 때문이다. 또 능선
을 넘는 자체가 사선을 넘는 전투라는 것을 알게 된 강은
표는 전투가 끝나고 14벙커에 모여앉아 인민군이 남긴 술
을 마시는 이완의 느낌을 첫 전투에서 알아버렸다. 결국
강은표도 그들과 14벙커의 비밀을 공유한 공범이 되고 말
았다. 이와 같은 결과가 나오게 된 것은 14벙커라는 장소
에 전쟁에서 벗어나고픈 그들의 간절한 바람이 쌓이고 쌓
여 강은표에게도 전염되었기 때문이다.

우리가 싸우는
이유

영화의 초반에서 인민군 대대장 현정윤(류승룡)은 서울
에서 붙잡힌 강은표와 김수혁 등을 향해 "너들이 와 전쟁
에서 지는 줄 아네? 너들이 와 도망치기 바쁜 줄 알아? 기
건 와 싸우는지를 모르기 때문이야. 이 전쟁 일주일이면
끝난다"며 그들을 풀어 주었다. 싸워야 하는 이유를 알고
시작한 전쟁에서 인민군이 승리할 수밖에 없다는 그의 자
신감은 한국전쟁의 기원을 떠올리게 한다. 한국전쟁을 규
정할 수 있는 이념의 힘이 어떻게 작동하는지 보여주는 전
쟁영화라는 인상을 준다. 그러나 현정윤의 선언은 서사가
진행될수록 답이 아니었다는 게 드러나면서 영화의 전반
을 지배하는 질문이 되어 돌아온다.

김수혁은 현정윤이 애록고지에 있다며 강은표에게 현
정윤을 만나면 우리가 싸우는 이유가 뭔지 물어보겠다고
했다. 그에게서 풀려난 지 2년이 넘도록 살아남아 전투를
하고 있는 김수혁이 찾지 못한 전쟁의 이유를 현정윤은 여
전히 명확히 알고 있을까? 그러나 김수혁은 휴전협정이
체결된 날 사망하면서 묻지 못했다. 마지막 12시간 전투
가 끝날 무렵 14벙커에서 현정윤을 마주한 강은표가 대신
물었다. 현정윤은 '싸우는 이유가 뭔데? 내래 확실히 알고
있었어. 근데 너무 오래돼서 잊어버렸다'며 휴전협정을 알

리는 선포를 들으며 죽었다. 그들이 그토록 알고 싶어했던 전쟁의 이유를 알지 못한 채 강은표를 남겨두고 14벙커를 공유했던 남과 북의 전사들은 모두 사망했다. 모두가 죽어버린 전쟁, 그렇다면 그들은 무엇을 위해 싸웠던 것일까?

먼저 떠올릴 수 있는 것은 끈끈한 동료애다. 악어중대의 특수한 구성은 이런 기대를 갖게 한다. 전쟁 초반 포항에서 인민군에 밀려 바다로 후퇴하면서 겨우 살아남은 병사들이 주축이 된 악어중대는 공통의 기억과 상처로 인해 남다른 신뢰와 전투력을 가지고 있었다. 그러나 강은표가 전투에서 확인한 것은 위험에 처한 동료를 위해 자신의 목숨을 희생하려는 드라마틱한 동료애가 아니었다. 조금 전까지 장난치며 아끼던 막내 남성식이 인민군 저격수 '2초'의 총에 맞아 쓰러졌을 때 김수혁이 중대원들에게 내린 명령은 '가만히 있으라'는 것이었다. 김수혁은 아직 살아있는 남성식을 구하러 가지 못하게 했고 중대원들은 모두 그 명령에 따랐다. '2초'가 노리는 것은 적을 한 방에 죽이지 않고 살려두고서 구하러 오는 병사들을 함께 죽이는 것이었다. 김수혁은 그런 '2초'를 잡고자 남성식을 미끼로 사용하는 모습을 보였다. 이런 상황을 처음 접한 강은표는 김수혁을 비롯한 중대원들의 이기심과 냉철함에 분노했다. 이와 같은 그의 분노는 이 영화를 따라가는 관객의 분노와도 일치한다. 그래서 묻게 된다. 이데올로기도 선과 악도 없는 전쟁에서 동료애조차 없다면 도대체 그들은 왜 싸우는 것일까? 그렇다고 그들이 전쟁의 무게에 짓눌려 이성을 잃어버린 살인광이나 영혼을 잃어버린 살인기계처럼 무감정한 살상에 길들지도 않았다. 오히려 평범한 정신을 가진 보통의 사람들일 뿐이었다. 그래서 다음 질문을 던져본다.

그들에게 적은
무엇인가?

그들의 적을 밝히려면 악어중대의 전신이라고 할 수 있는 포항에서 후퇴한 2소대의 운명을 알아야 한다. 전쟁의 초반 바닷가까지 내려온 인민군의 공세를 피해 국방군이 후퇴할 수 있는 유일한 탈출구는 바다에 떠 있는 한 척의 군함이었다. 그러나 밀려드는 병사들을 다 태우기에는 턱없이 부족했고 배에 타지 못하게 하는 병사들과 타려는 병사들로 배는 떠나지도 못했다. 이 아수라장에서 공포에 질려버린 2소대의 막내 신일영은 배가 떠날 수 없게 계속 올라타려는 소대원들을 향해 기관총을 난사했다. 그 결과 배는 출항할 수 있었고 그들은 살아남아 애록고지를 지키는 악어중대가 되었다. 자신들이 살고자 적이 아니라 동료들을 향해 총을 난사했던 신일영과, 그 덕분에 살아난 김수혁을 비롯한 대원들은 이미 포항에서 '지옥'에 떨어졌다

고 고백한다. 전쟁의 지옥, 살육의 지옥, 마음의 지옥 속에
발을 담근 그들에게 적은 인민군이나 중공군이 아니라 '그
들을 죽음으로 몰아넣는 상황과 사람들'이 되었다.

이것으로 강은표가 밝혀야 할 두 번째 사건의 전말이
드러났다. 악어중대를 죽음으로 몰아넣는 상황을 만들었
던 전임 중대장 기철진을 바로 옆에서 쏘아 죽인 사람은 김
수혁이었다. 중공군 수십만 명이 애록고지를 둘러싸고 있는
상황에서 후퇴하지 말고 고지를 사수하라는 명령을 내리는
신임 중대장을 향해 김수혁은 망설임 없이 총을 쏘았다. 고
지를 사수하는 것은 곧 모두 죽으라는 것과 같았기 때문이
다. 전임 중대장 기철진이 죽은 이유도 동일했다. 김수혁은
모두를 죽음으로 몰아넣는 상황을 만들어내는 지휘관들을
용납하지 않았다. 병사를 장기판의 졸처럼 무가치하게 버릴
수 있는 전투를 거부한 것이다. 신일영과 김수혁은 중대원을
살리는 일이라면 무엇이든지 했다. 상관의 지시를 어기는 항
명도, 상관을 살해하는 일도 마다하지 않았다. 그러나 자신
들만 살고자 하지는 않았다. 그들은 중대를 책임지는 상관
으로서 중대원들을 최대한 많이 살리는 방법이라면 동료를
미끼로 쓰고 자신을 미끼로 사용할 수도 있었다. 그것이 그
들의 지옥 '포항'에서 벗어나는 길이었는지도 몰랐다.

12시간 후의 점령지가 군사분계선이 된다는 휴전협정
의 결정에 따라 마지막으로 애록고지를 점령하기 위한 전
투가 시작되기 전 신일영 대위는 처음으로 중대원들에게

연설을 했다. 그는 '전쟁에서 이기는 건 사는 거'라고 했어. 우리는 빨갱이랑 싸우는 게 아니라 전쟁이랑 싸우는 거라고.' 하며 마지막으로 "살아서 집에 가자!"고 외쳤다. 결국 전쟁이라는 상황 속에 던져진 그들의 적은 '전쟁' 그 자체였으며 그들이 싸우는 이유는 살아서 집에 가는 것이었다고 영화는 선언하고 있었다.

그러나 이것이 영화가 던지는 질문에 대한 흡족한 답은 아니다. 이로써 질문은 더 명확해지고 있었다. 도대체 전쟁을 왜 했을까? 그리고 그토록 바라던 휴전은 왜 빨리 이루어지지 않았을까?

휴전은 도대체
언제?

이 질문은 영화의 중간중간에 찬물을 끼얹듯이 서사의 맥락을 뚝뚝 끊으면서 던져졌다. 처음엔 강은표를 다시 만난 날 김수혁이 물었다. 휴전협정이 열리는 판문점에서 온 강은표는 곧 될 거라는 기대를 하고 있었다. 그러나 전선의 생활이 어떤 것인지 알게 된 몇 달 후 강은표는 부상자를 수송할 병력을 뺄 수 없다고 호통치는 중대장에게 물었다. '휴전은 언제 되는 겁니까?' 하고. 그리고 강은표가 남성식을 죽게 내버려 둔 김수혁에게 비난을 퍼부을 때

'전쟁이 남성식을 죽였어. 도대체 왜 전쟁은 안 끝나는데?'
라고 김수혁은 절규했다. 매일 누군가를 죽이고 매일 누군
가 죽는 것을 본 그들은 이 지긋지긋한 전쟁이 끝나는 날
만 기다렸던 것이다. 휴전을 기다리는 마음은 인민군도 마
찬가지였다. 전쟁이 끝나는 날 고지를 지배한 상태로 있는
것이 인민군의 전투전략이라고 하는 상관을 향해서도 이
질문은 날아들었다.

　　전쟁이 시작되고 1년이 지나지 않아 전선은 크게 움
직이지 않았다. 전선이 고착되었다는 것을 쌍방 모두 알고
있으면서도 소모적인 고지전은 계속되었고 휴전회담은 진
전이 없었다. 영화는 정치적인 이유를 묻지 않았다. 다만
소모품처럼 죽어 나가고 대체되는 전쟁 담당자들의 목소
리를 들려줄 뿐이었다. 앞서 본 대로 영화의 첫 시퀀스에
등장하는 서울의 모습은 이미 전쟁이 지나가고 일상이 시
작되는 장소였기 때문에 애록고지는 정치의 변방에서 비
일상적인 전투가 벌어지는 장소로 대비되었다. 일상과 비
일상이 전복된 상태로 대비되는 두 장소는 왜 휴전이 되지
않는지 되묻고 있다.

　　그리고 또 하나 그들이 그토록 휴전을 기다렸던 이유
는 애록고지가 출구가 없는 정치적인 장소였기 때문이다.
민간인이 아닌 군인이 전시에 애록고지의 바깥으로 나가
는 길은 봉쇄되어 있었다. 정신착란을 일으키는 이상혁 상
사를 부대원들이 바깥으로 내보내지 않았던 이유는 불명

예제대를 한 퇴역군인을 사회가 용납하지 않을 것이기 때문이었다. 실질적인 전투가 벌어지는 애록고지에서는 찾을 수 없는 전쟁의 이유가 바깥에는 엄연히 존재했다. 전쟁의 목적, 적과 동지의 구분, 민족과 조국의 영광 같은 것들이 애록고지에는 없었지만 역설적으로 전투가 없는 바깥세상에는 큰 몫을 차지하고 있었기 때문에 휴전협정은 그렇게 오래도록 결말을 맺지 못하고 있었는지도 모른다.

결국 유일한 출구인 휴전을 기다렸던 그들은 협정이 맺어지기 전에, 그리고 휴전협정의 부칙을 지키기 위한 마지막 전투에서 모두 죽고 말았다. 김수혁이 죽으면서 강은표에게 했던 대사는 그들의 처지를 대변해 주고 있었다. "너도나도… 우리 악어중대 모두… 그리고 2초 저 아이도… 아주 오래전에 죽었던 거야. 수많은 남성식이처럼. 그렇게 많이 죽여댔으니까 당연히 지옥에 가야 되는데… 여기보다 더 지옥이 없어서… 그냥 여기서 살고 있는 게 아닐까… 계속 살아 죽이면서…."

'계속 살아 죽이는' 것만이 살아있는 이유가 된 그들. 애록고지를 벗어나지 않는 한 삶은 곧 지옥이었다. 스스로는 끝낼 수 없는 전쟁이었기에 그들은 그토록 애타게 물었는지도 모른다. 휴전은 언제 되는 거냐고.

우리가 알고 있었다면
서로를 죽이지 않았을까?

강은표는 악명 높은 인민군 저격수 '2초' 차태경(김옥
빈)을 세 번 만났다. 차태경은 600m 이상 떨어진 곳에서
조준사격을 하기 때문에 총에 맞고 2초 후에야 총소리가
들린다고 해서 '2초'라는 별명으로 불렸다. 처음 그들이
만난 곳은 개울이었다. 전임 중대장 기철진의 시체가 있었
다는 곳을 조사하던 중 강은표는 앳된 처녀를 만났다. 근
처에 사는 아이인 줄 알고 초콜릿까지 주며 돌려보냈다.
그러나 전선이 형성된 곳은 이미 오래전에 마을이 전부 소
개되었고 민간인 출입 통제구역으로 엄격하게 관리되었
기 때문에 민간인이란 있을 수 없었다. 전선을 아직 몰랐
던 강은표의 실수였다. 두 번째 만났을 때 그는 '2초'가 그
여자아이라는 것을 알고 놀라는 바람에 차태경을 죽일 기
회를 놓치고 만다. 그리고 마지막 12시간 전투에서 마주친
강은표와 차태경은 망설임 없이 서로를 향해 달려들었다.
적으로 마주쳤기 때문에 둘 중 하나는 죽어야 했다.

이 영화에 등장하는 유일한 여성 차태경은 이름에서
도 저격수라는 포지션에서도 여성이 드러나지 않는다. 그
래서 차태경이 집으로 보내는 편지에 동봉한 사진을 본 김
수혁은 사진 속 앳된 처녀가 차태경의 여동생이라 착각하
고 미래의 아내감이라며 좋아한다. 하지만 자신을 저격한

'2초'를 향해 총구를 겨눈 순간 김수혁이 본 저격수는 사진 속 앳된 처녀였다. 김수혁이 잠깐 망설이는 사이 차태경이 쏜 총알은 김수혁의 몸통을 관통하고 만다.

한편 차태경은 '전선야곡'의 가사를 전달해준 남성식에게 고마움의 표시로 독일제 고글을 선물했다. 물론 이름도 얼굴도 모르는 채로 상자를 통해 전해주었다. 자신이 저격해서 쓰러진 남성식의 허리춤에서 빛나는 고글을 본 차태경. 그러나 전투는 멈출 수 없었다. 차태경은 그렇게 남성식을 죽이고 김수혁을 죽였다.

이들의 엇갈림은 러브라인의 엇갈림이 아니다. 이름을 알고 얼굴을 알고 더 많은 주고받음 속에 관계가 생겼다면 이들은 서로를 죽이지 않았을까? 답은 'No.' 전쟁이라는 구조 속에 적으로 마주한 사람들은 형제라도 친구라도 전투 중에는 서로를 죽여야 한다. 영화는 강은표와 차태경, 김수혁, 남성식의 엇갈림을 통해 이 구조를 드러낸다. 오히려 영화는 현실의 한국전쟁에서 벌어졌던 살육의 현장보다 덜 잔인하게 포장되었다.

Aero-k Korea,
도대체 전쟁은 언제 끝나는가?

남과 북, 연합군과 중공군이 끊임없이 접전하는 가상

의 공간 애록고지는 한국전쟁의 성격을 규명하는 상징적인 장소이다. 그러나 이 영화가 구현한 애록고지라는 장소가 과거의 전쟁만을 보여주는 상징적인 곳은 아니다. 1953년 휴전 이후 영화가 개봉되었던 2011년까지 60여 년 동안 한반도가 평화로웠다고 기록되지는 않을 것이다. 끊임없는 긴장과 전쟁의 위협이 오고 갔고 한국전쟁 중의 휴전협정처럼 간간이 남북고위급회담이 열리고 무슨 무슨 선언문이 나왔지만 그뿐, '휴전은 도대체 언제 되느냐고?' 의 질문을 '종전은 도대체 언제 되느냐고?'로 바꾸어도 손색이 없을 만큼 준 전시상황이었다는 것은 부인할 수 없다. 그래서 애록고지는 Korea를 뒤집은 Aero-k인 것이다. 애록고지는 휴전 협정이 체결되어 전투가 중지되는 상황이 아니면 정상적인 탈출구가 없다는 점에서 종전 협정을 맺지 않으면 언제든 전쟁이 개시될 수 있는 한반도임에 틀림없다.

휴전이 공표되고 잠시 후 인민군들과 악어중대원들이 개울에서 마주쳤을 때 그들은 서로를 향해 총구를 겨누지 않았다. 전쟁을 멈추기로 한 이상 서로의 목숨을 빼앗을 이유가 없기 때문이다. 그러나 휴전협정의 부칙이 전해지고 12시간 전투가 시작되자 그들은 다시 적의 위치로 돌아가 살기 위해 죽였고 죽지 않기 위해 서로를 죽였다. 최종 휴전선언이 공표될 때 애록고지에서 살아남은 사람은 강은표가 유일했다.

허무한 결말을 보면서 드는 의문 한 가지. 국방군과 인민군이 14벙커를 통해 관계를 만들어갔듯이 그들 스스로 전쟁을 끝낼 방법을 찾을 수는 없었을까? 그럴 수 있을 거라는 기대는 12시간 전투를 개시하면서 뒤에서 국방군을 엄호한다던 미군의 폭격기가 애록고지 전체를 향해 무차별 폭격을 퍼붓는 장면에서 무너진다. 애록고지를 둘러싼 고지전은 남과 북의 내전을 넘어 국제전의 양상도 포함하고 있었기 때문이다. 현재 한반도의 종전과 평화를 보장하는 과정이 남과 북의 결심만으로는 가능하지 않은 현실과 맞닿아있다. 이로써 영화 〈고지전〉은 한반도의 과거와 현재를 평행하게 이끌면서 미래적 사고의 단초를 그려내고 있다. 그리고 아직도 유효한 질문을 남기고 있다. 도대체 종전은 언제 되는가? 우리에게 평화는 언제 오는 것인가? 이제 현실이 답할 차례다.

〈공동경비구역 JSA〉,
분단체제의 거짓말과 진실

신호명
건국대학교 대학원 통일인문학과 석사 수료

북쪽 사람이
남쪽에서 바라보는 판문점

'4 · 27 판문점 선언'으로 판문점은 세계인의 주목을 받았다. 지금까지의 판문점은 분단의 역사를 그대로 간직하고 있는 냉전의 산물로 존재했다. 그런데 이제 판문점은 남북분단과 동아시아에 남은 냉전의 상징이 아닌 평화의 상징으로 탈바꿈하고 있다. 그리도 높아 보였던 판문점을 비롯한 남북분단의 경계선은 남북의 지속적인 만남과 교류로 조금씩 허물어질 것이다. 나아가 판문점은 한반도 평화의 중심이라는 의미를 넘어 동아시아 평화와 세계 평화를 위한 기념비적 장소로 변화하리라 전망된다.

판문점 공동경비구역 안에는 남북을 이어주는 두 개의 다리가 놓여 있다. '돌아오지 않는 다리'와 '72시간 다리'가 그것이다. 원래 이름이 널문다리였던 돌아오지 않는 다리에서는 1953년 휴전협정이 체결된 후 포로송환이 이루어졌다. 한번 이 다리를 건너가면 돌아올 수 없다는 말이 굳어진 것은 1968년 '푸에블로호 사건'에 연루된 미군들이 석방된 후 이 다리 통해 남쪽으로 겨우 건너온 이후였다. 한편 '72시간 다리'는 '공동경비구역'이란 명칭이 이름만 남게 된 이후에 만들어진 다리다. 1976년 8월 18일 일얼난 '판문점 도끼 사건' 무력충돌을 방지하기 위해 미군과 남북의 경비병을 포함한 모든 군인은 군사분계선(MDL)을 넘어 상대측 지역에 들어가지 못하게 되었다. 그 이전까지만 해도 남북 군인들이 대화도 하고 감시카메라를 피해 물품을 주고받거나 접촉을 시도하는 것이 가능했다. 하지만 그 사건 이후 기존의 다리는 전면 봉쇄되었고, 바로 옆에 북쪽에서 72시간 만에 공사를 끝냈다고 하는 72시간 다리가 세워졌다.

판문점을 방문했을 때 필자가 의도하지 않아도 느껴지는 긴장감과 위압감이 놀라웠다. 우리나라가 여전히 분단국가이며 아직도 휴전 중이라는 현실은 판문점 인근에서 느껴지는 서늘한 기운으로 전달되었다. 회담장의 실내는 남북의 사람들이 구분 없이 자유롭게 들어갈 수 있었지만 회담장 밖으로는 오갈 수 없었다. 건물 중간에 가로 놓인 5cm 높이의 콘크리트 구조물은 남북 사람들의 마음에도 쉽게 넘나들 수 없는 한계선을 만들었다.

사실 10여 년 전까지 필자는 조선민주주의인민공화국의 군인으로서 판문점 인근에서 근무했다. 그때 북쪽에서 남쪽을 바라보면서 여러 가지 궁금증이 들었다. 남쪽 사람들은 과연 어떻게 살고 있을까, 도로를 달리는 저 차량에는 어떤 사람들이 타고 있을까, 멀리서 흐릿하게 보이는 아파트에는 과연 사람이 살고 있을까. 그런데 이젠 남에서 북을 바라보며 여러 가지 상념에 젖고 미묘한 감정에 빠지게 된다. 어제의 적이 오늘의 벗이 되고, 어제의 전우가 오늘의 적이 되는 분단체제의 운명 앞에서 저릿한 아픔이 밀려오기 때문이다. 그리고 요즘엔 다시 떠나온 고향 북쪽 사람들의 삶과 생각이 궁금해지곤 한다.

남북을 넘나들 수 있는 시대를 상상하는 필자가 느끼는 이런 감성을 잘 표현한 영화가 있다. 이젠 거의 20여 년이 된 박찬욱 감독의 〈공동경비구역 JSA〉은 분단의 현실과 남북소통과 화해에 대한 열망을 잘 담아냈다는 점에서 다시 봐도 잘 만든 영화이다. 과거에 북한 군인이었지만 지금은 남한 땅에서 북을 바라보며 살고 있는 사람에게 이 영화의 메시지는 여전히 진정성 있게 다가온다. 11년 만의 남북정상회담과 역사적인 북미정상회담을 통해 한반도가 평화 시대로 서서히 전환하고 있는 이 시점에서 그 영화를 다시 음미해본다.

공동경비구역 속의
분단체제

  먼저 영화가 개봉된 2000년에서 10여 년 전의 상황부터 다시 더듬어보자. 1980년대 말에서 1990년대 초 사이에 기존의 세계 질서는 있었고 미·소 냉전 구조는 종식되고 새로운 국제관계가 창출되고 있었다. 1988년 서울 올림픽에 참가한 여러 사회주의 국가들은 1990년대 동구권의 붕괴를 예견하고 있었고, 두 진영의 교류는 더욱 활발해졌다. 남북한은 1991년 화해와 불가침, 교류 협력 방안을 담은 '남북기본합의서'를 체결한 후 교류에 활기가 생겼지만, 1994년 7월에 남북최고위급 회담을 앞두고 김일성이 사망하자 북한붕괴론과 흡수통일론이 다시 대두했다.

  남북관계는 경색 국면과 화해 국면을 교차 반복했는데, 1998년 6월과 10월, 2차례에 걸쳐 현대 그룹의 정주영 회장이 북한에 보낸 1001마리의 소는 얼어붙었던 남북 관계를 녹여주었다. 하지만 그런 평화 기간도 잠시였다. 북한이 '고난의 행군' 시기를 보내던 1999년 6월에 제1차 연평해전이 발생하고 그 장면이 서로에 대한 적대심과 공포심을 증폭시키면서 남북관계는 다시 단절되는가 싶었다. 하지만 한반도엔 다시 극적으로 훈풍이 불었다. 2000년 6월 남북 두 정상이 처음으로 평양에서 만났고 '6·15 공동성명'을 발표했고, 남북관계는 다시 화해 관계로 바뀌기 시작했다. 북한을 방문한 한국대표단이나 예술단의 영상이 세계로 퍼져나갔고 북한 사람들도 '남조선'이라는 민족의 반쪽에 대해 큰 관심을 갖기 시작했다. 2000년대 후반 이후 남쪽의 정권 교체와 북의 핵 개발 문제로 남북관계가 다시 단절되기도 했지만, 남북 주민들이 서로에 대한 호기심을 키워나가는 데 영화와 드라마는 중요한 매개점이었다.

그런 점에서 2000년에 개봉된 〈공동경비구역 JSA〉은 금기와 적대의 대상이었던 북한이라는 이해하기 어려운 타자와의 소통과 관계를 재해석하는 작품들이 2000년대에 지속적으로 등장하는 것을 알리는 영화였다. 특히 이 영화는 남북의 군인들이 가장 가까이에서 서로 얼굴을 맞대고 근무하지만 가장 엄격한 적대적 보안의 공간인 판문점을 무대로 남북한 병사들의 소통과 우정, 그리고 그것이 무참히 깨어지는 충돌과 단절의 관계를 다루고 있다. 분단의 문제를 이제 더 이상 이념이나 체제 중심의 문제가 아닌 '사람 사이의 문제'로 환원시켜 보여준다는 점에서 이 영화는 미래 남북화해와 통일에 대한 큰 시사점을 주었다.

여덟 발의 총성과
사라진 한 발의 총탄

영화가 들려주는 이야기 속으로 들어가 보자. 영화의 배경이 된 시기는 1990년대 초반이다. 판문점에 위치한 '돌아오지 않는 다리'에서 경계근무를 서던 남북한 군인들이 벌인 총격사건을 수사하는 과정은 한반도 분단의 모순적 특성을 여실히 드러낸다. 어느 날 북한 초소에서 남북한 군인들의 교전이 발생했는데 이 교전으로 북한군 병사와 초소장이 죽고, 오경필 중사는 중상을 입고 쓰러진다. 남쪽의 이수혁 병장은 교전을 벌이고 후퇴하다가 '돌아오지 않는 다리' 위 군사분계선 중앙에서 의식을 잃고 쓰러진다. 남쪽 군인들은 다리에 쓰러진 이 병장을 구출하기 위하여 북한 초소에 엄호사격을 가해 이 병장을 구출한다.

이 사건을 두고 남북한은 상반되는 주장을 편다. 북한 병사들은 남한 군인들에게 기습 공격을 당했다고 진술했고, 남한 병사들은 북한 군인들에게 납치된 상태에서 경

공동경비구역 JSA
JOINT SECURITY AREA
2015.10.15

계가 느슨한 틈을 타 북한군을 사살하고 탈출했다고 진술한 것이다. 부상당한 남북한 군인들은 서로가 피해자라고 주장해고, 이 사건으로 인해 남북은 일촉즉발의 전쟁 위기에 휩싸인다. 전쟁 위험을 막기 위해 중립국감독위원회에서는 수사책임자로 소피 중령을 파견한다. 소피 중령은 한국계 스위스인으로서 중립적인 수사를 진행하라는 상부의 지시를 받는다.

하지만 조사 시작부터 남북은 이 사건을 은폐하고 축소하려 했으며 수사에 비협조적이었다. 사건 당사자들도 상반된 진술을 통해 수사의 진척을 방해했다. 남한 병사인 이 병장과 남 일병은 수사 과정에서 사라진 총탄 한 발과 권총 입구에서 발견된 혈액에 대한 심문을 받는다. 두 병사가 아무런 답변을 하지 않자 소피 소령은 거짓말 탐지기를 사용하겠다고 엄포를 놓는다. 두려움에 휩싸인 남 일병은 건물에서 뛰어내려 자살하고 수사는 더 큰 어려움을 겪는다.

그런데 소피 중령은 수사 과정에서 남북 병사들이 적대적인 관계가 아니었다는 사실을 알게 된다. 남북한 군인들이 처음 조우한 것은 이수혁 병장이 DMZ 야간 정찰 중에 대열을 이탈하여 소변을 보려다 지뢰를 밟게 되면서였다. 군사분계선 이북으로 깊숙이 들어왔다는 것을 뒤늦게 깨달은 부대원들은 황급히 철수하면서 이수혁 병장이 사라졌다는 사실을 파악하지 못한다. 홀로 남게 된 이 병장

은 지뢰를 밟아 움직일 수 없는 상황이었는데, 북한군 초
소에서 근무를 서고 있던 병사가 강아지를 찾으러 나오던
길에 이 병장을 보게 된다. 서로 긴장한 대치 상황에서 북
한군 오경필 중사에게 이 병장이 지뢰를 해체해달라고 도
움을 청하면서 이들의 특별한 관계는 시작된다.

　이후 남북의 병사들은 편지를 주고받으면서 서로에
대한 호기심과 관심을 쌓아나가기 시작한다. 이 병장은 오
중사를 만나기 위해 용기를 내어 북한군 초소로 들어간다.
오 중사와 병사들은 그를 남한초소로 돌려보내려고 하지
만 이내 마음을 바꾸어 함께 이야기를 나눈다. 이제 이 병
장은 틈나면 야간 근무시간에 몰래 북으로 넘어가서 북한
군들과 시간을 보낸다. 그러다가 자신과 함께 근무하는 남
일병에게도 함께 놀러가자고 제안을 한다. 처음에는 망설
이던 남 일병도 용기를 냈고 이들은 지속적으로 북한군과
만나게 된다. 지속적인 만남을 이어가면서 서로에 대한 신
뢰가 쌓여가고 서로를 형제처럼 여기게 된다. 그러던 와중
에 북한에서 전투 훈련을 하면서 총성이 울린다. 그런 긴
장감 속에서 이 병장과 남 일병은 다시는 북한초소로 가지
않으려 한다.

　하지만 전역을 앞둔 이 병장과 남 일병은 마지막으로
넘어 가서 북한군 막내 병사인 정우진의 생일을 축하해주
기로 한다. 각자가 준비한 선물을 전해주고 즐거운 시간을
보내던 와중에 갑자기 순찰 중이던 초소장이 들이닥친다.

서로 총을 겨누고 긴장이 극에 달하는 순간 오 중사는 남북 병사들에게 모두 총을 내려놓고 이야기를 하자고 제안한다. 조금은 긴장이 풀리려는 순간 녹음기의 테이프가 반대로 감겨 돌아가면서 노래가 흘러나온다. 그 소리에 놀란 남북한 병사들은 서로를 향해 총탄을 난사하게 된다. 이 교전으로 북한군의 정우진과 초소장 최상위가 죽고 이 병장은 총상을 입어 다리를 다친다.

하지만 오 중사는 그 누구도 쏘지 않는다. 그는 이 병장이 북한군에게 납치되었다가 풀려나는 과정에 총격전이 있었다고 진술하라는 조언을 한다. 그리고 자신에게 총을 쏘아 알리바이를 만들자고 설득한다. 이 병장은 오 중사에게 총을 쏘고 남 일병과 바로 남쪽으로 넘어온다. 그리고 남북한 군인들 사이엔 총격전이 벌어진다.

소피 중령은 이 모든 사실을 알면서도 상부에 사실을 보고하지 않는다. 그리고 진실에 접근하게 되면서 남북한 군인들을 진심으로 동정하게 된다. 오 중사와 이 병장의 메신저 역할을 하기도 하던 소피 중령은 자기 아버지의 과거에 대해서도 알게 된다. 그의 아버지는 6·25 전쟁 당시 북한군 병사였는데 휴전되면서 북한으로 넘어가지 않고 제3국을 선택한 북한군 포로 중 한 명이었다. 이 사실을 전달해준 사람은 완강한 국군 장군인 표 장군이었다. 그는 이 사건을 '인민군 딸'에게 맡길 수 없다고 하면서 수사 협조를 거부한다. 결국 소피 중령은 이 사건에서 손을 떼고 다음 후임자에게 남북한 군인 모두에게 유리한 수집 자료들을 넘겨주지만, 사건의 총체적인 진실은 은폐된다.

　이처럼 영화 속에선 모든 진실이 감춰진다. 진실을 밝힐 수 있는 열쇠인 사라진 한 발의 탄환, 사건 현장에 있었던 남 일병과 서로를 지키려고 했던 이들의 우정, 서로의 마음속에 있던 모든 감정과 기억. 이 모든 것은 애써 부정되거나 드러나지 않는다. 오 중사는 본래의 위치로 돌아갔고 이 병장은 동생처럼 생각했던 북한 병사를 쏘았다는 사실로 죄책감에 휩싸인다. 적군이었지만 새로운 만남을 통해 돈독한 우정을 쌓았던 그 동생, 생일축하를 해주고 싶었던 그 동생을 자신의 손으로 죽였다는 사실에 괴로워하던 이 병장은 스스로 목숨을 끊는다. 그렇게 판문점에서 일어난 그 날의 진실은 당사자들의 죽음과 함께 은폐된다. 늘 그래왔듯이 '진실'을 숨김으로써 '평화'는 유지된다.

'비무장지대'와
'공동경비구역'의 거짓말

　〈공동경비구역 JSA〉은 박상연의 장편소설 『DMZ』를 원작으로 제작한 영화다. 2000년 9월 개봉하여 당시 540만 명이 관람한 〈공동경비구역 JSA〉은 남북정상회담과 맞

물리며 당시 사회적으로도 폭넓은 화제를 제시했다. 소설은『세계의 문학』1996년 겨울호에 발표되면서 평단의 호평을 받았다. 소설도 영화와 마찬가지로 판문점 북쪽에서 남한 병사의 총에 북한 병사가 죽게 되는 사건이 발생하고, 이 사건의 진실을 추적해가는 추리극으로 전개된다. 작가는 중립국 수사관을 여성으로 설정함으로써 남북의 갈등을 보다 객관적이고 유연하게 재해석했다. 소설에서 베르사미 소령은 중립국인 스위스의 한국계 수사관으로서 이 희대의 총격 사건에 대한 수사를 진행한다. 이 사건에 대한 진실 찾기의 과정에서 베르사미 소령의 가족사에 대한 접근과 한반도 분단 구조에 대한 역사가 포개진다. 그녀는 은폐, 억압, 회피가 반복되는 이 조사 과정을 통해 남북 병사가 놓인 딜레마적 상황을 점차 이해하게 되며 자신의 아버지를 이해하게 된다.

- 판문점 공동경비구역에서 근무하는 오경필 중사(북), 이수혁 병장(남), 정우진 전사(북).

　그녀의 아버지는 한국전쟁 당시 인민군 소좌(소령)로 참전했다가 낙동강 전투에서 포로가 되어 거제도 포로수용소에 수감된 사람이다. 그는 북의 체제를 적극적으로 지지하는 공산포로였지만 함께 포로가 된 동생은 형과 다른 선택을 하려고 했다. 북이 아닌 남에서 살기를 원하는 동생을 살해하게 된 형은 곧 그 무거운 죄책감에 북쪽이 아닌 제3국을 선택하여 떠나게 된다. 그가 선택한 나라는 브라질이었다. 그는 브라질에서 파견 기자로 활동하던 스위스 여성을 만나 결혼하고 아내를 따라 유럽으로 이동한다. 사실 베르사미 소령은 자신의 아버지가 젊은 시절부터 견뎌 온 고통의 시간을 제대로 이해하지 못하고 있었다. 하지만 총격 사건에 연루된 남북한 병사들의 고통스러운 모습에서 자기 아버지의 모습을 발견하게 된다. 그녀는 아버지와 이 애처로운 병사들이 모두 이념과 체제의 적대적 분리가 낳은 이 분단 구조의 희생자들이었음을 이해하게 된다.

　특히 그녀는 공동경비구역에서 일어난 총격이 적대적 감정에서 비롯된 사고가 아니라 불가항력적으로 일어난 우발적 사고라는 사실에서 더 큰 충격을 받는다. 남북한 병사들은 여느 때와 같이 함께 모여 김광석의 노래를 듣고 음식과 이야기를 나누었지만 그들은 그 상황이 얼마나 '위험한 결과'를 낳을 수 있는지 몰랐을 것이다. 갑자기 들이닥친 북한군 간부에 의해 병사들은 순식간에 서로에게 총부리를 겨누게 되었다. 이는 그들의 관계를 이해하지 못하는 '외부인'이 들이닥치자 반세기 넘는 분단체제 내에서 길들었고 교육된 조건반사적 행동이었다. 사태를 진정시키기 위해서 북쪽의 오경필 중사가 담배를 한 대씩 피우자고 제안을 하고 미국제 지포 라이터를 꺼내서 불을 붙인다. 그런데 이때 남쪽의 이수혁 병장은 라이터에서 비치는 불빛에 자극받아 총을 쏘게 되고 좁은 공간에서 교전이 일어난다. 총성이 멈추자 사태는 이미 걷잡을 수 없는 상황으로 번져 있었다.

소설과 영화는 이처럼 이야기 전개에서 약간의 차이를 보이지만 남과 북의 병사, 그리고 중립국 장교인 제3자의 시선을 교차시키며 그 날의 총격 사건을 돌아본다는 점에서 맥을 같이 한다. 총격 사건은 반목과 적대 속에서 서로를 겨누어 온 남북 사람들 사이의 소통이 어떤 참상으로 이어질 수 있는지를 보여준다. 서로에 대한 우애와 불신 사이에서도 자신과 상대를 지키려고 갈등하는 이 영화 속 남북 병사의 관계를 통해 우리는 하나의 민족과 두 분단국가 사이에 놓인 심연을 깨닫게 된다. 한 겨레라는 점을 강조하면서 서로를 그리워하지만 결정적인 순간에는 서로 혐오하며 무의식적으로 총을 겨누어야만 하는 냉정한 분단 현실이 비극적으로 묘사되었기 때문이다.

특히 영화는 남북의 지배 체제가 분단 구조를 지속적으로 소비하면서 각자의 기득권을 유지하는 데 이를 어떻게 활용했는지를 보여준다. 더불어 남북의 병사들에 내면화되어 무의식적으로 작동되고 있는 서로에 대한 두려움과 불신이 이 분단체제를 더 고착화시키고 있음을 잘 보여준다. 물론 소설이 전달하고자 했던 메시지를 영화가 모두 재현하진 못했지만 이 영화는 가시적인 체제의 분단보다 더 견고하게 사람들의 마음속에 자리 잡은 '분단 아비투스'가 더 근원적인 것임을 증언한다. 군사적 긴장이 완화되고 정치적·경제적 교류가 활발해지더라도 분단이 낳은 이 심리적 억압기제가 해체되지 않고, 남북 주민 사이의 원활한 소통이 이루어지지 않는다면 진정한 통합의 길은 요원하기 때문이다.

소설이 DMZ(Demilitarized zone), 즉 '비무장지대'라는 대단히 비현실적이면서도 모순적인 상황을 상기시키면서 분단의 고통과 분단 폭력의 이야기를 풀어나갔다면, 영화도 JSA(Joint Security Area), 즉 '공동'경비구역이라는 허구의 역설적 상황을 통해 질문한다. 아무렇지도 않게 살아가고 있는 이 오래된 분단은 대체 어떤 것이냐고. 그 질문은 명칭과 실재의 상황이 정반대로 흘러가는 이율배반적인 이곳의 구조, 나아가 한반도 분단의 역사적 모순을 당연하게 받아들이는 '우리', 분단시대를 살아가는 남북 사람들에게 던지는 물음이다.

'주적'과 '우정'
사이의 선택

해방 이후 지금까지 남북 주민은 한민족의 구성원이 자 동포인 동시에, 서로를 절멸시킬 수 있는 적대적 존재로서 한 하늘을 이고 살 수 없는 원수 같은 존재이기도 하다는 상호 모순된 교육을 반복적으로 받아왔다. '주적'과 '형제애' 사이에서 공존하거나 충돌하고 있는 내적 갈등은 우리 한반도 사람들의 의식과 삶에 깊숙이 자리 잡고 있다. 이 영화의 주인공들도 서로를 경계하고 적대시할 수밖에 없는 최전방의 초소에서 오히려 인간적인 형제애를 강하게 느꼈다. 지뢰를 밟고 생사의 기로에 선 상황에서 이 병장은 북한군에게 도움을 청했다. 어쩌면 적에게 죽을 수도 있는 상황 속에서 그는 인간적인 도움을 간절히 구했다. 그들의 도움으로 살아난 이 병장은 적군이라 불리는 그들에게 호기심이 생겼다. 자신들도 위험했지만 그 위험 속에서도 자신을 구해준 북한 병사들에 대한 관심은 그의 무의식 속에 자리 잡고 있는 민족애에 대한 기대 때문이었을까?

남북주민들도 분단 상황으로 인해서 서로에 대한 두려움을 갖고 있지만, 반면에 서로에 대한 호기심과 관심도 그것 못지않게 갖고 있다. 결국 서로에 대한 떨쳐버릴 수 없는 관심과 호감은 영화 속에서도 군사분계선을 넘어서

이 병장을 북한군 초소로 가게 만들었다. 지금도 남북의 주민은 서로를 그리워하면서도 동시에 불신하고 증오하는 애증의 심리를 모두 갖고 있다. 그러면서도 서로의 존재를 부담스러워하거나 미래에 남북이 겪게 될 상황을 두려워하여 애써 무관심한 척하기도 한다. 결국 서로의 '차이'에 대한 인식은 평화와 적대의 양쪽 측면을 모두 갖고 있다.

이 병장이 남한의 노래와 초코파이를 좋아하는 오 중사에게 남쪽으로 가서 자기와 함께 살자고 권유하지만, 오 중사는 이 병장의 제안을 단호하게 거절하면서 한마디 한다. "내 꿈은 우리 공화국이 남조선보다 더 맛있는 과자를 만드는 거야, 알았어? 그 때까지는 남조선 초코파이를 먹을 수밖에." 이 때 오 중사는 과연 어떤 생각을 했을까? 남한 병사들이 '귀순공작'을 하고 있다고 생각하지 않았을까? 그의 이런 단호한 거부는 그의 내면에 자리 잡고 있는 적에게 비굴하지 말아야 한다는 분단 교육의 결과는 아니었을까? 아무리 남한 물건들을 좋아할지라도 그들이 살아가야 할 곳은 남쪽이 아닌 북쪽의 공화국이고 남조선 군인들은 결국 적군일 수밖에 없다고 생각하지 않았을까? 당시 그들은 친구인 동시에 적이었다. 서로가 살아가야 할 체제가 다르기에 서로 조금씩 배려하면서도 각자의 체제를 옹호할 수밖에 없는 것이 그들의 선택인 것이다.

이 병장은 이런 오 중사를 좋아하면서도 그 상황이 한편으론 아주 두려웠을 것이다. 그의 인간적인 면에 이끌리면서도 오 중사와 완전한 형제가 될 수 없다는 것이 그의 마음을 무겁게 했으리라. 하지만 그들은 다른 체제와 환경 속에서 교육받아 왔다는 점을 인정하며 서로에 대한 인간적인 감정과 진정성을 믿었다. 그런데 깊은 인간애와 진정성 있는 교류 속에서 서로의 문화를 접했지만 돌발적인 위기 순간에 그들은 형제애보다는 적으로 돌변할 수밖에 없었다. 서로에게 총을 겨눌 수밖에 없는 것이 냉엄한 분단의 현실이기 때문이다.

영화에서는 이를 한마디로 정리한다. "형이고 뭐고 다 필요 없어. 결국 우린 적이야." 이 병장이 말한 것처럼 아무리 형제처럼 좋은 관계로 지내고 평화 관계를 유지한다고 해도 관성적으로 서로의 관계를 묻는 불신의 상황에서는 총부리를 겨눌 수밖에 없던 것이 분단체제 속 남북주민의 모습이었던 것이다. 분단 이후 수많은 교류와 협력의 기회가 찾아 왔고 평화 분기기가 잠시 조성되기도 했지만, 전쟁에 대한 공포는 늘 그 자리를 비집고 들어왔다. 불안한 심리를 보여주며 극단적인 선택을 한 남 일병은 우리 사회가 가지고 있는 북에 대한 불신과 불안을 대변하는 인물이다. 북한 초소로 가보자고 제안을 받았을 때부터 그는 매우 혼란스러웠고 두려웠다. 지속적인 만남을 이어가면서도 불안한 심리를 이 병장에게 이야기 한다. 그러면서도 그는 동생 같은 북한 병사의 생일 선물을 준비한다. 그런데 위급한 순간이 되자 그는 제일 먼저 북쪽 병상에게 총을 겨누었다. 내면의 모순되고 복잡한 심경이 그를 그렇게 행동하도록 만든 것일까.

그런 상황이 닥치면 우리는 어떤 선택을 할 수 있을까. 평화로운 시기에는 '자매형제'이지만 적대적 순간에는 눈앞에 가장 위협적인 적이 될 수밖에는 냉정한 분단 현실 속에서 우리는 이 운명을 그저 순응적으로 받아들일 수밖에 없는 것일까?

분단 이후 70여년이 넘는 시간이 흐르는 동안 젊은 세대에게 남은 것은 맹목적인 공포심과 대북·남남갈등으로 인한 깊은 정신적 상처들이다. '레드 콤플렉스'가 남아 있고 자기검열에 익숙하며, 가상의 진보와 보수 중 하나 또는 남북이 신뢰하는 가치 중 하나만을 선택해야만 한다는 압박감은 불안한 사회적 심리를 부추긴다. 이런 혼란과 공포의 감정의 극복은 미래 어느 시점에는 이루어질 정치경제적 통합이 해결해주지 못하는 것이기에 두 분단국가에서 다르게 살고 있는 사람들에게 남겨진 몫이다. 만남을 기대하면서도 직접 만나면 소통하기가 쉽지 않고 서로 믿고 신뢰하기보다는 불신하고 의심부터 하는 것에 익숙하다. 이것은 어쩌면 분단국가 속에 살고 있는 우리들이 극복해나가야 할 숙명의 과제인지도 모른다.

평화는 어디로부터
오는가

영화 초반에 유엔군의 장군은 "자네는 판문점을 몰라, 진실을 감춰서 평화가 유지되는 곳이란 말일세"라고 충고한다. 영화에서 중립국감독위원회 보타 중장도 이런 한반도의 모습을 요약해서 이야기한다. "지금 한반도는 긴장과 화해가 수시로 교차 중이네. 북경과 판문점에서 회담이 열리는 한편 국지적인 충돌 또한 계속되고 있지. 한 마디로, 지금 한반도를 '겨울 숲'이라고 할 수 있지. 불씨 하나에도 몽땅 타버리는 겨울 숲." 이 대사는 기존의 분단 상황을 한마디로 함축해서 보여준다. 불완전한 평화를 지키기 위해 진실을 감추라는 것은 진실보다는 서로에게 유리한 거짓말을 함으로써 기존의 관계를 유지하는 것이 최선의 선택이라는 현상유지를 위한 체념이 잠재되어 있다.

영화 속의 인물들도 이런 불안정한 분단의 지속 상황을 그 누구보다 잘 알고 있기에 진실보다는 거짓으로, 때로는 침묵으로 일관했다. 진실이 조금이라도 통할 수 있는 대상에게만 그들은 진실을 보여주었고, 사실이 왜곡될 수 있는 대상에게는 철저히 진실을 감추었다. 그들도 진실을 감춤으로써 자신과 상대의 평화를 추구했는지 모른다. 영원한 평화가 아닌 불안정한 평화를 지키기 위한 그들의 선택에 필자는 공감할 수밖에 없었다. 서로에게 피해를 주고 위험에 빠뜨리기보다는 거짓을 이야기함으로써 오히려 상대를 지켜주고 보호해주는 평화를 위한 선택은 그들에게 최선이 아닌 최악을 피하려는 것이었다.

오 중사가 사건 현장에서 이 병장에게 제일 먼저 한 말은 '북한군에게 납치되었다가 풀려났다'고 이야기하라는 것이었다. 오 중사는 공화국의 이익과 사상보다는 인간적인 우정을 더 중시했다. 그리고 자신에게 총을 쏘라고 이 병장에게 부탁한 오 중사는 정치공동체와 체제가 엄중히 정해놓은 논리를 넘어서서 '우리들만의 우정'을 선택한 것이다. 비극적이지만 이 병장도 그것을 선택했기에 자살로 생을 마감할 수밖에 없었던 게 아닐까. 다시 '정신이 돌아와' 국가가 정한 적의 관념으로 북한군을 보려고 노력했다면 그는 절대로 그런 선택을 하지 않았을 것이다. 그는 끝까지 북한 병사들을 적군이 아닌 친구이자 형제로 보았기에 자신을 짓누르는 죄책감과 괴로움을 이겨낼 수 없었으리라. 하지만 그가 체득했던 분단국가주의의 교육은 자신의 그 선택을 통해 부서졌고 극복되었다. 적군을 신실한 동생으로 기억하겠다는 다짐 속에서 그는 자신의 행위를 스스로 용서할 수 없었던 것이다.

표 장군은 냉정하게 잘라 말한다. 이곳에서는 "'빨갱이'와 '빨갱이의 적' 두 종류만 존재하고 있어. 중립이 설 자리는 없어." 2018년 봄 이후 화해 무드가 조성되고 있지만 한반도가 과거의 적대적 분단체제를 완전히 벗어났다고 안심하기는 이른 것 같다. 아직도 한반도에는 상대적 중립과 중간적 위치가 사회적으로 그 가치를 인정받을 자리가 협소하기 때문이다. 남북 사람들의 머리속에 있는 획일적인 사고와 분단의 논리가 사라지려면 많은 세월이 필요할 것이다. 이는 남북한 주민들에게 깊이 내면화되어 있기 때문이다. 이런 분단체제의 프레임은 오랜 시간 동안 정치적 지배의 도구로 활용되어 왔기에 여전히 일상생활의 의식과 사회문화를 지배하고 있다. 남북갈등은 남남갈등으로 확산되면서 정치 발전을 저해했고 한반도에서 서로를 불신하고 적대시할 수밖에 없는 상황에서 파생된 불안감은 한국사회의 인간성을 말살시키고 사회통합을 지연시키기도 했다.

북한에서 군인으로 생활했던 한 사람으로서 필자는 과연 우리, 한반도의 사람들은 지금 누구를 위해서 이렇게 대치하고 있는지 답답했던 적이 많았다. 우리는 분단이 만들어 놓은 규칙 속에서 살아가지만 이 분단 상황과 심리가 지극히 정상적이라고만 생각하지는 않는지, 분단체제와 분단국가에 너무 함몰되어 있지는 않는지 성찰해볼 필요가 있다. 영화 〈공동경비구역 JSA〉에서 남북의 병사들이 그랬듯 서로에 대해 배우고 이해하면서 한 걸음씩 평화의 길로 나가야 한다. 작은 노력의 축적이야말로 서로에 대한 오해를 넘어 상호이해와 존중으로 나아갈 수 있는 유일한 길이다. 사람들 사이의 평화는 저절로 찾아오지 않기 때문이다. 종전선언과 평화체제의 정착은 지속가능한 평화, 나아가 통일로 가는 징검다리일 뿐이다. 서로 너무나 다른 사람들 사이의 믿음과 존중이 분단과 전쟁의 악몽에서 깨어나게 만드는 궁극적인 힘일 것이다.

3

분단폭력
트라우마

〈변호인〉, 국가폭력에 이용당한 남북의 분단

임지훈
건국대학교 대학원 통일인문학과 박사과정 수료

익숙한 기억,
'반공'과 '성공'

영화 〈변호인〉(2013, 감독 양우석)은 속물 변호사에서 인권변호사로 변모하는 변호사 '송우석'(송강호), 그리고 한국전쟁에서 부친을 잃고 북한에 대한 증오 속에서 반공을 국시로 한 국가권력에 충성하는 '차동영'(곽도원)을 중심축으로 팽팽한 긴장감 속에서 이야기가 전개한다. 영화는 처음부터 이 두 인물을 대립적인 인물로 그리지 않는다. 두 인물은 한 사건을 만나기 전까진 같은 공간에서 다른 사람들과 크게 다르지 않는 삶을 살았다. 반공이라는 거스를 수 없는 시대의 흐름에 적극적인 전위부대처럼 달렸던 '차동

영'과 그 흐름에 순응하면서 성공을 위해 달리던 당대 전형적인 두 인물을 그려내고 있다.

송우석은 대전에서 판사를 지낸 고졸 출신 법조인으로 곧 변호사로 전업하여 부산에 내려온다. 부산상고를 나와 세법에 밝았던 그는 당시 변호사가 꺼리던 부동산 세법 전문 변호사로 부를 축적한다. 이런 행동을 정당화하는 배경엔 익숙한 '눈물겨운 가족애'가 담겨 있다. 영화에서 그는 전망 좋은 아파트로 이사 가는 장면에서 과거를 회상하며 지독한 가난으로 법조인의 길을 포기하려다가 첫 아이의 탄생으로 악착같이 주경야독으로 법조인이 된 지난날의 그의 삶의 애환을 그대로 보여준다. 이런 이야기는 당시 평범하게 사는 국민이면 누구든 이런 사연 없는 이가 없는 일반적인 '성공신화'였다. 그는 정부에 격렬하게 맞선 운동권 대학생들을 한낱 '공부하기 싫어 농땡이나 치는' 치기어린 '빨갱이'로 치부할 뿐이다.

#25 진우네 국밥집 / 저녁

이윤석: … 니 대학생들이 와 데모하는지 한번이라

도 생각해 봤나? 니 말대로 서울대씩이나
간 놈들이 와 저라는 거 같노? 공부하기 싫
어 지랄한다고? 니가 지랄이다. 이 문디 자
슥아. 돈 좀 버니까 세상이 네 꺼 같나?
송우석: 이 새끼. 니 지금 대학 다녔다고 쟤들 편드
나? 내는 대학 못 가봐 모르겠지만 공부하
기 싫어 지랄 떠는 거 아이면 뭔데? (…)

송우석이 반공과 근대화가 대세인 산업화 시대를 살
아온 소시민적인 모습을 보인다면 그와 대척점에 있는 '차
동영'은 보다 적극적으로 국가에 충성하여 '불순분자'를
때려잡는 경찰일 뿐이다. 그는 기득권에 빌붙어 당시 독재
로 국민을 억압하던 정권에 아첨하는 인물이라 생각하기
쉽다. 하지만 그는 단순히 정권에 대한 충성이 아닌 '대한
민국'이란 분단체제를 끔찍이도 아끼고 사수하고자 했다.
반공이 국시였던 군부독재시대에 그 대세에 국가에 충성
하며 충실히 살아가던 이들이 귀감이 되던 시절이었다. 그
리고 그 뒤에는 역시 전형적인 '피해자 가족' 이야기가 숨
겨져 있다.

#27 부산지방검찰청 강 검사 집무실(영화에서는 부
산 부둣가 공안시설)
차동영: 아버님도 경찰이셨습니다. 일제 강점기에 특

별고등계에 계셨죠. 아버님께서 고등계 형
사가 범인 잡겠다고 뛰어다니면 이미 나라
는 망한 거다. 고등계는 범인을 잡는 게 아
니라 범인이 더 안 생기게 예방하는 자리다.
강병철: ('훌륭한 부친을 두셨군요. 부친은 지금 어
떻게 지내시냐'는 대답으로) 6·25 때 학살
당하셨습니다.

차동영은 한국전쟁으로 '북한'이란 적에 의해 가족
이 학살당한 유자녀 출신이다. 당시 한국전쟁으로 이렇게
'적'에 의해 가족이 학살당한 사례는 수도 없이 많다. 하지
만 휴전 후 남북 정권은 내부의 반발을 잠재우고 체제경
쟁을 위해 죽음의 진상을 밝히기보다 뭉뚱그려 '절대악'을
드러냈다. 남북은 바로 대표적으로 '북한'과 '미제'를 들어
증오감을 하나로 집중시켰다. 분단의 아픔은 오직 '북한'
과 '미제'로 인해 자신들의 가족이 죽었다고만 기억되면서
증오심을 자극했다. 이를 자양분으로 분단체제는 더욱 견
고해져 갔다. 그런 흐름 속에 살던 차동영은 해방 이후의
극심한 좌우대립과 한국전쟁으로 희생당한 유가족으로 북
한에 극한 적개심을 갖고 있었다. 그런 그가 정권에 대항
하는 운동권과 민주세력에 적개심을 갖게 된 것은 결코 우
연이 아니었다.
'송우석'과 '차동영'은 당시 한국전쟁 이후 반공이 강

화된 군부독재와 근대화 시대에 살던, 일상에서 흔히 볼 수 있는 인간상이었다. 정권에 대한 충성과 북한에 대한 적개심의 농도 차이를 제외하고 두 사람의 모습은 당시 거리에서 쉽게 만날 수 있었다. 사회의 부조리는 알고 있지만 지금의 성공을 모조리 허물고 가족까지 위험에 빠지는 걸 두려워하여 현실에 순응했던 송우석과 가족에 대한 분노로 북한에 대한 적개심 속에 적극적으로 정권에 협조했던 차동영은 곧 1981년 '부림'이란 사건을 만나며 삶에 큰 변곡점을 맞이하게 된다.

기억의 균열과 갈림길,
'부림' 사건 속 두 사람

속물 변호사 송우석은 어느 날 선배 변호사로부터 난데없이 '시국사건'에 대한 변호를 부탁받게 된다. 부산에서 유유히 요트를 타며 상고출신이라 무시하는 세상에서 마음껏 자신의 성공을 즐기던 그에겐 너무나 뜬금없는 제의였다.

#39 광안리 선착장 /오후
송우석: 담달에 88년도 올림픽 개최지 선정되는 거
　　　　아시지에? 우리 대한민국이 유력하답니더.

올림픽 열리믄. 여 광안리에서 요트 경기가 벌어진다 카네요. 근데 아십니까? 요트 경기는요. (약간 흥분해서) 선수가 요트를 가지고 있어야 출전이 됩니다. 근데 한국엔 요트 있는 선수가 없답니다. 그래서 제가 도전해보려구요.

김광삼: (소문에 휩쓸린 본인도 민망한지... 씁쓸하게 웃으며) 그랬던건가?

송우석: (웃음의 의미 눈치채곤) 여 부산 변호사바닥에서 뭐라 수군거리는지 왜 모르겠습니꺼? 고등학교 밖에 못나온 가난하고 무식한 놈이 돈만 밝힌다고요. (잠시) 내도 나라에 뭔가 보탬이 되는 일을 하고 싶습니더. 대한민국 국가대표 송우석이! 어떻십니꺼? 안 멋있습니까?

김광삼: … (진지하게 조심스레 본론 꺼낸다) 이봐 송변. 자네 혹시 학림사건이라고 들어봤냐? 국보법 사건인데 부산에도 그거랑 비슷한 국가보안법 사건이 생겼다. 송변이 내 대신 변호 좀 해줄 수 있겠나 해서 와 봤다.

송우석: 내말고 몇 명이나 변호사를 만났는교?

김광삼: (무슨 애긴 줄 알아듣고 씁쓸히 사실을 말해준다) 열 명은 넘었다.

　　송우석: 선배님! 저는 속물 세법 전문 변호삽니다.
　　　　　　섭하게 생각지 마시고 여까지 오셨으니 맥
　　　　　　주라도 한잔 하고 들어가이소.

　이제 가족과 알콩달콩 살아갈 삶의 보금자리를 얻고, 번듯한 요트까지 소유하며 올림픽 국가대표로 나갈 생각을 하는 송우석에게 국보법 사건은 한참 잘못 온 의뢰였다. 영화에서 애써 쿨한 척 헤어지는 김 변호사의 뒷모습을 바라보며 왠지 모를 씁쓸함을 잠깐 느끼지만 송우석은 그냥 그렇게 흘려듣고 만다.

　하지만 그에겐 계속 마음 쓰이는 일이 있다. 그가 가난한 시절부터 단골가게였던 돼지국밥집 아들 대학생 진우가 실종되고, 그 진우를 찾으러 가계마저 닫은 국밥집 아주머니의 호소를 들은 것이다. 그게 내심 걸린 송우석은 사무장에게 부탁해 경찰에까지 수소문한다. 한편으로는 부산 굴지의 회사에 전속 변호사 계약체결을 얼마 앞두지 않을 때였다. 이제 부산을 넘어 전국구 변호사로 이름을 떨칠 탄탄대로가 송우석에겐 펼쳐져 있었다.

　하지만 돼지국밥집 아주머니(김영애)와 그 아들 진우(임시완)에 대한 계속되는 불안감은 곧 참혹한 현실로 되돌아온다. 송우석은 사무장으로부터 진우가 국보법으로 인해 경찰에 강제 연행된 사실을 듣고나서도 막 성공이 눈앞에 놓인 상황이라 망설이게 된다. 하지만 결국 아주머니를 데리고 간 부산구치소에서 그는 자신이 믿던 최소한의 법치란 상식이 처참히 깨지는 경험을 한다.

> #50 부산 구치소 접견 신청소 / 오전
>
> 송우석: (흥분해서 따지고 있다) 접견권 방해는 위법 이건 모릅니까? 이놈의 구치소는 형법위에 있고 헌법 위에 있습니까? 한번 법대로 해 볼까요?
>
> 교도관 1: 아. 참~! 일반 접견실 수리중이라니까요.
>
> 송우석: 그러면 특별 접견실에서 만나면 되겠네요. 거도 수리 중입니까?

이렇게 소란 아닌 소란을 벌이던 송우석과 일행은 마침내 진우의 접견을 허락받는다. 그런데 접견장에서 진우는 너무나 삐쩍 마른, 그리고 얼굴 만면에 깊은 두려움 속에 반은 실성한 모습으로 송우석과 어머니 앞에 나타났다. 송우석과 어머니는 즉시 그의 몸에서 고문으로 인한 구타의 흔적을 본다. 어머니가 크게 분노하며 실신 직전까지 우는데 갑자기 교도관들이 들어와 강제로 진우를 끌고 간다. 그 사건으로 그 동안 송우석이 믿고 있던 최소한의 법치에 대한 믿음은 완전히 깨지고 만다.

송우석은 자신과 가족의 성공을 위해 전형적인 삶을 살았지만 그가 살았던 시간은 결코 '전형적'인 상황이 아니었다. 바로 그가 살던 곳에서 부마민주항쟁을 겪었고 이듬해엔 끔찍한 '광주민주화운동'이 발생했다. 무고한 시민이 대낮에 국가공권력에 의해 난자당하는 비참한 시간을 송우석은 전혀 알지 못했다. 혹은 세상의 부조리를 알았더라도 거기에 저항하는 것은 계란에 바위치기나 마찬가지라며 의미없다고 여기기 일쑤였다. 정부에 대해 조금이라도 싫은 소리를 하면 내란죄로 즉심에 회부되던 유신정권의 공포시대를 살았던 일반 국민들은 오르지 자신들의 성공을 향해 달려왔다. 그래도 송우석에겐 최소한 국가가 가족을 지켜 주는 든든한 울타리란 믿음은 있었다. 어쩌면 그 믿음 때문에 지독한 군부독재의 공포 속에서도 국가에 순응하며 최단기에 산업화를 일구었을지도 모른다. 하지만 '부림'사건에 휘말린 진우를 만난 송우석은 마침내 그 소시민적인 삶을 벗어나 자신의 실체를 처음으로 조우했다.

차동영은 이미 유신정권부터 온갖 시국사건에 가장 적극적으로 운동권 때려잡는 공안경찰이 되었다. 정권이 바뀌어도 변함없던 군부독재정권은 또 다시 차동영의 귀신같은 공안능력을 활용하여 대규모의 공안조작사건을 부산에서 일으키고자 했다. 그러나 차동영에게 이 일은 결코 조작일 수가 없었다. 휴전이란 분단의 엄연한 현실에서 그에게 정부에 대항하여 민주화를 요구하는 운동권은 곧 북한체제를 찬양하는 빨갱이와 동일하게 보일 수밖에 없었다. 그는 항구 근처에 임시로 고문시설을 갖추고 곧 그의 전문분야인 살인적이고 반인권적인 고문을 시작했다.

온몸이 발가벗겨지고 이미 수차례 구타로 몸이 성한 데가 없는 상태에 놓인 진우는 쉬는 시간에 태연하게 짜장면을 시켜 먹는 잔인한 형사들을 만나게 된다. 차동영은 더 지독하게 진우에게 천을 덮고 먹던 라면국물을 붓는 만행을 저지르면서도 결코 양심의 가책 따윈 느끼지 않았다. 차동영의 악랄한 행동 뒤에는 한국전쟁에서 무고한 목숨을 잃은 아버지에 대한 복수심과 국가에 대한 충성심이 엉켜 있기 때문이다. 이런 모습은 수소문 끝에 고문장소로 추정되는 곳에 온 송우석이 차동영과 처음으로 거칠게 조우하는 장면에서 고스란히 드러난다.

#72 대공분실 / 오후

차동영: (후레쉬로 우현 얼굴 비추고 우현 얼굴 발로 밝으며) 이 새끼 여기가 어딘 줄 알고.

송우석: (발 홱 치우고 일어나다가 다시 한 번 휘청하며 쓰러졌다 일어선다) 누구야? 너...

차동영: (정강이 후려친다. 우현 다시 푹 고꾸라진다) 야 이 새끼야~ 넌 도둑 난 순사. 내가 묻고 니가 답해야지. 나보고 누구라니? 웃기는 새끼네 이거. (어느새 우석 지갑을 꺼내 살펴본다) 송우석 (신분증과 명함 꺼내보며) 당신의 소중한 돈을 지켜드립니다.

송우석: (절뚝거리며 일어나며) 나 박진우군 변호사요. 고문 현장 검사하러 온...

밖으로 송우석을 나동친 차동영은 때 마침 국기하강식 때를 맞아 경건하게 국기경례를 한다.

차동영: 지금 다리 펴고 살만 하니깐 평화로운 줄 아는 모양인데. 지금은 휴전 상태야! 휴전! 다 우리 같은 경찰들이 빨갱이들 잡아주니깐 지금 우리가 휴전인지 못 느끼는 거라고!

이 장면은 맹목적인 반공을 넘어 자신을 반공의 수호자로 여기는 차동영의 엄청난 자부심을 드러낸다. 사실 차동영은 영화 처음 장면에서 위에서 파견된 공안검사 강 검사(조민기)를 그리 호의적이지 않은 모습으로 바라본다. 사실 그에게 권력자들은 사리사욕이나 채우는 존재이므로 약간은 경멸적인 시선을 드러낸 것이다. 그래서 자신만 오르지 북한에 대항하여 적으로부터 조국을 지키는 첨병이라고 자랑스럽게 여기고 있다. 그 자부심과 부친의 죽음으로 인한 분노는 차마 말을 담기도 힘든 고문을 아무렇지도 않게 오히려 적극적으로 수행하는 근원적인 요인이었다. 그에게 '부림'은 그의 오랜 분단의 기억을 더욱 강화시킬 뿐이었다.

'부림' 이후
대립하는 두 사람

영화에는 재판하는 모습에 세 차례 등장한다. 이 영화에서 백미는 2차 공판에서 진우를 공안사범으로 붙잡히게 한 불온서적이 얼마나 허구인지를 밝히는 과정에서 증인으로 세운 차동영을 향해 분노에 찬 모습으로 대한민국 헌법 제1조를 외치는 장면이다. 이후 촛불혁명에서 이 헌법1조는 하나의 구호가 되어 박근혜 탄핵의 원동력이 되었기 때문에 더욱 이 장면은 감동적으로 다가온다. 심지어 송우석은 진짜 원고는 헌법1조를 헌신짝처럼 저버리고 인권을 유린한 군부독재정권이라고 외치기까지 한다.

그토록 애를 썼음에도 송우석은 3차 공판에 가는 길에 분노하며 반공을 외치는 이들로부터 계란세례를 받았을 뿐이다. 여전히 언론엔 단 한 줄도 송변의 명문이 기사화되지 못했다. 권력을 날카롭게 감시해야 하는 언론은 이미 권력의 시녀가 되어 오히려 송 변호사를 빨갱이로 모는 기사를 내고 있었다. 심지어 그들은 권력에 도전한 송변뿐 아니라 그의 가족에게까지 전화하여 자녀의 동선을 말하며 잔인한 공포감을 안겨준다. 잠든 가족을 바라보며 잠시나마 가장으로서 고뇌하던 송우석의 눈빛은 분단의 익숙한 기억에서 벗어나 참혹한 현실과 마주한 모든 이들이 겪던 애환이기도 했다.

그러나 부끄러워야 할 차동영과 검사세력은 오히려 기세등등했다. 그들에게 이미 답은 정해져 있었다. 첫 공판부터 재판관은 공안재판에 객관성을 유지하지 않고 검사와 변호사를 대면시켜 친절하게 악수까지 시킨다. 선배이자 이번 부림 사건 변호인의 리더인 박변호사는 국보법 사건은 무죄추정이 아닌 단지 형량싸움이라고 냉엄한 현실을 일러준다. 송변에겐 도저히 이해할 수 없는 일이었다. 헌법과 법치는 국보법 위에선 그저 종이호랑이에 불과했다. 재판은 그저 요식 행위일 뿐이었고, 그런 현실을 알게 된 송우석은 그래서 더욱 강렬하게 그 현실에 저항하였다.

3차 마지막 공판에서 진우의 고문을 가장 정확히 목격한 군의관 윤 원사는 증인으로 나와 회심의 증언을 하지만 차동영은 군부대 이탈이란 불명확한 딴지를 걸어 헌병을 부르고 헌병은 재판 진행 중에 증인을 강제로 끌고간다. 재판장은 이를 빌미로 회의록에서 증인의 모든 증언을 무효화했다. 결국 예상대로 국보법에 의한 중형을 선고받은 진우와 같이 끌려온 대학생들이 울고 있을 때 진우의 어머니는 날카로운 외침으로 장내를 뜨겁게 달아오르게 한다.

진우 어머니: 울지 말아라! 너희들이 무슨 잘못을 했노! 울지 마라!
방청객들: (울먹거리면서) 그래 울지 마라! 니들은

아무 잘못 없데이!

이렇게 부림 사건은 실제 역사대로 송우석 변호사의 첫 실패로 끝을 맺는다. 하지만 '부림'을 만난 송우석은 더 이상 이전에 요트나 타며 성공적인 삶을 살던 이전의 삶으로 두 번 다시 돌아가지 못했다. 이후로도 지속적인 '부림'을 직면해야 했고, 송우석은 그럴수록 더욱 강렬한 저항을 통해 어느덧 부산에서 가장 강력한 민주투사가 되어 있었다. 영화는 그가 6월 항쟁에서 집시법 위반으로 법정에 섰을 때, 부산지역의 모든 변호사가 그의 변호인으로 호명되는 것으로 끝을 맺는다. 하지만 이후로도 송우석과 차동영은 우리 역사에서 있었던 수많은 '부림'에서 대립하며 더 큰 갈림길에서 각자의 족적을 남기게 된다.

분단의 갈림길,
'촛불'과 '태극기'의 조우

이 영화는 실제 사건인 1981년 부림 사건을 모티브로 2013년 개봉되었다. 송우석은 이미 알려진 대로 고 노무현 대통령의 인권변호사로의 입문기를 영화화한 작품이다. 이 영화에 직접적으로 연관된 이들은 모두 생존해 있었다. 이 영화는 천만을 기록했지만 변호인 자체는 또 다

른 '부림'이 되어 있었다. 이 영화의 모티브가 된 '부림'사
건에서 차동영과 공안검사들은 또 다시 권력을 잡고 국민
을 압제하고 있었다. 단지 영화에 출현했다는 이유로 송강
호는 박근혜의 블랙리스트에 올라 2017년 택시운전사 주
연을 맡을 때까지 제대로 된 배역 한번 맡지 못했다. 민주
화가 된지 20년도 넘었으나 여전히 '송우석'과 '차동영'은
계속해서 분단의 갈림길과 교차점에서 조우하며 대립했
다.

　1987년 6월 항쟁으로 대한민국은 민주화를 맞이했다.
처음으로 분단을 넘어 새로운 민주사회를 꿈꿀 수 있었으
나 차동영으로 대표되는 분단에 대한 강렬한 기억을 갖던
이들은 스스로 세력화하여 끊임없이 민주사회에 대항하였
다. 특히 분단의 갈림길에서 민주화의 투사로 앞장선 변호
인 노무현이 대통령이 되자 그 동안 숨죽인 반공투사들은
새롭게 '애국보수'로 재탄생했다. 그들은 노무현을 줄기차
게 공격했고 심지어 탄핵까지 내리게 할 만큼 끈질기게 노
무현과 민주세력이 만든 민주사회를 애써 부정했다.

　2008년 애국보수는 노무현 정권의 경제실패를 빌미로
과거 '부림'을 만나기 이전의 송우석에 최적화된 성공신화
를 가진 이명박을 내세워 정권교체에 성공했다. 이명박과
집권세력은 성공신화와 적당한 반공주의를 버무려 광우병
사태로 촉발된 촛불시민을 언론을 통해 매도하고 경찰 권
력을 통해 무자비하게 탄압하고 이후로도 벌금폭탄을 때

려 또 다시 정권에 도전하는 것을 곧 체제부정이란 프레임 속에서 공포감을 조성했다.

그래도 박근혜의 등장 전까진 애교에 불과했다. 실상 최순실의 괴뢰정부나 다름없던 박근혜가 애국보수의 압도적 지지로 당선되자 이제 그나마 남아있던 민주시민세력을 완전히 뿌리째 뽑기 위해 블랙리스트까지 만들면서 법치에서 벗어난 행동을 자행했다. 하지만 그들은 떳떳했다. 북한이란 적으로부터 국민을 보호하는 영도자 박근혜 대통령이 법보다 위에 존재했기 때문이다. 이들은 심지어 21세기 판 '부림'이라 할 만한 '세월호 참사'로 유족들이 단식농성을 할 때 천연덕스럽게 치킨을 뜯어 먹으며 모욕을 안겼다. 그렇게 분단에 대한 다른 기억을 가진 두 주체는 곧 '촛불'과 '태극기'로 양분되어 치열하게 대치했다. 바로 박근혜 정권의 치부인 '국정농단사태'가 드러난 이후였다.

촛불로 대표되는 민주시민들은 송우석이 '부림'을 만나기 전과 같은 무지했던 삶에서 탈피하여 적극적으로 현실에 저항했다. 송변이 핏대 세우며 외치던 헌법1조가 경쾌한 노래와 함께 구호로 외쳤으며 결국 이러한 촛불민심에 박근혜는 결국 탄핵되었고 곧 정권교체까지 이루었다. 그러나 차동영으로 대표되는 태극기세력과 보수애국세력은 여전히 '샤이보수'를 주장하며 특히 한반도분단을 구조적으로 평화적으로 변화시키는 일련의 상황에 저항했다. 결국 이들은 그 동안 분단한국의 수호자로 믿었던 미국 대통령에게 제대로 뒤통수를 맞으며 김정은과 만나는 장면을 지켜봐야 했다. 여기에 지방선거로 압승을 거둔 현 여당의 기세 앞에 정치적인 애국보수와 태극기부대는 또 다른 분단의 갈림길에 서 있다.

분단의 해체가 점차 가시화되는 새로운 갈림길에서 '촛불'과 '태극기'로 대표되는 송우석과 차동영은 다시 만나 함께 새로운 길을 같이 걸을 순 없을까? '부림'사건으로 분단이 남긴 공통 기억의 갈림길에 있었던 이 둘은 또다시 새로운 갈림길 앞에서 무엇을 선택할지 결정해야 할 순간이 점점 다가오고 있다.

〈쉬리〉, 북에 대한
한국사회의 이중성

강송희
건국대학교 통일인문학연구단 HK연구원

'6 · 15 공동선언' 이전의
'분단영화'

한국사회에서 살아가는 이들에게 '북'에 대해 물으면 열에 아홉은 쉽게 내뱉는 말이 있다. '한민족', '우리는 한민족이다.' 이 말은 한국사회에서 흔하게 들을 수 있는 말이다. 그런데 정말 '한민족'이라는 정의를 사용하여 코리언을 범주화한다면 어떻게 볼 수 있을까? 코리언의 범주에는 남과 북의 주민들만 있는 것이 아니다. 이미 남한사회에 들어와 살고 있는 북한이탈주민들, 해외교포들, 특히 그중에서도 일제강점기 이후 고국에 돌아오지 못하고 그 땅에서 살아가고 있는 코리언 디아스포라들까지도 포함해야 한다. 그러나 한국인들은 한민족이라는 말 안에서 그들을 타자화하는 경향이 있다. 그것에는 차가운 무관심도 포함되어 있다.

　이렇듯 쉽게 타자화되는 북이 한국사회에서 환기되었던 주요 기점은 주로 남북공동성명이 있거나, 나아가 남북정상회담이 있던 2000년대였다. 그 당시에는 사회적 무의식 속에 배제되어 있던 북이라는 존재가 큰 이슈가 되었으며, 사람들은 그간의 무관심이 무색할 만큼 열띠게 통일에 대해 이야기했다. 멀리 볼 것 없이, 가장 최근에 이루어진 2018년 '4·27 남북정상회담'을 떠올려 볼 수 있다. 사람들은 처음으로 김정은의 육성을 들었고, 그들이 가져온 평양냉면을 남북 정상이 함께 먹는 장면을 보고는 너도나도 줄 서서 평양냉면을 사 먹었다. 또한 기업들은 개성공단에 큰 관심을 보였으며, 각 방송 언론매체는 '통일'이라는 키워드와 관련된 프로그램을 편성하기 바빴다.

　이처럼 북이 정치적으로 환기되던 시기에는 대중의 관심에 발맞춰 언론뿐 아니라 다른 매스미디어에서도 그 열기를 반영하였다. 그중 가장 대표적인 미디어로 영화를 꼽을 수 있다. 2000년 최초의 남북정상회담이 있기 전, '국민의 정부'가 출범하면서 남북관계에 변화의 기류가 움트기 시작했다. 이와 같은 흐름을 읽은 영화계와 기업들은 과감한 투자를 감행하여 남북을 모티브로 한 영화를 만들어내었다. 바로 최초의 한국형 블록버스터라고 일컬

어지는 영화 〈쉬리〉(1998, 감독 강제규)이다.

〈쉬리〉는 1998년 6월에 비밀리에 첫 촬영에 들어갔다. 6·15 공동선언이 2000년에 있었으니, 〈쉬리〉의 제작은 그보다 전에 이루어진 일종의 모험적 투자였다. 왜냐하면 그 당시에는 한국영화를 제작할 때 30여억 원이라는 금액을 투자하는 경우는 거의 전무했기 때문이다. 요즘에는 100억 원대의 제작비를 들인 한국영화들을 쉽게 볼수 있지만, 1990년대만 하더라도 한국영화계에는 현재의 기업투자구조가 완전히 자리 잡히지 않은 때였다. 심지어 IMF로 인해 극심한 경제침체가 있던 시기였다. 그런데 그 시기에 30여억 원이라는 제작비를 들여서 '북'을 메인 주제로 내세운 스토리로 영화를 제작했다는 것은 당시의 분위기와 대중의 관심사를 반영한 결과라고 할 수 있다. 그렇게 영화 〈쉬리〉는 삼성영상산업단의 투자를 받아 제작에 들어갔다.

한국형 블록버스터,
〈쉬리〉의 분단 인식

영화 〈쉬리〉는 기본적으로 할리우드식 액션을 모방한 블록버스터 영화이다. 요즘에는 한국영화에서 CG가 가미된 화려한 액션영화를 쉽게 볼 수 있지만, 당시만 하더라도 서울이라는 익숙한 도시를 배경으로 폭음이 터지고 한국배우들이 총을 들고 나오는 것은 대중에게 낯선 장면이었다. 어떻게 보면 총기 사용이 허가되지 않은 한국에서 '북'이 개입된 스토리야말로 할리우드식 액션을 보여줄 수 있는 가장 현실적인 상상이라고 할 수 있겠다. 아직 휴전국인 한반도, 그리고 남북이 수십 년 동안 군사적 대치를 이어오고 있다는 사실은 총기 등장의 사유로 가장 타당하게 적용할 수 있는 것이기 때문이다. 따라서 남북을 대표하는 캐릭터들이 등장하여 서울 한복판에서 벌이는 전투 장면이 만들어질 수 있었다.

영화 〈쉬리〉의 주인공으로는 남측을 대표하는 OP요원 유중원과 북의 급진적 무장세력 박무영, 그리고 여주인공 이명현이 등장한다. 유중원 역할에는 배우 한석규가, 박무영 역할에는 배우 최민식이, 이명현 역할에는 배우 김윤진이 출연했다.

영화는 기본적으로 남북대결의 구도로 전개된다. 첫 장면은 잔혹하고 엄격한 군사적 훈련을 받은 북의 특수요원 이방희(박하)가 남파하며 북을 떠나는 씬으로 시작한다. 그리고 바로 6년 뒤의 한국으로 장면이 넘어간다. 남측의 OP요원 유중원은 남으로 내려와 탈북한 이들을 찾아 사살하고 다니는 이방희를 오래도록 쫓아왔다. 꿈속에서 이방희에게 죽임당하는 악몽까지 꾸는 그는 자신의 연인 이명현에게 위로를 받는다. 그녀와 결혼을 꿈꾸며 요원 생활을 계속해 나가는 유중원은 요원으로서의 사명감을 가지고 이방희를 잡는 것을 가장 큰 목표로 삼는다.

영화 〈쉬리〉 속에서 등장하는 남북의 분위기는 실제 당시의 정세를 반영한 화해무드를 표현하고 있다. 예를 들어, 유중원이 방문한 대형마트에서는 남북정상의 만남과 남북 축구 친선경기 뉴스가 배경에 깔린다. 이 외에도 많은 장면에서 남북정권의 분위기는 화해무드임을 지속적으로 어필한다. 그리고 그것들은 하나의 복선이 되어, 클라이맥스 장면과 관련되어 전개된다.

각 캐릭터는 남북을 상징하고 있다. 남측의 정보요원 유중원(한석규)이 남을 상징한다면, 북을 상징하는 캐릭터는 북의 급진세력 대장으로 나오는 박무영(최민식)이다. 박무영의 세력은 북 안에서도 급진세력에 속한다. 그리고 이방희 또한 그의 휘하에 소속되어 있다. 박무영 세력은 90년대 들어 북에서 고난의 행군으로 인해 수많은 인민이 굶어 죽어가자, 더 이상 두고 보지 못하고 그에 대한 해결책으로 통일전쟁을 꿈꾸게 된다. 그들은 북의 정권도 남의 정권도 믿지 않는다. 왜냐하면 각 정권이 오히려 분단을 이용하면서 오랜 분단 상태를 유지시켜온 주범이라고 생각하기 때문이다. 따라서 박무영 세력은 영화 속에서 남북 정상이 만나 축구 친선경기를 관람하는 화해무드 또한 신뢰하지 않는다. 그들 세력은 남북 고위 인사들이 관람을 위해 찾은 축구경기장에 폭탄을 터뜨려 대량 살상하는 것을 통일전쟁의 서막으로 계획한다. 이 영화는 유중원을 비롯한 남측의 정보요원들이 그런 박무영 세력의 계획을 저지하는 방식으로 흘러간다.

영화의 주된 전개방식은 두 가지 상황이 대비되는 것이다. 크게 볼 때 영화 속 사회적 배경이 실제를 반영한 남북화해무드로 그려지고, 그 배경 안에서 실질적으로는 남북을 대표하는 두 주인공 세력들이 계속해서 전투를 벌이는 상황이 대비되어 그려진다. 이것은 남북관계가 호전되어도 근본적으로 서로를 믿지 못하고 실제로는 계속해서 경계해 온 현실에 대한 당시의 인식을 반영했다고 할 수 있다.

이 영화가 1990년대의 남북관계를 담고 있다고 할 때, 좀 더 살펴볼 점은 1990년대 남측 사회의 대북인식 변화이다. 그 전까지 북은 남한사회에서 두려움과 경계의 대상이었다. 하지만 90년대에 들어 남북의 경제적 격차가 크게 벌어지고 북의 '고난의 행군'으로 그것이 더욱 강조되면서 북에 대한 연민적인 시선이 더 큰 부분을 차지하게 되었다. 물론 이런 태도는 기본적으로 북보다 경제적으로 우위에 있기 때문에 그들 사회보다 우월하다고 생각하는, 북에 대한 오리엔탈리즘적인 시선이 깔려있는 것이었다. 그리고 이런 전제는 북을 대표하는 캐릭터 박무영에게서 잘 나타난다.

박무영은 통일전쟁을 계획하고 실행에 옮기기 위해 남으로 내려온다. 그리고 지속적으로 그들의 계획을 저지하려는 유중원 세력과 부딪힌다. 유중원이 그를 설득하기 위해 남북관계가 개선되고 있는 정세를 들먹이자, 박무영은 다음과 같이 차갑게 대꾸한다. "우리의 소원은 통일. 니들이 한가롭게 이 노래를 부르고 있을 이 순간에도, 우리 북녘의 인민들은 못 먹고 병들어서 길바닥에 쓰러져서 죽어가고 있어. …썩은 치즈에 콜라, 햄버거를 먹고 자란 니들이 알 리가 없지. 축구로 남북한이 하나가 되자고? 개수작 떨지 마라. 지난 50년 동안 속고 기다린 걸로 족해." "순진하게도 우린 저 고매하신 정치꾼들을 믿고 지난 50년간을 기다려왔어. 근데 불행하게도 정작 저들은 통일을 원하고 있지 않아. 우린 지금 이 순간에도 아주 잘 짜여진 연극 한 편을 보고 있는 셈이지."

저 대사는 당시 많은 관객에게 공감을 불러 일으켰다. 북한이 '고난의 행군'으로 헐벗고 굶주린 힘든 시간을 보내는 현실, 그리고 분단국가의 각 정권이 분단 그 자체를 정치적으로 이용해 온 사실을 드러낸 말이다. 90년대 당시의 분단현실에 대한 인식을 이처럼 직접 언급한 영화는 그 이전까지 없었다. 이것 자체가 〈쉬리〉가 철저한 상업영화였음에도 불구하고 분단영화로서 의의를 갖는 부분이다.

그런데 그 사실에 창안하여 만들어진 캐릭터인 박무영은 고난의 해결책으로 남에 대한 분노를 선택했다. 그리고 폭력적 방식의 통합을 계획하는 존재로 그려졌다. 한국전쟁이 일어났던 이유처럼, 서로가 하나라고 믿었기에 폭력적인 방식을 써서라도 동일화의 욕망을 추구하고자 했던 '오판'을 다시 선택하는 캐릭터가 된 것이다. 이것은 무엇을 의미하는가. 분명한 것은 북을 열등한 존재로 인식하는 전제가 깔려있다는 사실이다. 그리고 분단된 남북이 서로를 남남이라고 여기지 않는, 어떤 정서적 관계로 이어져 있음을 보여준다는 것이다. 그렇기 때문에 박무영은 북의 인민들은 굶어 죽어가는데, 남은 음식이 넘쳐나는 부유함을 누리는 데 분노한 것이다.

영화의 클라이맥스는 복선을 따라 남북친선 축구경기가 열리는 축구장에서 고조된다. 박무영 세력은 이 경기장에서 폭탄을 터뜨리고자 한다. 그런 박무영 세력을 유중원이 제압한 뒤 간발의 차로 폭발을 막아 큰 위기를 넘긴다. 지금 보면 액션영화로서 꽤나 진부한 스토리 라인이다.

액션영화로는 상당히 뻔한 스토리를 가진 이 영화가

가지는 한국적 특수성은 바로 폭발을 저지한 다음 장면에 등장한다. 영화를 보지 않은 이들도 이 글을 읽다 보면 예상 가능한 반전이 있는데, 바로 처음 등장했던 이방희라는 북의 특수요원과 유중원의 연인 이명현의 관계이다. 이명현은 바로 이방희가 남파하여 간첩으로 활동하는데 이용한 가짜 신분이었던 것이다. 그러나 한국적 정서에 기반한 진짜 반전은 그녀가 사실은 이방희였다는 사실보다는 이명현으로서 적인 유중원을 진심으로 사랑하게 되었다는 것이다. 그것은 폭탄이 경기장에서 터질 거라고 이방희가 유중원에게 전화로 알리려 했던 장면에서 가장 잘 드러난다.

하지만 경기장에서의 폭발을 막은 유중원은 남북정상을 총살하기 위해 모습을 드러낸 자신의 연인이자 적인 이방희와 총을 마주 겨누게 된다. 이 장면은 남북관계에 대한 당시의 인식을 상징적으로 잘 묘사하고 있다. 이 부분에서 한국인이라면 누구나 안타까운 탄식을 내뱉었다. 왜냐하면 결국 유중원은 이방희를 총으로 쏘게 되고, 모든 상황이 정리된 뒤 자신의 번호에 남아 있는 음성메시지에서 그녀가 진심으로 자신을 사랑했다는 것을 확인하게 되기 때문이다. 그리고 그들의 사랑은 남북관계를 상징적으로 묘사하는 것으로 분단현실의 안타까움을 잘 표현했다고 할 수 있다.

그러나 안타까운 남북관계, 유중원과 이방희의 사랑을 그린 이 성공적인 흥행작에는 한국사회의 보다 무의식적인 내면이 숨어있다. 그것은 기본적으로 유중원과 박무영이라는 캐릭터의 설정에서 가장 먼저 드러난다. 남북의 화해무드가 오랜 분단을 해결하는 방식이라고 믿고 폭발을 저지하는 남측의 요원 유중원, 통일전쟁을 일으켜 자신들의 굶주림을 해결하려는 폭력적 방식을 취하는 북측의 급진세력 박무영. 그리고 결과적으로는 그런 박무영 세력을 남측의 유중원이 저지하는 데 성공하는 것으로 영화는 끝난다. 북측은 남측의 상대적 부유함에 분노를 느끼고 폭력적 전복을 꿈꾸는 존재로 그려지고, 실패한다. 그리고 경제적으로 우위에 선 남측 세력은 한국전쟁의 오판을 반복하지 않기 위해 화합하고자 하고, 결국에는 승리한다. 이 대비는 무엇을 말하고 있는 것일까.

- 남측 정보요원 유중원은 약혼녀이자 북측 특수요원 이방희에게 총구를 겨눈다.

   90년대에 이르러 남북의 경제적 격차가 눈에 띄게 벌어지고, 설상가상으로 북은 고난의 행군까지 겪게 되었다. 이 영화에서 두드러지는 위와 같은 대비는 남한사회에 북측에 대한 오리엔탈리즘적 시선이 강하게 투영되어 있음을 적나라하게 보여주는 예시라고 할 수 있다. 결과적으로 유중원이 승리하고 박무영이 패하는 것은 남의 자본주의체제가 승리했다는 심층적 메시지가 담겼다고 볼 수 있다.

   그런데도 영화의 마지막 부분에는 유중원이 정체가 드러난 이방희와의 관계를 추궁당할 때 이방희가 죽었기 때문에 "유중원은 이미 죽었다"라고 대답하는 장면이 나온다. 이것은 영화에 등장하는 그들 사랑의 상징물인 '키싱구라미'와 연결된다. 키싱구라미는 반려가 죽으면 따라 죽는 로맨틱한 물고기이다. 그들은 서로의 사랑을 다지며 그 물고기를 함께 키웠다. 때문에 이방희가 죽고, "유중원은 이미 죽었다"라고 대답하는 데서 키싱구라미로 연결되는 그들의 관계성이 드러난다. 각 캐릭터가 남과 북을 상징한다는 점을 감안할 때, 이 장면은 어느 한쪽의 사라짐이 다른 쪽의 완전한 승리와 생존으로 이어지는 것은 아니라는 남북관계의 정서적 연관성을 보여준다고 할 수 있다.

'이방희'와 '이명현'
사이의 딜레마

영화 〈쉬리〉의 주요 인물인 유중원과 박무영이 각각 남과 북을 대표하는 배역이라면, 여주인공 이방희는 정확히 무엇을 상징하는 것일까? 이방희는 초반에는 북에서 잔인한 특수 요원으로 길러지고 훈련받는다. 그 뒤, 남파하여 배신자들을 사살하는 임무와 간첩의 임무를 수행한다. 그녀는 남파 임무를 위해 가족들의 사진을 불태우며 과거를 지우는 비인간적인 면모를 보인다. 그리고 요양원 생활을 하는 이명현의 신분을 훔친다. 또한 정보를 빼내기 위해 정보요원인 유중원에게 접근하여 연인이 된다. 그런데 임무수행을 위해 남한에서 산 6년간 그녀는 변한다.

먼저 이방희는 신분세탁을 위해 병약하여 사회생활을 못 하고 요양원에 거주하는 이명현에게 접근한다. 그러나 그녀와 함께 지낸 시간 끝에 결국 그녀의 신분을 훔쳐 떠나게 되는 날, 이방희는 이명현 앞에서 죄책감의 눈물을 흘린다. 그리고 이방희는 정보유출을 위해 적인 유중원에게 접근하여 연인 행세를 하지만 진심으로 그를 사랑하게 된다. 그로 인해 이방희는 자신의 정체성에 혼란을 느끼고 술에 의존하며 알코올중독에 시달린다. 결국 유중원을 자신의 손으로 죽여야 할 상황에 놓이자 이방희는 주저 없이 자신의 머리에 총을 대고 방아쇠를 당긴다. 총알이 들지 않은 총이었던 탓에 죽지는 않았지만, 그 대신 그녀는 음성메시지로 기밀 정보를 유중원에게 알리며 제발 그 장소에 나타나지 말라고 부탁한다. 그와 적으로서 대치하기를 원하지 않았기 때문이다.

북에서 살인병기로서 확고한 아이덴티티를 가지고 남파한 특수요원이었던 이방희가 6년이라는 시간 동안 가짜 신분이었던 이명현으로서의 자아를 가지게 되었다. 그로 인해 혼란스러워하는 여주인공의 존재는 무엇을 말하는 것일까? 이 지점에서 그녀를 북한사람으로 보아야 하는지, 남한의 이명현으로 보아야 하는지의 여부에 대한 고민을 발견할 수 있다. 그런데 '남이냐, 북이냐'라고 고민하는 그 지점이 바로 '한민족'이라고 말하면서도 북을 타자화하고 구분 짓는, 한국사회의 이중적 면모가 드러나는 부분이다.

전혀 다른 체제, 전혀 다른 사회에서 살아가는 이들이 가지는 문화적 정체성, 정치적 정체성 등은 당연히 다를 수밖에 없다. 그런데도 한국사회는 은연중에 '한 나라'였던 과거를 떠올려 북에 대해 '한민족'이라는 과거 회귀적 정체성을 적용시킨다. 그러나 자신이 기반한 사회만을 기준으로 하면 다른 사회의 구성원들을 온전히 이해할 수 없다. 그 무의식적 영역에서 일어나는 혼란이 '명현'의 존재와 같은 이중성을 우리에게 갖게 하였다. 그녀의 존재는 이 영화에서 그런 '이중성'을 가시화하는 캐릭터이다. 이방희는 영화를 넘어서 한국사회의 내면에 자리한 '분단 트라우마'가 양산되는 현상을 확인하게 해주는 캐릭터인 것이다. 따라서 그녀는 이 오래된 영화를 다시금 살펴보게 하는 가장 큰 이유이다.

영화 〈쉬리〉를 기억하는 이들에게 이 영화의 의의가 무엇이냐고 묻는다면, 단연 한국형 블록버스터로서의 기점을 만들어낸 성공적인 흥행작이라는 점을 꼽을 것이다. 하지만 철저하게 자본주의적인 시점에서 만들어진 이 영화가 현재 시사하는 바는, 90년대의 남북관계를 바라보는 시점이 담긴 분단영화라는 것이다.

이 영화 이전까지의 분단영화는 주로 한국전쟁을 다루거나 적어도 1950년대의 이야기들이 주를 이루었다. 하지만 〈쉬리〉는 90년대 당시의 남북관계 분위기를 담고 있다. 영화 속에서 남북은 전후 50년이 지난 후 한국전쟁이

- 남북 사이의 미묘한 분위기를 잘 그려낸 영화 〈쉬리〉

'오판'이었다고 생각했고, '북'이라는 이미지에 인간적 캐릭터도 부여하였다. 절대적 '악'이 아닌, 어쩔 수 없는 갈라짐으로 인해 안타까움을 느끼는 '인간' 말이다.

한국전쟁은 '한민족'이라는 환상이 가져다준 비극이었다. 이제는 안다. 남북이 서로를 '한민족'이라고 여겼기에 둘로 갈라진 상황을 용납할 수 없었고, 폭력적 방식을 동원해서라도 다시 하나가 되고자 했던 비극이었다는 것을 말이다. 영화 속에서는 북을 다시 그런 오판을 반복하는 존재로 그리는 한계를 보이지만, 최소한 한국전쟁을 오판이라고 말하고 분단을 남북정권이 정치적으로 이용해왔다는 사실을 이야기한다. 이 영화도 이제는 20년 전의 영화가 되었다. 그러나 아직도 최근에 개봉된 많은 분단영화 속의 '북한주민'들은 박무영과 많이 닮아있다. 차갑고 딱딱한, 때로는 폭력적인 이미지. 20년의 세월 동안 한국사회는 얼마만큼 걸어온 걸까?

2018년 남북은 서로를
어떻게 바라보는가

처음의 이야기로 돌아가 보자. 다시 질문해보자면, 한국사회는 '북'을 어떻게 대하고 있는가? 오늘날 한국의 여론은 한국전쟁을 직접 겪지 않은 세대들이 좌우하고 있다.

그런데도 그들 중 일부는 북에 대하여 이야기할 때 "간첩이 있는 게 분명하다니까.", "통일이 되면 우리가 책임져야 할 난민들이 저 위에 있다.", "너네 나라로 돌아가." 등의 말을 한다.

'북'이라고 해서 멀리 볼 것 없이, 이미 북을 떠나 한국사회 안에 함께 하고 있는 북한이탈주민들을 예로 들 수 있다. 그들은 한국에서 어떤 삶을 살고 있을까? 북한이탈주민들이 대한민국 국적을 얻고, 한국사회 안에서 살고 있다고 해서 한국사회에서 태어나 자란 이들과 같은 삶을 향유하고 있다고 할 수 있을까? 아마 대부분의 한국인은 '그렇다', '아니다'가 아니라 '잘 모른다'고 답할 것이다. 사실 대부분의 한국인은 그들에게 관심이 없다. 차가운 무관심, 그러나 마주해야 했을 때 드러내는 배타적 태도만이 있을 뿐이다.

영화 〈쉬리〉를 쭉 살펴보며 한국사회 안에 '명현'의 존재를 마주해 보았다. 이명현이라는 캐릭터 자체가 가진 이중성이 영화의 메인 메시지는 아니다. 하지만 그녀의 존재는 분단현실이 만드는 혼란함을 보여주고 있다. 또한 남북이 서로 완전히 독립된 관계가 아니고, 그 관계에서 어떤 분명한 메커니즘이 있음을 보여주는 캐릭터이다. 왜냐하면 그녀 자체가 분단체제가 양산한 이중성을 가진 존재이기 때문이다.

'명현'과 같은, 북에 대한 한국사회의 이중성은 어떤

면모로 존재하고 있을까. 그것은 글의 서두에 잘 드러나 있다. 앞서 언급한 것처럼 '남북관계'는 서로를 완전히 독립적으로 생각할 수 없는, 어떤 독특한 체제적 메커니즘이 그 안에 존재한다는 점을 감안할 때, 조금은 이해하기 어려운 대비가 생겨난다. 평소 한국인들의 북에 대한 철저한 무관심과 배타적 태도, 그리고 남북정상회담 때마다 고조되는 북에 대한 관심과 열기는 극적인 대비를 이룬다. 영화 〈쉬리〉도 당시 그러한 대중의 열기를 보여주는 반증이라고 할 수 있다. 이러한 대비에서도 한국사회 속 '명현'의 모습이 드러난다.

2018년 4·27 남북정상회담 이후 다시 북과의 교류에 대한 열기가 한국 사회를 덮혔다. 차가운 무관심과 대비되는 이 열기는 한국사회 안의 이중적 면모를 보여주고 있다. 이것을 확실히 마주하고 극복하기 위해서는 남북의 현주소에 대한 이해가 먼저 이루어져야 한다. 이방희가 남한에서 지낸 6년 동안 다른 정체성을 가지게 된 데서 사회가 자아 형성에 미치는 영향력이 얼마나 큰지 알 수 있다. 그 사실을 감안하면 다른 사회 안에서 살아온 이들이 그로 인해 서로 얼마나 다를지 헤아려 볼 수 있다.

종합적으로 20년 전의 영화 〈쉬리〉의 여주인공 '명현'이 지금의 한국사회에 시사해주는 바는 자명하다. 긴 분단이 가져온 이중적 정체성의 존재와 그것을 마주했을 때 무엇을 깨야 하는지 가시적으로 보여준다는 점이다. 영화 속

북의 특수요원인 이방희는 남한 사회에서 6년의 세월 동안 '가짜 신분'인 이명현으로서의 '자아'를 가지게 되었다. 사회라는 환경은 사람을 구성하고 만드는 그토록 강력한 기반인 것이다.

남북은 서로 다른 사회를 형성하며 70여 년을 유지해왔다. 분단되어 지낸 기간이 길었던 만큼 분단을 극복하기 위해 먼저 시행해야 할 것은 한국사회 안에 내재된 북에 대한 이중적 태도를 깨는 것이다. 긴 분단은 남북관계만을 기형적으로 만든 것은 아니다. 한국사회 내에 세대를 따라 전이되는 역사적 트라우마들과, 분단체제의 산물로서 형성되는 사회 구성원들의 비이성적 무의식이 많은 사회현상들의 근저에 있다. 즉 남북분단이 한국사회 안의 분단으로 번지고 있다고 할 수 있는 것이다. 따라서 한반도 분단의 극복을 말할 때, 실은 이 모든 '분단'을 포괄하여 극복하는 태도가 시도되어야 한다. 그랬을 때 비로소 있는 그대로 남북은 서로 마주할 수 있을 것이다.

〈강철비〉, 분단 극복에 관한 차가운 상상력

한상효
건국대학교 통일인문학연구단 HK연구원

남북을 둘러싼
두 가지 장면

장면 하나. 2017년 9월 3일, 전 세계는 북한의 작은 마을인 풍계리에 주목했다. 북한 조선중앙TV는 9월 3일 오후 3시 30분 중대 보도를 통해 "낮 12시(한국시각 낮 12시 30분) 북부 핵 시험장에서 대륙간탄도로켓(ICBM) 장착용 수소탄 시험을 성공적으로 단행했다."고 발표한다. '북한 6차 핵실험'이라고 명명된 이 사건은 북한이 2005년 2월 10일 핵무기 보유를 선언한 이래로 여섯 번째로 강행한 핵실험이었으며, 무엇보다 문재인 정부와 트럼프 정부가 출범 이후 첫 핵실험이라는 점에서 전 세계의 이목을 집중하게 했다.

6차 핵실험은 그 위력만 하더라도 50㎉ 이상에 이를 것이라고 추정되었다. 그 핵실험의 위력을 차치하고서도 북한의 6차 핵실험이 전 세계에 미친 영향은 대단한 것이었다. 무엇보다 한반도를 둘러싼 국제질서가 요동쳤다. "한반도는 전쟁 가능성이 역사상 가장 큰 시기에 직면해 있다. 언제 일어나도 이상하지 않다"는 중국학자의 말처럼 사람들의 머릿속엔 '전쟁'이라는 두 글자가 심각하게 각인되었다. 또한 국제 사회는 강경한 제재로써 북에 대응하였다. 유엔 안전보장이사회는 북한의 6차 핵실험에 대응해 '대북 제재 결의 2375호'를 만장일치로 채택하고 북에 대한 거의 모든 수출입을 금지하였다. 6차 핵실험 이후 남북의 관계는 그 어느 때보다 최악의 상황으로 수렴되어 갔다.

장면 둘. 2018년 4월 27일, 남북은 다른 차원에서 다시 한 번 전 세계 사람들을 놀라게 했다. 이번에는 장소를 옮겨 분단 현실의 상징이라고 할 수 있는 판문점이 그 현장이었다. 이날 문재인 대통령과 김정은 국무위원장은 판문점 평화의 집에서 남북정상회담을 진행하였다. 북의 최고 지도자가 분단 이래로 최초로 남쪽의 영토로 내려온 것에서부터 온갖 화제를 일으켰던 이 날 정상회담의 백미는 '한반도의 평화와 번영, 통일을 위한 판문점 선언'이라는 긴 제목의 합의문이었다. 이 합의문에서 남북은 남북관계를 보다 적극적으로 개선하고 발전시켜 나가야 한다는 확고한 의지를 천명하였다. 그중에서 단연 가장 눈에 띄는 부분은 '완전한 비핵화를 통해 핵 없는 한반도를 실현한다는 공동의 목표를 확인'한 것이었다. 정상회담 이후 곧장 남북의 핵 문제가 해결되는 것은 아니지만 이날의 회담을 통해 마구 엉켜 있던 실타래를 풀 수 있던 계기가 마련되었다. 실제로 정상회담 이후 북은 풍계리 핵실험장을 폐기하는 등 한반도 비핵화에 대한 행보를 이어오고 있다.

북한의 6차 핵실험부터 판문점 선언까지. 남북을 둘러싼 획기적인 변화의 시간을 손꼽아 보자면 불과 몇 달도 되지 않는다. 과연 어제의 우리는 이 두 장면 사이에서 남북분단과 북핵문제에 대해 어떤 생각을 하였을까? 시시각각으로 변하는 한반도의 정세 속에서 이러한 변화를 실감하게 하는 영화가 있다. 바로 〈강철비〉(2017, 감독 양우석)가 그것이다.

분단의 오늘과
〈강철비〉

패션이나 음악에 유행이 있듯 영화에도 유행이 있다. 대중의 취향은 항상 동일한 것이 아니며 시대에 따라 주기적으로 변하기 마련이다. 일반 대중을 대상으로 하는 영

화의 속성상 이러한 변화에 발맞추지 못한다면 그 영화는 '클래식'하다는 평가는 받을 수 있을지언정 대중의 외면을 받기 십상이다. 통일·분단을 다루고 있는 분단영화도 마찬가지일 것이다. 아니, 그 어떤 다른 영화 장르보다도 시대적 상황과 대중적 관심에 절대적 영향을 받는다고 할 수 있다. 우리는 남북이 분단된 채 분쟁과 화해를 오고가는 현실 속에서 분단영화의 내용이 어떻게 달라져 왔는지 경험적으로 이해할 수 있다. 북을 '절대적 악' 혹은 처치해야 할 존재로 보는 '반공영화'부터 남북의 인간적인 만남과 화해를 그리고 있는 영화로 그리고 다시 북에 대한 강경한 시각을 보이는 영화로까지 이어지는 한국 분단영화의 큰 틀은 남북관계라는 시대적 흐름과는 불가분의 관계에 있다.

〈강철비〉는 이러한 분단영화의 특징을 고스란히 드러내는 영화다. 감독 본인이 스토리 작가를 맡은 웹툰 〈스틸레인(Steel rain, 2011, 다음웹툰)〉을 원작으로 하여 만들어진 이 영화는 6차 핵실험 이후 최악으로 치닫는 남북관계와 국제사회의 북한 제재, 남북은 곧 전쟁이라는 공식이 지배하는 시기에 등장하였다. 평창올림

픽 이후로 이어진 해빙의 분위기 속에 남북정상회담이라
는 중요한 역사적 분기점에 다다른 오늘이지만 조금만 시
간을 돌려보면 상황은 전혀 달라진다. 북한의 핵실험과 미
국의 선제타격, '핵전쟁'이라는 말이 남북관계의 경색국면
을 잘 나타낸다. 어느 때보다도 전쟁이 터질지 모른다는
공포가 사람들의 마음속에 깊이 새겨졌던 시기이기도 하
다. 〈강철비〉는 바로 이러한 시대적 배경을 적극적으로 수
용한다.

　〈강철비〉는 기본적으로 분단 블록버스터라는 외피를
차용한다. 쿠데타 세력의 음모 때문에 남북은 일촉즉발 전
쟁 위기에 처하게 되나, 남북을 대표하는 두 주인공의 우
여곡절과 헌신적인 노력에 힘입어 전쟁의 위기를 해결하
는 것이 영화의 주요 골자이다. 이러한 내러티브는 영화
〈쉬리〉이래로 우리에게 아주 익숙한 것이다. 영화는 여기
에 북한에서 쿠데타가 발생하고 최고지도자가 남쪽으로
망명한다는 설정을 제시한다.

　그러나 〈강철비〉가 분단블록버스터의 외피를 차용한
것은 단편적인 눈요기를 위한 것은 아니다. 오히려 블록버
스터란 틀을 이용하여 북의 급격한 변화 속에서 남북이 각
각 어떠한 상황에 놓일 것인지, 또한 한반도를 둘러싼 국
제 정세는 어떤 반응을 보일 것인지에 대해 아주 자세하게
묘사하고 있다. 그러나 이러한 영화 속 한반도의 모습은
허무맹랑한 허구가 아니라 상당한 개연성과 설득력을 가

지고 있는 것처럼 보인다.

〈강철비〉가 흥행과 호평이라는 두 가지의 성과를 모두 거둬들인 데에는 블록버스터 영화로서 볼거리를 제공한다는 점 외에도 시대적 상황에서 오는 사람들의 핵전쟁에 대한 불안을 이해하고 자신의 해결책을 보다 적극적으로 제시하여 이를 끝까지 밀고 가는 감독의 뚝심이 있다고 생각된다. 그러나 여기서 제기되는 의문은 이러한 영화의 메시지를 그대로 수용해야하느냐는 점이다. 영화가 환기하고 있는 시대적 문제, 특히 '북핵문제'에 대한 메시지가 무엇인지를 알기 위해서는 영화에 대한 깊은 고민이 필요할 것이다.

분단 현실에 대한
도발적인 상상

영화의 제목인 '강철비'는 여러 가지 상징적 의미를 지닌다. 우선, 원작 스틸레인(Steel rain)의 우리말 표기이다. 또한 강철비는 영화상에서 북한군부가 미군으로부터 탈취하여 개성을 시찰하러 온 '북한1호'를 공격하는 무기(실제로는 미국 미사일인 ATAC MS)의 별명이기도 하다. 그러는 한편, 영화의 두 주인공인 남측의 곽철우(곽도원)와 북측의 엄철우(정우성)의 이름에 대한 은유이기도 하다. 그들은 첨

예한 분단 상황에서 쇠로 된 비[鐵雨]처럼 서로를 향해 쇄
도할 수밖에 없는 관계다.

영화는 북한의 어느 곳을 비춰주는 것으로 시작한다.
엄철우는 '철우(鐵友: 강한 친구)'라는 이름에 걸맞게 북한의
전직 최정예요원으로 나타난다. 엄철우 앞에 그의 전 상관
인 정찰총국장 리태한(김갑수)이 나타나 군부에 의한 쿠데
타 시도를 막으라는 지시를 내리고 엄철우는 명령에 따른
다. 한편, 영화를 이끌어 가는 또 한 명의 주인공인 남쪽의
철우(哲宇: 밝은 집)는 보수를 대변하는 현 대통령인 이의성
(김의성)의 임기가 끝나고 진보적인 새로운 대통령인 김경
영(이경영)이 당선되는 남쪽의 분위기에서 인정받는 외교
안보수석이지만 아내와 이혼하고 아이들도 가끔씩 만날
수밖에 없다.

그러는 와중 북측에서는 '북한 1호'를 암살하기 위한
쿠데타가 일어나고, 하늘에선 개성을 시찰 중인 '북한 1
호'의 머리 위에 '강철비'가 쏟아진다. 때마침 그곳에 있
던 엄철우는 '북한1호'를 데리고 남측으로 피신한다. 우연
에 우연이 겹치는 과정에서 남측의 안보수석 곽철우는 엄
철우와 만나며, 문제를 해결하기 위해 그를 돕게 된다. 이
때 북측의 군부는 국가 원수의 부재를 틈타 한국과 미국에
선전포고하고 언제든지 핵을 발사할 수 있다며 위협한다.
남쪽은 마침 정권교체기라 임기 말의 현직 대통령과 차기
대통령이 미국을 통해 북을 선제 타격할 것인지에 대해 확

연한 입장 차이를 보이며 위기는 더욱 고조된다. 곽철우와 엄철우는 같이 힘을 합쳐 핵전쟁의 위기를 해결하기 위해 뛰어다니며, 결국에는 곽철우의 '큰 결심'에 의해 마침내 남북에 감돌았던 전운은 해소된다. 엄철우의 희생을 통해 북측의 쿠데타 세력은 제거된 상황에서 곽철우는 엄철우의 희생을 헛되이 하지 않기 위해 북과의 협상에 나선다. 북으로 향한 곽철우는 부상당한 '북한1호'를 북으로 돌려보내는 대신 북핵의 절반을 요구하며, 남북은 마침내 비등한 힘을 통한 평화를 유지하는 것으로 영화가 마친다.

〈강철비〉를 남북의 문제를 전혀 모르는 어느 외국인이 봤다고 한번 가정해 보자. 그 외국인은 이 영화에 대해 '스펙터클'한 전쟁 영화 한 편을 봤다고 말할지 모르겠다. 마치 우리가 〈007〉이나 〈미션임파서블〉을 보듯이 말이다. 그러나 우리는 〈강철비〉를 그저 재미있는 한 편의 전쟁영화로만 볼 수 없을 것이다. 왜냐하면 영화가 보여주는 상황을 우리의 현실과는 떼어놓고 생각할 수 없기 때문이다. 남북에 아직 일어나지 않은 미래에 대한 '가상 시뮬레이션'처럼 보이는 영화의 상황은 보는 이들로 하여금 그것이 실제로 일어나지 않을까 하는 두려움과 조바심을 느끼게 하기 충분하다. 그런 면에서 '남북의 미래'라는 빈 공간에 '북한의 쿠데타', '핵전쟁 위기'라는 가정을 채워 넣는 이 영화의 상상력은 자못 도발적이다. 분단현실에서 머릿속으로만 생각해 왔던 '핵전쟁'이라는 결코 즐겁지 않는 상상을 사람들에게 직접 보여주며, 관객이 현실에 대한 심각성을 다시 한 번 상기시킨다. 그리고 마침내 감독 자신이 생각한 해결책으로서의 하나의 가능성을 결말부에 제시하며 영화를 마친다.

북이 가진 핵의
반을 주십시오

앞서 말했듯 〈강철비〉는 블록버스터의 외피를 쓰고 있다. 실제로 영화의 포스터에는 '첩보액션 블록버스터'라는 문구가 그대로 나타난다. 그런데 이러한 외피를 살짝 벗겨보면 이 영화는 감독이 하는 일종의 강연 같다는 생각을 하게 된다. 분단 문제에 대한 창작자의 생각을 개진하고 이에 대한 의견을 관객들에게 물어보는, 마치 "북핵문제의 원인과 해결책에 대해 나는 이렇게 생각해. 너는 어때?"라는 식이다.

보통의 분단영화는 최대한의 관객을 끌어들이기 위해 분단에 대한 '전략적 모호함'이라는 방식을 취하는 경우가 많다. 분단의 상황들을 배경으로만 벌여놓은 채 '이분법적 사고'나 '휴머니즘'과 같은, 관객이 쉽게 흡수할 수 있는 결론으로 쉽사리 회귀해 버린다. 그렇기에 분단에 대한 새로운 사유나 진지한 논의로 나아가지 못하고 그 자리에서 주저앉아 버린다.

　반면 〈강철비〉는 다소 도발적이나 창작자가 가진 생각을 끝까지 밀어붙인다. 감독은 남북의 핵전쟁 상황을 가정하면서 사건의 해결을 보여준다. 이를 통해 자신이 생각하는 나름의 해결책을 제시하고 있다. 이러한 결말은 서로 다른 생각을 가진 관객들에게 열렬한 찬반논쟁을 불러일으킬 수 있을 만한 것이지만, 논쟁을 불러일으킨다는 사실만으로도 북핵문제라는 상황에 대한 문제인식과 새로운 사유의 동기를 부여하고 있다. 감독은 한 인터뷰에서 영화나 문학이 사회에 공헌해야 하는 이유 중 하나가 '사이렌' 역할을 하는 것이라고 하였는데, '북핵문제'라는 구체적인 상황을 사람들에게 환기하고 공론화하는 것이 감독의 의도라고 할 수 있다. 특히 영화 속 엄철우가 미국 CIA 요원을 만나는 장면을 통해 분단문제와 북핵문제에 대한 사람들의 관심을 촉구하기도 한다. 영화에서는 북의 쿠데타로 인해 전시상황이 발생한 상태에서 서울 번화가의 모습을 보여준다. 북한의 선전포고가 있은 이후지만 사람들은 여전히 평소와 같이 행동한다. 그러한 모습을 보고 곽철우는 미국 CIA 요원을 보면서 '우리나라 참 대단하죠?'라고 말한다. 이 장면을 통해 감독은 분단의 폭력이 일상화되어 있는 비극적 현실을 진단하면서도 오늘날의 분단 현실에 대해 고민하고 관심을 가져야함을 강조한다.

　〈강철비〉에 나타난 창작자의 구체적인 생각은 '곽철

우'를 통해 반영된다. 곽철우는 영화 속에서 정치적으로 아주 독특한 위치를 차지하고 있다. 그의 직업은 현 정부의 외교안보수석이며, 새로운 대통령 당선인과도 '끈'이 연결된 인물이다. 그는 현직 대통령과 대통령 당선인 사이에서 양쪽의 상반된 견해를 모두 아우를 수 있는 인물로 묘사된다. 곽철우의 중간적인 위치는 보수와 진보의 진영 논리에 따라 현실을 보지 않겠다는 감독의 생각을 반영한다.

한편, 〈강철비〉는 북한의 쿠데타 상황을 가정하면서 수많은 주체를 등장시킨다. 북의 군부 쿠데타 세력, 남쪽의 서로 대립하는 보수적인 현직 대통령과 진보적인 차기 대통령, 한반도를 둘러싼 국제 사회인 미국, 중국, 일본 등. 혼수상태에서 남쪽으로 이송된 '북한 1호'를 제외한 남북을 둘러싼 모든 주체가 등장하여 자신들의 생각과 이해관계에 대해 말한다. 핵무기를 개발해 놓고도 핵을 체제 안정화에만 이용하는 정권에 대한 북한 군부의 불만, 북한이 핵을 쏘기 전에 선제 타격하자고 하나 정작 북이 미사일을 쏘자 발을 빼려는 미국, 북의 핵전쟁을 반대하면서도 미국과 국경을 맞대기 싫어 북한을 지지할 수밖에 없는 중국. 남쪽은 남쪽대로 선제타격을 해서라도 북한정권이 제거되면, 분단과 전쟁의 위협에서 벗어날 수 있다고 믿는 보수 대통령과 선제 타격으로 북한 정권을 제거한다면 북한 인민이 남쪽을 적국으로 받아들여 통일은 불가능하다고 생각하는 진보 대통령의 대립까지. 〈강철비〉는 남북의 대립 속에서 각각의 주체가 원하는 바를 개연성과 설득력 있게 제시한다.

이러한 상황에서 감독은 자신의 분신인 곽철우를 통해 분단 문제의 원인과 핵 위기 해결책을 구체적으로 드러낸다. 이는 곽철우가 대학생들 앞에서 강연하는 장면에서 나타난다. 이 강연에서 곽철우는 분단문제의 원인을 일제가 우리를 침탈하는 과정에서 발생한 '식민 트라우마'에서 찾는다. 그 결과 남북은 각각 일본을 모델로 하여 일본을 쫓아가는 방식과 일본을 패망시킨 핵을 통한 무장으로 일본에 대항했다고 주장한다. 곽철우의 이러한 주장에 학생들은 믿을 수 없다는 반응을 보이지만, 감독은 다음 장면을 통해 한 걸음 더 나아간 주장을 펼친다. 바로 남북의 북핵문제를 막기 위해서는 남북이 핵을 나눠 가져야 한다는 것이다. 곽철우는 대통령직 인수위원인 선배에게 "핵은 핵으로 막을 수밖에 없다.", "남쪽이 핵무장을 하면 일이 꼬일 리 없다."고 말한다.

또한 영화의 결말에서는 곽철우는 북의 내각총리에게 북이 가진 핵의 절반을 달라고 한다. 이를 통해 남북이 전쟁이 나면 서로가 끝장이라는 것을 알고 그 끝을 안 보기 위해 남북 모두가 평화시대를 시작할 수 있다는 것이 그의 주장이다. 영화의 이러한 결말은 감독이 북핵문제에 대해 내놓는 파격적인 해답이라 할 수 있을 것이다. 남북이 핵을 나눠 갖는다는 발상은 북의 핵을 지역핵으로 축소시키는 한편, 남한 역시 핵무장을 통해 서로 간의 견제를 하면서 평화를 유지해가자는 것으로 요약할 수 있다. 이러한 감독의 생각을 받아들이느냐 그렇지 않느냐는 관객들의 자유겠지만 왜 이런 의견을 제시하고 있는지 고민해 볼 필요가 있다. 남북이 핵을 나눠 갖는다는 것은 남한이 핵으로 무장한다는 점에서 핵무장을 하자는 진영의 주장과 맞닿아 있으며, 다른 한편으로는 평화적으로 북의 핵 축소를 가져온다는 점에서 진보적인 생각을 하는 사람들의 입장도 대변한다. 이처럼 감독의 주장은 서로 접점을 찾지 못하고 강렬하게 대립되는 두 가지 인식 사이에서 새로운 선택지를 제시한다. 이러한 선택지는 최악으로 치닫고 있던 당시의 한반도 정세를 해결할 새로운 방식의 사고를 촉구하는 감독의 의도가 반영된 것이라고 할 수 있다. 결국 북핵 문제의 해결방법에 대해 한쪽의 정치적 입장에 동조하거나 따르는 이분법적 사고가 아니라 각자가 한반도 정세와 북핵 문제에 관심을 통해 다양한 의견을 나누어보자고 말하는 것, 그것이 이 영화가 가진 '사이렌'으로서의 역할이라고 할 수 있다.

잔치국수와
깽깽이국수 사이

한편, 상황이 마무리되고 정권을 이양한 새로운 정부는 "이 땅에 두 번 다시 전쟁이 있어서는 안 된다는 신념으로 북한의 대화 요청에 적극 나서려고 한다."라고 말한다. 이에 곽철우는 북의 내각총리를 만나 전략적 평화를 위한 협상을 한다. 물론 '북한 1호'와 핵의 절반을 교환하는 조건의 협상이었지만 여기에는 북을 평화를 위해 서로 협상을 할 수 있는 대상으로 바라보는 감독의 시선이 드러난다. 남쪽에도 이의성과 김경영처럼 대립되는 생각을 가진 사람들이 있듯이 북 역시 핵을 정권 유지 차원에서만 사용하는 지도자에 대한 불만으로 전쟁을 일으키는 리태한 같은 존재나 지도자를 보호하고 전략적 평화를 위해 협상을 하는 내각총리와 같은 존재가 있을 수 있음을 시사한다. 북한에서 내려온 협상 담당자에 대해 "대표적인 강경파인데?"라고 말하는 곽철우에게 엄철우는 "그딴 이분법적 사고로는 북을 상대할 수 없어."라고 말하는데, 이러한 장면은 북을 바라보는 이분법적 사고에 대한 비판이라고도 할 수 있을 것이다.

북에 대한 시선이 분명히 드러내는 것은 또 다른 주인공, 엄철우를 통해서이다. 그는 강인한 북한의 정예특수요원이다. 하지만 핵미사일 발사를 막기 위해 북으로 돌아가기 전 아내와 딸에게 줄 선물을 곽철우에게 대신 부탁하는 등 그는 아내와 딸을 살뜰히 챙기는 아버지이기도 하다. 표면적으로는 언제든지 사람을 죽일 수 있는 차가운 군인 이면서 내면적으로 자기 가족을 사랑하는 인간적인 면모를 가진 존재인 것이다.

동시에 그는 췌장암 말기 환자이며 고통을 이겨내기 위해 약물에 의존한다. 엄철우가 병들어 있다는 것은 어쩌면 북측 전체에 대한 감독의 은유처럼 보인다. 겉으로는 강인해 보일지 모르지만 그 안으로는 까맣게 썩어가고 있는 말기 암과 다를 바 없다는 것이다. 감독의 북에 대한 시선은 이뿐만 아니라 영화의 곳곳에서 드러난다. 엄철우와 함께 개성에서 남측으로 월경한 북한주민이 쌀밥을 먹으며 생전 처음 보는 것처럼 행동한다거나, 여전히 북에

- 투덕거리면서도 서로에 대한 믿음이 싹트는 북쪽의 철우와 남쪽의 철우

서 남으로 땅굴을 파고 있다는 설정도 그렇지만, 이를 안 곽철우가 "너네 두더지 잡아먹고 살지? 통일되면 지하철 공사는 아예 너네가 도맡아 해야겠다."라고 비아냥거리는 장면은 북에 대한 부정적인 인식들을 드러내는 부분이다. 그렇다고 해서 남에 대한 감독의 시선이 긍정적인 것만은 아니다. 영화 초반의 묘사에 따르면 곽철우는 아내와 이혼 하고 자식들과도 함께 살지 못한다. 곽철우의 상황은 남북 이 갈라져 있는 북단현실에 대한 은유인 동시에 진영 논리 에 따라 양쪽으로 나누어 대립하는 남측 내부의 현실과 닮 았다.

이러한 남북을 상징하는 두 사람은 묘한 연결고리를 통해 서로 만나고 우정을 나눈다. 서로 다른 뜻이지만 같 은 이름을 가졌다는 사실은 처음부터 그들이 공유할 수 있 는 무언가가 있음을 말해준다. 처음에는 서먹서먹하던 둘 은 곽철우가 엄철우에게 "난 13살짜리 딸과 10살짜리 아 들이 있다"고 가족에 대해 말하는 순간 서로 사적인 대화 를 하기 시작한다. 북한정예요원과 외교안보수석이라는 서로 위치와 다른 목적을 가진 서로 어울릴 수 없는 두 사 람이었지만 누군가의 아버지라는 공통점이 두 철우의 마 음을 열게 하는 계기가 된다.

또한 국숫집 장면에서 곽철우는 엄철우가 국수를 편 하게 먹을 수 있도록 그동안 그를 구속하던 수갑을 풀어 준다. 엄철우는 탈북민이 말아주는 국수를 먹으며 곽철우에게 '잔치국수'가 아니라 '깽깽이 국수'라는 걸 알려주고, 곽철우는 북에 있는 엄철우의 딸이 좋아하는 'GD동무'의 노래가 무엇인지 알려준다. '서로 가르치고 배우는' 이 장면에서 둘은 서로 마주보고 말하는 것이 아니라 국숫집 테이블에서, 곽철우의 자동차 안에서, 서로 같은 곳을 향해 바라본다. 곽철우와 엄철우가 서로 같은 목적을 향해 같이 해야 할 존재임을 말하는 상징처럼 보인다.

이러한 둘의 관계는 단순히 그들이 남북을 대표하는 주민으로서 친분을 나누는 데 그치지 않는다. 우리는 영화에서 보여준 해피엔딩이 그들의 소통과 우정에서부터 출발했음을 기억해야 한다. 북한의 정예요원인 엄철우가 생각을 바꾸고 전쟁 위기의 극복을 위해 큰 결심을 하게 된 데에는 유연한 사고를 가진 곽철우와의 소통와 교류의 힘이 컸다. 다시 리태한을 만나러 간 엄철우가 "분단국가 국민들은 분단 자체보다 분단을 정치적 이득을 위해 이용하는 자들에 의해 더 고통받는다"라는 곽철우의 말을 복기하는 것은 이러한 엄철우의 변화를 잘 보여준다.

물론 만남과 소통을 통해 변화한 것은 엄철우만이 아니다. 영화의 말미에서 보여주는 곽철우의 선택은 엄철우에게서 받은 영향의 결과였다. 아마도 곽철우의 머릿속에는 '어떻게 하면 내 친구 엄철우의 희생을 헛되지 않게 할 수 있을까?'라는 깊은 고민이 있었을 것이다. 엄철우가 준 평화의 기회를 놓치지 않겠다는 곽철우의 확고한 의지가 결국 북과의 전략적 평화를 협상을 이뤄내는 원동력이 되었던 것이다. 이는 결국 영화 속 두 주인공의 만남처럼 진영 논리와 현실적 실리 이전에 분단의 위기 극복을 위해 필요한 것은 사람과 사람의 소통에 있다는 것은 아닐까 생각한다.

남북문제에 대한
새로운 상상력

한반도의 북핵문제에 대한 〈강철비〉의 접근방법에 대한 사람들은 어떤 반응을 보였을까? 영화의 흥행이 모든 반응을 나타내는 척도라 할 수는 없지만 자칫 진부해 보일 수 있는 분단 소재 영화임에도 불구하고 〈강철비〉는 상당한 반향을 일으켰다. 옴짝달싹할 수 없었던 분단 현실 가운데 이 영화가 주는 현실성 내지 시원함이 관객들로 하여금 극장으로 향하게 만들었으리라 생각한다.

그러한 영화의 장점에도 불구하고 영화를 보며 가시처럼 목에 걸리는 부분들이 있었던 것도 사실이다. 영화의 결말은 북핵문제를 풀어가는 수많은 해답 중에 하나일 뿐이겠지만 이러한 결말을 제시한 감독의 머릿속에는 한 가지 중요한 생각이 전제되어 있다. 감독이 한 인터뷰에서 말하길, "북핵문제의 선택지는 네 가지이다. 첫 번째는 '비핵화', 두 번째는 미국이 무력으로 해결하는 것, 세 번째는 '현상유지'를 통한 북한 정권 붕괴, 네 번째는 북핵문제를 지역핵으로 축소시키는 것이다."라고 하였다. 감독은 이 중에서 네 번째 방법에 손을 들어주며 그것이 가장 현실적 방법이라고 말한다. 또한 핵을 나누어 갖는 협상을 위해 '분단체제를 이용하려는 세력'의 제거와 엄철우와 같은 인물의 '숭고한 희생'이 필요하다고 말한다. 또한 감독은 '비핵화'는 거의 불가능하다고 생각했고, 현실적인 대안을 영화를 통해 제시하였다고 하였는데, 이는 처음부터 남북이 평화로운 '비핵화' 방법을 문제를 해결할 가능성이 없다는 전제한 것이다.

영화는 차가운 상상력을 통해 북핵문제에 대해 국민에게 경각심 또는 자각을 주고자 하고, 궁극적으로는 한반도 평화 도래를 꿈꾸고 있다. 하지만 다른 한편으로 오히려 새로운 가능성을 닫아버리는 것처럼 보이기도 한다. 영화 전체를 현실주의라는 말이 지배함으로써 통일에 대한 새로운 상상력이 부재하다는 것이다. 현실이란 세계의 질서 혹은 체제 속에 우리를 순응시키는 한계를 갖기도 한다.

현재 남북과 국제사회는 북한의 비핵화에 대한 논의를 진행 중이다. 앞으로 어떻게 진행될지 좀 더 지켜봐야 하겠지만 〈강철비〉가 개봉했을 당시와는 상전벽해(桑田碧海)할 변화의 형국이다. 오히려 오늘날의 상황이 영화의 상황보다 더 영화적으로 느껴지기도 한다. 어쩌면 〈강철비〉의 결말과 현재상황의 괴리는 분단의 상황과 통일의 문제가 이 영화의 상상력조차 따라가지 못할 정도의 것일 수 있음을 보여주는지도 모른다. 물론 현재의 관점에서 영화의 결말을 '맞다'거나 '그르다'고 판단하는 것은 옳지 못하다. 다만 분단과 통일이 우리가 생각하는 현실과 이성의 잣대로만 사유해야 하는 것은 아니다. 분단을 극복하기 위해서는 아주 차갑고 날카로운 이성의 힘을 넘은 새로운 상상력이 필요하다. 우리의 몸과 마음에 내재된 인식의 체계를 벗어날 수 있는 상상력을 통해 가능성을 마련할 수 있을 것이다. 이러한 단단한[鐵] 사고의 틀을 깰 수 있는 지혜[哲]는 바로 거기에서부터 시작될 수 있을 것이다.

4

탈북
트라우마

〈크로싱〉, 탈북자가 말하는
탈북 트라우마와 그 치유

조동현
건국대학교 통일인문학연구단 HK연구원

탈북, 죽음과 삶이
교차하는 순간들

영화 〈크로싱〉(2008, 감독 김태균)은 차인표와 신명철이 주연을 맡아 2008년 6월 26일에 개봉되었다. 탈북자 영화가 거의 그렇듯 크게 흥행하진 못했다. 대신 교육과 선전에는 많이 이용되었다. 특히 국정원과 하나원에서 처음 들어온 탈북자들에게 반드시 보여 주는 영화 중 하나가 되었다. 교회에서도 북의 실상과 선교 목적으로 상영되기도 했다.

영화는 함경도 어느 탄광마을에서 살고 있던 세 식구, 아버지 용수(차인표)와 어머니 용화(서영화) 그리고 열한 살 아들 준이(신명철)의 이야기로 시작된다. 용수는 어김없이 출근하여 일하다가 아내가 생활총화 중 쓰러졌다는 소식을 듣고 집으로 달려온다. 아내는 영양실조로 결핵에 걸렸고, 임신까지 한 상태였다. 용수는 임신결핵 약을 처방받았지만 쉽게 구할 수 없었다. 결국 용수는 중국행을 선택하게 된다.

용수는 가족들에게 금방 다녀오겠다고 약속하고 떠난다. 그리고 어두운 밤이 되자 두만강을 건너가던 중 낯선 사람을 만나서 놀라지만 같은 목적으로 두만강을 건너는 사람이었다. 하지만 얼마 지나지 않아 총소리가 들리고 한 사람은 잡히지만 용수는 간신히 몸을 숨겨 잡히지 않게 된다.

용수가 두만강을 건너던 중에 물에 잠겨 있는 시체를 보고 깜짝 놀라는 장면이 있다. 장마 시즌이 되면 두만강은 인간의 몸으로는 도저히 건널 수 없을 정도로 강수량이 늘어난다. 몸이 허약해진 상태로 두만강을 건너는 것은 목숨을 거는 일이다. 실제로 장마 시즌에 두만강을 건너다가 죽는 사람들도 있다고 한다. 그뿐만 아니라 겨울에 얼음 위로 건너다가 빠져 죽는 사람들이 있다는 이야기도 들어 본 적이 있다. 북에서 중국으로 건너가려면 반드시 두만강이나 압록강을 건너야 하는데, 물만 위험한 것은 아니다. 철통같이 지키는 인민군도 위험하기는 마찬가지이다.

나는 중국에 8년 동안 체류하면서 7~8번의 강제 북송을 경험하게 되었다. 북송될 때마다 또다시 중국으로 오기 위해 여러 번의 탈북을 시도해야만 했다. 두만강을 건널 때마다 물이 참 무서웠다. 그뿐만 아니라 철통같이 지키는 인민군을 피하기도 그리 쉽지 않은 일이었다. 도강하다가 잡히면 감옥은 물론이고 구타와 강제노동도 피할 수 없다. 그렇게 나는 10번 넘게 죽음의 사선인 두만강을 건너게 되었다.

용수가 돈을 벌기 위해 제일 먼저 찾게 된 곳은 노동 현장이었다. 하지만 그곳에 공안이 들이닥치게 되면서 간신히 공안으로부터 도망치게 된다. 언제 잡힐지도 모르는 불안한 상황에서 용수와 같이 일했던 탈북자들에게 브로커가 찾아온다. 인터뷰하면 돈을 준다는 브로커의 제안을 용수는 거절하지 않는다. 용수와 그 일행은 상해에 있는 독일 대사관에 들어가게 된다. 대사관 진입은 성공했지만, 인터뷰하면 돈을 준다는 약속은 거짓말이었다. 영화에서 자세히 나오지 않았지만 인권단체와 중국인 브로커 간에 거래가 있었던 것 같다. 용수는 자신들이 사기당했음을 직감하고 대사관에서 나가려고 했지만, 그렇게 할 수 없었다. 거기서 나간다는 것은 호랑이 굴로 들어가는 것과 마찬가지였다. 밖으로 나가면 공안에게 잡혀 강제북송될 것이 분명했기 때문이다. 용수는 탈북자들과 대사관 직원들의 저지로 인해 대사관 밖으로 나가는 데 끝내 실패하고 결국 남쪽으로 오게 되었다. 그렇게 용수는 가족들과 영원한 이별이 될 수도 있는 여행을 원치 않게 떠나게 되었다.

〈크로싱〉, 엇갈림 그리고 영원한 이별

탈북자들의 탈북은 두 가지 형태로 나누어 볼 수 있다. '고난의 행군' 시기와 '장마당 세대'가 그것이다. 일부 탈북자들은 '고난의 행군' 시기에 발생했던 경제난이 김일성의 사망과 관련 있다고 생각하지만, 실상은 전혀 그렇지 않다. 소련의 붕괴로 인해 동구권 경제 네트워크가 와해되었고, 동시에 행해진 미국의 대대적인 경제봉쇄가 '고난의 행군'을 불러 일으켰다. 이 시기에는 많은 사람들이 영양실조와 전염병으로 사망했다. 나의 아버지도 이때 돌아가시게 되었다. 나는 가족과 친구들이 죽어가는 모습을 보면서 더 이상 이 땅에서 살 수 없음을 깨닫고 중국행을 선택했다.

　　당시 많은 사람들은 〈크로싱〉의 용수처럼 가족을 살리기 위해 중국으로 떠났다. 특히 가족을 살리기 위해 중국으로 떠났던 여성들은 영원히 돌아오지 못하거나 강제북송되어 감옥에서 죽기도 했다. 그뿐 아니라 인신매매에 걸려 중국 시골에 있는 노총각에게 팔려가는 경우도 많았다. 용수가 집을 떠나 중국으로 갔지만 뜻하지 않게 한국까지 온 것처럼, 많은 사람들이 그렇게 한국까지 왔다. 당시 한국으로 먼저 들어온 탈북자 대부분은 북에 남아있던 가족들까지 한국으로 데려왔다.

　　'고난의 행군' 이후 세대를 흔히 '장마당 세대'라고 부른다. 북은 장마당의 자율성을 확대했고, 장마당 안에서 온갖 상품이 거래되면서 북의 경제는 차츰 좋아지기 시작했다. 특히 장마당에서 남쪽 관련 드라마와 영화들이 유통

- 결국 아들 준이를 가슴에 묻게 되는 아버지 용수

되면서, 북의 주민들은 남쪽 사회를 엿볼 수 있게 되었다. 몇몇 사람들은 영화나 드라마 속에 그려진 남측의 모습을 실제의 모습으로 인식하면서 남쪽 행을 선택했다. 우리 어머니도 '장마당 세대'에 속한다. 우리 형제들이 돈을 벌어 브로커를 통해 어머니를 남쪽까지 모셔 오게 된 것이다. 용수도 준이를 그렇게 데리고 오려고 한 것이다.

다시 영화로 돌아가자. 용수가 남쪽에 와 있는 동안 남편을 기다리던 아내는 결국 아들을 남겨 놓고 세상을 떠나게 되었다. 그런 사실을 모르고 있던 용수는 남쪽에서 브로커를 찾아 북으로 보낸다. 엄마를 잃은 준이는 아버지를 찾아 두만강 접경 지역인 종성으로 왔고, 그 곳에서 미선이라는 친구를 만난다. 미선이네 가족은 남쪽의 드라마를 보던 중 보위부가 들이닥치면서 체포되었다. 미선의 부모는 정치범 수용소로 끌려갔고, 홀로 남은 미선이는 꽃제비(집 없이 방황하는 사람들) 생활을 하게 되었다. 준이는 미선이를 데리고 중국으로 갔지만 결국 붙잡혀 다시 북송되었다.

둘 다 감옥에서 지내던 중 미선이는 몸에 난 상처와 영양실조로 그만 죽게 된다. 얼마 지나지 않아 준이는 용수가 보낸 브로커의 도움으로 감옥에서 나올 수 있었고, 두만강까지 무사히 건너게 되었다. 용수는 준이와 통화하면서 아내의 죽음을 확실히 확인하게 된다. 준이는 중국인 브로커의 도움으로 또 다른 탈북자들과 함께 몽골 국경까지 오지만 정신이상 증세를 보이던 여성이 중국 군인과 충돌하게 된다. 이때 준이는 그곳을 벗어나 광활한 사막을 향해 도망간다. 사막에 준이 홀로 남게 된 것이다. 용수도 비행기를 타고 몽골로 떠나지만 준이에게 주려고 했던 영양제 때문에 공항검색대에 잡혀가게 된다. 어떤 운명의 장난처럼 용수와 준이는 서로 엇갈려서 만나지 못하고 영원히 이별한다.

용수와 준이의 비극적 사건은 그저 영화 속에만 존재하는 드라마 같은 이야기가 아니다. 대부분의 탈북자가 북에서 남쪽까지 오는 과정은 드라마보다 더 드라마 같은 이야기들로 가득하다. 〈크로싱〉은 탈북자 한 사람 한 사람의 이야기를 충분히 담아내지 못했다. 그렇게 탈북자 가족들의 현실이 영화를 이겨 버렸다.

용수와 준이의 이 이야기는 내가 중국에 있었을 때 들었던 실제 이야기다. 이 영화는 한국에 온 지 꽤 오래된 탈북자라면 대부분 보았을 것이다. 하지만 한 사람만 이 영화를 아직도 못 보고 있다. 그 사람은 바로 〈크로싱〉의 실존 인물인 탈북자 유상준이다. 그는 한국으로 오고 있던 아들이 몽골에서 영원히 돌아오지 못하게 될 줄은 전혀 예상치 못했다. 하지만 현실은 잔혹했다. 유상준의 아들은 아버지를 못 만나고 몽골 사막에서 죽었다. 몽골은 넓은 초원이기 때문에 길을 잃거나 다시 중국 쪽으로 가다가 중국 군인들에게 잡히는 경우도 많다고 한다. 어떤 이는 겨울에 몽골 사막에서 발을 잃거나 발가락을 잃기도 한다.

나도 몽골을 통해 남쪽까지 오게 되었다. 중국 심양에서 내몽골까지 거의 이틀 동안 버스를 타고 왔다. 처음 내가 탄 버스가 열심히 심양시를 벗어나 달리고 있다가 갑자기 멈추었다. 왜 갑자기 버스가 멈추나 했더니 중국 공안이 경례를 하면서 올라왔다. 공안은 신분증 검사를 하겠다는 것이었다. 순간 나는 직감적으로 잡혔다고 생각했다. 하지만 드라마 같은 일이 일어났다. 나의 앞좌석까지 신분증을 보더니 나를 지나치고 나의 뒷좌석 사람을 검사하더니 그냥 버스에서 내리는 것이었다. 진짜 기적 같은 일이었다. 그리고 버스는 밤낮을 내몽골을 향해 달렸다. 내몽골에 도착해서 집합장소로 이동하게 되었다. 그곳에는 또 다른 여러 명의 탈북자가 있었다. 나는 그들과 함께 내몽골과 몽골 사이의 국경인 철책선을 넘어 밤새 4~5시간 동안 걸었다. 마침내 몽골 군인들을 만나게 되었고, 그들은 우리를 군부대로 데려갔다. 우리는 몽골 수도 울란바토르까지 이송되어 대기하고 있다가 남쪽까지 오게 된 것이다. 나처럼 쉽게 오는 사람들도 있지만 그렇지 못한 사람들도 있다.

버려지고
쫓기는 인생

탈북은 국가가 나를 결코 지켜주지 못한다는 현실을
직시하게 만든 과정이었다. 만약에 북의 삶이 힘들고 어
렵지 않았다면 탈북하지 않았을 것이다. 경제난을 해결하
기 위해 중국으로 잠깐 떠났을 뿐이다. 처음부터 탈북자들
의 목적지는 남쪽이 아니었다. 대부분의 탈북자는 중국에
서 돈을 벌어 다시 북으로 들어가고자 했다. 탈북은 국가
가 더 이상 지켜 주지 못하기 때문에 발생했다. 탈북자들
이 중국에서 체류하는 동안 어떤 법적 보호도 받지 못하면
서 국가를 더 이상 의지할 수 없는 존재로 인식하게 되었
다. 탈북은 '국가란 무엇인가'라는 질문을 던지게 했다. 그

- 용수는 중국 공안의 저지를 뚫고 독일대사관으로 들어가려고 한다

리고 자신의 운명은 국가로부터 주어지고 지켜지지 않는다는 사실을 체득했다. 인권은 하늘로부터 주어진다고 했던가. 그러나 시민권을 잃어버린 인간에게 보장되는 인권 따윈 없었다. 자신의 운명은 자신의 것이다. 자신의 운명을 결정하는 존재 역시 자신이다.

용수는 그렇게 국가로부터 버림받고 중국에서 쫓기는 인생이 되었다. 용수는 중국에서 아내의 결핵약을 구하기 위해 돈을 벌기 시작했다. 하지만 금방 중국 공안에 쫓기게 되고, 그나마 벌었던 돈도 모두 잃게 된다. 그런 용수에게 돈을 벌 수 있다며 접근해 온 조선족 브로커라는 존재는, 용수가 걸려들 수밖에 없던 거미줄이었다. 그렇게 용수는 사랑하는 가족과 영원히 이별하게 되었다.

현재 남한에 거주하는 탈북자의 수는 3만 명을 훌쩍 넘었다. 이들이 북을 떠나게 된 이유는 다양하다. 경제적인 이유도 있겠지만 정치적 또는 문화적인 이유로 탈북한 사람들도 있다. 정치적인 이유로 탈북한 경우는 소수이다. 정치적 망명은 대부분 북한 기득권 계층에서 이뤄진다. 그리고 "고난의 행군" 이후에 탈북한 사람들은 한류에 대한 로망으로 오거나 좀 더 좋은 삶을 향유하기 위해 떠나온 경우도 많았다. 그러나 어떤 이유로 탈북을 했든, 이들이 북을 떠나 한국까지 오는 과정은 목숨을 건 도전이었다. 중국 공안을 피해 제3국을 통해 때로는 한국까지 쫓기면서 온다. 많은 환상에 젖은 채 남쪽으로 왔지만, 남쪽에서의 삶은 북에서 본 드라마나 영화처럼 낙원 같지 않다는 사실을 얼마 있지 않아 금방 느끼게 된다.

적대적 공생 관계
남과 북

우리가 이 영화를 통해 볼 수 있는 또 다른 면은, 남북 관계는 적대적 공생 관계라는 사실이다. 그렇게 분단체제는 70년 넘게 지속되어 왔다. 미선이 아빠인 상철은 국가로부터 중국과 무역을 하도록 허락받은 사람이었다. 상철은 중국에 있는 친척집을 방문하면서 교회를 접하게 되었고, 교회를 통해 작은 성경책을 받아온다. 북에서는 종교, 특히 교회를 허용하지 않는다. 도대체 상철이 성경책까지 가져 온 이유는 무엇이었을까? 만약에 성경을 북으로 가져 왔다는 사실이 적발되면 정치범 수용소로 끌려가게 될 수 있었다. 그만큼 위험천만한 행동이었다. 영화 속 주인공 용수는 그의 아들 준이와 함께 친구 상철의 집에 놀러 간다. 상철은 중국에서 많은 물건들을 가져 왔다. 우선 상철은 용수에게 고량주를 건네면서 같이 마시자고 권한다. 용수는 상철이가 중국에서 가져온 물건을 보다가 작은 성경책을 하나 발견한다.

용수는 상철에게 다음과 같이 묻는다. "책만 보면 골

이 아프다고 하던 아가 이 무슨 책이야?"그러자 상철은 놀라면서 대답한다. "이게 그냥 책이 아니다. 일용할 양식을 주는 책이다." 이에 용수는 "양식? 요리책인가?" 하고 다시 묻는다. 상철은 다시 "그런 게 아니고 하늘에서 복을 내려 주는 귀한 책이다"라고 소개한다. 상철은 실제로 복을 받고 싶어서 이 책을 가져왔던 것으로 보인다. 하지만 그 책이 역설적으로 저주가 될 수 있음을, 상철 역시 모르지는 않았을 것이다. 결국 상철이네 가족은 정치범 수용소로 갔고 그의 딸 미선이만 남게 되었지만, 그녀도 결국 준이 앞에서 죽음을 맞이하고 만다. 상철이네 가족이 남한 드라마 〈올인〉을 시청하던 중에 보위부 요원들이 들이닥쳤는데, 그때 천정에 감추어 놓았던 성경과 달러까지 함께 발각되었다. 달러는 교회로부터 포교활동 대가로 받은 것이 아닐까 추측된다. 복음과 함께 자본이 북으로 유입되었다.

"당에서는 너를 믿고 무역하게 했는데, 너는 간첩질을 해? 남조선 아들을 만나서 뭐해?" 보위부 간부가 상철을 취조하며 한 말이다. 중국에서 가져온 비디오, 교회에서 받은 성경과 달러. 이를 두고 '간첩질'이라고 규정내린 것이었다. 북한은 교회에 대해 굉장히 민감하게 반응한다. 북한은 중국에서 체류하다가 강제북송된 탈북자들을 취조할 때 제일 먼저 묻는 것은 남조선 사람을 만났는지, 교회에 갔는지 여부이다. 살고 싶으면 교회에 가서 한국 선교사를 만났어도 거짓말해야 한다. 한국이나 미국 선교사를 접촉한 것만이라도 간첩 행위이고 반동행위이다.

아버지를 찾아 떠났다가, 중국에서 붙잡혔던 준이는 결국 감옥에 갔다. 교도관은 용수가 월남한 사실을 이미 알고 있었다. 준이는 감옥에서 배신자의 아들로 소개가 된다. 준이는 아버지가 배신할 사람이 아니라고 항변하면서 아버지의 훈장까지 내밀었지만 모두 소용없었다. 오히려 아버지가 당의 사랑을 받으면서 남조선으로 도망갔다고 하며, 준이에게 발길질만이 돌아왔다.

북은 하나의 국가라고 하지만, 정상적인 국가는 아니다. 국가 통치이념이 공산주의라고 하지만 마르크스가 이야기하는 공산주의는 어디에서도 찾아볼 수 없다. 계급이 없는 평등한 사회 공산주의, 북한에서 이는 그저 허울 좋은 소리에 불과했다. 북은 공산주의 국가가 아니고, 봉건제 국가이다. 즉 왕조국가인 것이다. 그리고 무계급을 이야기하지만 카스트 제도처럼 계급이 있는 사회이다. 김 씨 일가가 3대까지 장기 집권하는 것은 분단 모순 때문에 가능했다. 한국도 마찬가지이다. 비정상적인 집단과 인물이 집권할 수 있는 이유도 분단체제 때문이었다. 남과 북은 서로를 적으로 규정하며 국민들에게 경쟁 분위기를 부추겼다. 또한 '국가안보'라는 이름 아래 개인의 권리는 침해되고, 집권자의 권력은 더욱 공고해질 수 있었다. 분단모순의 해결은, 민주주의가 한층 더 발전됨을 의미한다.

트라우마 마주하기, 그리고
과거의 상처를 불러내기까지

사람은 생명의 위협을 느끼는 엄청난 사건을 겪었을 때 트라우마를 가지게 된다. 엄청난 사건을 통해 받은 상처는 평상시 우리의 무의식 속에 고요히 가라앉아 있다. 그러다가 다시 그때와 비슷한 환경을 맞이하게 되는 순간, 숨어있던 '과거의 상처'가 '현재의 나'를 강력히 지배하게 된다. 예를 들어 과거에 엘리베이터 추락 사고를 겪었던 사람은, 현재 정상적인 엘리베이터를 타더라도 과거의 상처가 발현되어 두려움에 떨게 된다. 당시 사고의 외상이 다 치료가 되고, 정상적인 일상생활을 살다가도, 엘리베이터만 마주하면 그렇게 된다.

그러나 트라우마는 개인적 차원을 넘어서 집단적 차원으로 발현되기도 한다. 대부분의 탈북자는 북측 당국으로부터 국가폭력을 당했거나, 북쪽 사회에서 목숨을 유지하기 힘들었기 때문에 '탈북'이라는 엄청난 선택을 했다. 그러나 탈북 과정도 험난하거니와, 탈북 후 남쪽에 성공적으로 도착하더라도 그들에게는 여전히 큰 문제가 남아있다. 탈북으로 인한 가족과의 이산과 남쪽 사람들로부터 오는 편견과 차별이 등이 바로 그것이다. 탈북 전후로 겪게 되는 폭력은 탈북자 대부분에게 공통적으로 적용된다.

영화 〈크로싱〉의 시나리오는 실존 탈북자 유상준의 인

터뷰를 토대로 만들어졌다. 문제는 유상준의 동의가 생략된 채, 영화가 제작되었다는 점이다. 이로써 남측 사회는 유상준에게 또 하나의 상처를 입히고 말았다. 그는 개봉되어 극장에서 상영까지 되던 이 영화를, '숨진 아들 생각' 때문에 차마 볼 수 없었다고 고백했다. 어쩌면 과거에 아들을 잃었던 기억이, 현재의 유상준에게 영향을 미치기 때문에 그는 영화를 볼 수 없었을 것이다. 트라우마를 간직한 사람이 그 상처를 마주하기란 이토록 어렵다.

그러나 상처를 마주하지 않고서 치유를 기대하기는 더욱 어렵다. 치유의 첫 작업은 무의식 속에 숨어 있던 상처를 의식화하는 작업에서부터 비롯된다. 나도 〈크로싱〉을 처음 볼 때 마음이 굉장히 불편했다. 영화를 보는 내내 과거의 기억으로 접속되기 때문이었다. 죽을 만큼 감당하기 어려웠던 사건은 나의 내면에 웅크리고 있다가, 그 사건과 유사한 형태의 무엇인가를 만나면 불쑥불쑥 올라온다. 그리고 〈크로싱〉의 몇몇 장면은 내 내면 속 트라우마를 어김없이 자극했다.

영화 속 용수와 준이의 모습은 나의 아버지를 떠올리게 만들었다. 아버지는 당신과 많이 닮았던 막내를 유난히 좋아하셨다. 물론 막내 또한 돌아가신 아버지를 지금까지도 많이 그리워한다. 실제로 막내는 아버지에 대한 기억들을 몸에 문신으로 새겨 놓을 정도다. 그러나 아버지와 막내의 돈독했던 관계는 나에게 하나의 아픈 기억으로 자리 잡았다. 어머니는 진작 집에서 나가신 상태에서, 아버지마저도 막내만 데리고 집을 떠나셨던 것이다. 그렇게 집에는 나와 여동생만이 남게 되어 불안감에 떨어야만 했다. 영화 속에서 용수가 집을 나서는 장면은 과거 막냇동생만 데리고 나가시던 아버지의 모습을 다시 떠올리게끔 만들었다.

나의 트라우마를 자극했던 또 하나의 장면은 꽃제비들의 등장이었다. 준이는 장마당에서 국수를 사 먹는데, 준이 옆에서 꽃제비들이 음식을 훔치거나 음식 값이 없어 주인에게 비는 장면이 있다. 또한 용수가 수령님으로부터 받아 아끼던 텔레비전을 시장에서 팔고 있을 때 그 옆에서 음식을 훔치던 꽃제비가 붙잡혀서 두들겨 맞는 장면이 있다. 영화 속 꽃제비들의 등장은 나의 꽃제비 생활을 떠오르게 만들었다. 나와 동생들은 북에 있을 때 3년 동안 집 없이 꽃제비 생활을 했다. 많이 굶기도 했고, 많이 맞기도 했다. 겨울에는 엄청난 추위로 인해 손과 발이 얼어서 퉁퉁 붓기까지 했다.

처음 남쪽에 왔을 때, 중국 공안에게 쫓기거나 하는 악몽을 많이 꾸었다. 세상에 대한 분노와 엄마에 대한 분노도 숨길 수 없었다. 이것으로부터 벗어나기 위해 미술치료, 음악치료 등 각종 심리상담을 받았지만, 완전한 치료가 이루어지지 않았다. 결국 나는 심리치료를 통해 완치될 수는 없으며, 트라우마를 의식적으로 마주하며 자가 치료를 해야 함을 깨달았다.

영화에서 용수는 아들 준이를 몽골 사막에 묻어 주고 다시 비행기를 타려고 한다. 하지만 준이의 목소리가 들려서 비행기를 타다 만다. 용수는 공항 밖 산을 바라보고 있는데 하늘에서 비가 내린다. 비는 이 영화에서 용수와 준이를 이어주는 장치로 작동된다. 용수와 준이가 빗속에서 같이 공놀이하는 장면으로 영화는 시작된다. 준이는 "아버지 비가 옵니다." 용수가 "너는 비 그리 좋니" 하고 묻자 준이는 "네 비 영 좋습니다" 하고 대답한다. 준이는 비를 참 좋아했다. 용수가 중국으로 떠날 때도 비가 내렸고, 빗속에서 마지막으로 아들과 축구를 한다. 또한 준이가 중국으로 가다가 잡혀서 감옥에서 강제노동을 할 때도 비가 내린다. 다른 아이들이 비를 싫어하며 추워서 떨고 있을 때도 준이는 비를 맞으면서 기뻐한다. 준이는 미선이에게 "진짜 죽은 다음에 아버지와 엄마를 만날 수 있다는 게 정말이야?" 하고 묻는다. 그리고 준이는 "죽어서도 비는 왔으면 좋겠다"라고 한다. 여기서 비는 준이와 용수 사이에 잇는 매개 역할을 했다. 준이는 죽었지만 마지막으로 비를 통해서 용수에게 찾아온 것이다. 용수는 비에 몸을 맡기면서 아들을 온몸으로 포옹하는 듯한 느낌을 준다. 그렇게 용수가 빗속에서 아들 준이를 만나면서 영화는 끝난다.

준이에게 아버지를 잊지 못하게 하는 장치가 비였다면 준이 아빠인 용수에게는 아들이 좋아하는 축구공이 아들과 연결되는 장치였다. 영화처럼 내 동생은 아버지의 마지막 모습을 자신의 몸에 새겨 놓음으로써 날마다 트라우마를 마주하고 아버지와 연결된다. 동생에게는 아버지를 기억하는 장치가 문신이다. 나에게는 점점 아버지의 모습으로 변해 가는 동생의 얼굴과 행동들이 아버지에 대한 기억을 불러오는 장치 역할을 한다. 그렇게 우리 가족은 트라우마를 날마다 마주하면서 이 세상을 살아간다. 트라우마를 마주하는 용기 그것이 치유의 시작이고 이 세상에서 살아갈 수 있는 길인지도 모른다. 그렇게 나는 오늘도 나의 트라우마를 숨기지 않고 마주한다.

〈설지〉, 경계를 넘어
'내 안의 상처'를 그려가다

조배준
건국대학교 통일인문학연구단 HK연구원

북한이탈주민을 바라보는
남쪽의 시선

오늘날 남쪽 미디어에 노출되는 북한이탈주민의 발언 내용은 대부분 한국사회의 대중과 방송 프로그램의 제작진이 듣고 싶어 하는 것에 바탕을 둔다. 이른바 '탈북민 예능'에서 주어진 소재에 따라 각자 맡은 역할을 안내하는 대본이 없으면 녹화는 진행되기 어려울 것이다. 그들은 표면적으로는 자유롭게 자신의 생각을 말하는 사람이지만, 실제론 남쪽 사람들이 듣고 싶어 하는 이야기를 북에서 내려온 사람들의 공신력 있는 신분으로 들려주는 역할에 가깝다. 물론 다양한 북한이탈주민들의 지속적인 미디어 출연이 가져온 순기능도 적지 않다. 북한 체제와 북한주민에 대한 근거 없는 적대심과 공포감을 줄이고 북쪽 사회의 다양한 영역에 대한 이해의 폭을 넓혔기 때문이다.

그런데 그런 방송을 보며 고민하게 되는 지점은 이질적인 체제에서 살아온 사람들이 만나는 장에 깔린 기본적인 태도이다. 매주 방송되는 프로그램의 소재는 계속 바뀌지만, 남의 입장에서 북을 바라보는 관점이나 남쪽 자신에 대한 입장은 바뀌지 않는다. 방송에 비치는 북쪽 체제는 끊임없이 균열되고 있지만 지도층은 늘 사악하고 기괴하며 헛된 욕망에 휩싸여 그릇된 선택을 반복하는 자들이다. 탈북민들은 지옥 같은 체제를 벗어나 인간다운 삶을 살기 위해 죽을 고비를 숱하게 넘기며 탈출했다고 말한다. 이에 비해 남쪽은 늘 정의로운 태도로 평화를 추구해 왔으며 굳건한 하나의 체제가 된 남북분단의 역사 속에서 북쪽에 비해 거의 모든 면에서 압도적으로 우월한 사회이므로, 사회 근간의 가치와 구조는 조금의 흔들림이나 반성도 필요 없는 것으로 비친다.

예쁘게 옷을 차려 입고 큰 명찰을 단 탈북민들과 남쪽 연예인들이 카메라 앞에서 정해진 경로에 따라 진행하는 대화는 얼마나 '열려' 있는가. 과연 남북 주민들 사이의 편견 없는 소통이 그곳 '일터'에서 얼마나 이루어지고 있는지에 대해선 의문이 남는다. 일방적으로 규정된 형식과 철저히 대상화된 시선 속에서 수평적이고 동등한 만남은 불가능하기 때문이다. 그런 상황에서 나머지 다른 한쪽은 그저 볼거리나 유희거리로 소비하기 쉬운 대상이 된다.

인간의 정신은 인지부조화 현상을 방지하기 위해 사물의 운동 속에서도 늘 보고 싶은 것만을 보려 하고, 끊임없이 변화하고 있는 현실 속에서도 믿고 싶은 것만을 믿으려 한다. 적어도 방송 매체에 나온 북한이탈주민은 남쪽 시청자들에게 기존의 한반도 분단과 남북문제에 대한 어떤 혼란, 의심, 불편함을 주는 존재가 되어선 안 된다. 그래서 한 번도 가본 적 없는 평양에 대해선 잘 설명할 수 있지만 경직된 북쪽 체제와 인민을 통치하는 노동당 지도부에 대해선 결코 한 치의 관용도 베푸는 발언을 해선 안 된다. 혐오하며 떠나 온 북쪽 사회를 끊임없이 부정하고 희화화해야 하는 출연진은 어린 시절의 추억과 고향을 그리워할 수 있지만, 자신들을 기꺼이 받아 주고 지원해 준 남쪽 사회의 문제점들에 대해선 함부로 비판할 수 없는 존재이기 때문이다.

"대한민국의 국민으로 정착한 탈북 미녀들"이 출연하여 '민족의 벽'과 '남한 사회의 오해와 편견'을 넘어서는 "남북화합을 모색하는 소통 버라이어티"를 표방하는 〈이제 만나러 갑니다〉는 탈북민을 소재로 한 대표적인 종합편성채널 프로그램이다. 일본의 멜로영화 〈지금, 만나러 갑니다(Be with You)〉(2004)의 제목을 차용했을 이 장수 프로그램을 보다가 느낀 불편함의 정체가 무엇인지 생각해 본

적이 있다. 북한이라는 골치 아픈 대상에 대한 이해와 탈
북민이라는 타자와의 소통을 표방하면서도 '만나러 갑니
다'라는 말에 담긴 의미와는 정반대의 관점이 계속 등장했
기 때문이다. 상대가 굴복하기 전에는 먼저 움직이지도 않
고 문을 열려고 하지도 않는 남쪽 사회의 분단 기득권 세
력이 그 방송에서 아른거렸다. 낯선 타인과 만나서 진실한
소통을 해나가기 위해 혹은 서로 마음을 열고 누군가를 만
나기 위해 중요한 것은 나를 중심으로 상대를 재단하는 것
이 아니라, 있는 그대로의 모습을 존중해주는 자세가 아닐
까.

　'미녀'로 소개된 젊은 탈북 여성들은 치마를 입고 앉
아 다른 출연자들의 이야기에 계속 반응하며 웃거나 울고
있다. 성형외과에서 '미녀'가 되거나, 북쪽에서 간부로 군
림해 봤거나 특별한 이야깃거리나 경험치를 가진 사람이
아니라면 남쪽 사람들의 관심을 받을 수 없는 것일까. 그
런데 이러한 반인간적 상품화는 탈북민에 대한 대상화에
만 한정되지 않는다. 〈이제 만나러 갑니다〉와 진행자가 같
았던 KBS1의 〈미녀들의 수다〉가 국내에 거주하는 젊은 외
국 여성들을 통해 시청자들에게 궁극적으로 보여주고 싶
었던 것은 무엇일까. 물론 그 프로그램은 키 작은 남자들
은 모두 '루저(looser)'라고 발언한 어느 '여대생'과 관련된
논란으로 지탄을 받다가 곧 폐지되었다.

　방송에 출연하지 않는 현실 속 대다수의 탈북민은 은

근한 무시와 때로는 노골적인 차별을 겪으며 자신의 출신 지역을 군이 말하지 않게 된다. 잠시 스쳐 지나는 낯선 이들에게는 차라리 '조선족'이라고 둘러댈지언정 북한 어디에서 왔다고 먼저 소개하긴 어렵다. 같은 동포들이 사는 남쪽에 왔다고 생각했지만, 하나원을 퇴소한 후에 남쪽 사회가 자신들을 '루저'이자 '다문화' 속의 하나로 취급하는 현실을 체감할 때 탈북민들은 당혹감과 소외감을 느낀다. 그들은 남북화해와 한반도의 번영을 실질적으로 준비하는 2018년 현재, 한쪽에서는 '먼저 온 통일'이라는 수식어와 더불어 환대받기도 하지만, 다른 한쪽에선 기여한 것도 없으면서 '세금을 축내는' 존재로 멸시당하기도 한다.

　한국은 사회적 약자인 '소수자'에게 여전히 가혹한 사회이다. 영원히 '우리'와 동화될 수 없는 존재인 이방인들을 마주할 때 산업화에 대한 자부심과 민주화에 대한 우월감으로도 가려지지 않는 내재적 심성 또는 집단적 정신상태, 즉 한국사회의 망탈리테(mentalites)의 민낯이 드러난다. 서울 강남 부촌에서 통용된다는 가정부 채용 기준이 있다고 한다. 영어할 줄 알고 밥 조금 먹는 필리핀 출신이 최고이고, 무던히 일 잘하고 적응력 빠르고 말 통하는 조선족은 그 다음이고, 왠지 껄끄럽고 불편한 탈북자는 마지막 순위라는 것이다. 돈은 많지만 이기적이고 잘난 체하는 천박한 사람들에게 '갑질'을 당하고, 남쪽의 지나친 경쟁에 지친 탈북민은 다시 '탈남'을 선택하기도 한다. 대한민국에 거주하는 탈북민은 2017년에 이미 3만 명을 넘어섰지만 그들이 갖고 있는 '차이'는 존중받지 못하고 차별의 원인이 되기도 한다. 그들은 북쪽의 굶주린 '인민'에서 남쪽의 자유로운 '국민'으로 편입되었다고 선전되지만, 현실에선 주기적으로 '치안 점검'을 받는 대상이며 미디어에선 사회문화적으로 결국 동화되기 어려운 존재로 비친다.

이처럼 탈북민은 온전히 이해할 수 없는 타자에 대한 면밀한 관찰을 통해 다시 '우리'라고 믿고 있는 남쪽을 굴절시켜 낯설게 보게 하는 프리즘 같은 존재이다. '귀순자 · 귀순용사', '탈북자(민) · 북한이탈주민', '새터민' 등 그들에 대한 호칭에는 우리가 그들을 부르는 관점과 더불어 그들이 자신의 정체성을 지칭하는 관점도 고려되어야 한다. 장애인이 자신을 가리켜 '장애우'라고 부르기가 난감하듯이 탈북자도 스스로를 '새터민'이라고 부르기엔 거부감이 있을 것이다. 이러한 상호성과 이중적 시각을 간과하면 정치적으로 올바른 견해도 때로는 작은 폭력이 된다. 현실에서 일어나는 남북 사람들의 만남에서는 '우리 시선의 한계를 넘어 이방인 만나기'와 '이방인을 통해 우리 들여다보기'가 동시에 일어나며 상호 교차된다. 독립영화 〈처음 만난 사람들〉(2009)이 다문화 사회의 소통과 공존을 통해 전자를 보여주었다면, 〈무산일기〉(2010)는 후자의 관점에 보다 초점을 맞춘 작품이었다. 이에 비해 영화 〈설지〉(2015, 감독 박진순)는 낯선 타자와의 만남을 통해 탈북

과정에서 발생한 친구에 대한 죄책감과 마음의 상처를 비로소 직시하게 되고, 자기 치유의 과정을 만들어가는 탈북 여성에 대한 이야기이다.

'꿈을 그리는 소녀',
설지

주인공 설지(다나)는 자신을 숨기고 안으로 움츠러드는 서울의 이방인이다. 북한에서 선전화 요원으로 일하다 탈북하여 남쪽에서 살게 된 지 2년쯤 된 화가인 그녀는 아

버지가 지어주신 본명 진순(振淳)을 버리고 설지로 살아가기로 마음먹었다. 그런데 설지는 자기 안에서 열렬히 그리고 싶은 것을 그려내거나 자기만의 방식으로 표현해내는 법을 잊어버린 '가짜 화가'다. 또한 자기가 아픈 사람인지, 어디가 아픈지도 몰라서 '머저리' 소리를 들을 만한 사람이다. 그런 그녀는 가슴 속 답답함을 풀기 위해 무언가 표현하고 싶은 것이 마음속에 차

오를 때면 홍대 주변 담벼락에서 그림을 그린다. 설지는 주문받은 문양을 친구의 옷가게에서 그려 팔기도 하고 탈북자 언니인 주연(류혜연)이 운영하는 꽃가게의 배달 일로 오토바이 헬멧을 쓰고 다니는데, 그것은 세상에 자신을 드러내기가 두려워 늘 얼굴을 가리고 다니는 행위이기도 하다.

설지는 고향에서 같은 일을 하던 후배 순영(이미소)과 옥탑방에서 함께 사는데, 순영은 어딘가 아파보이고 우울해 보인다. 설지는 번 돈을 탈북 브로커를 통해 북쪽의 가족에게 송금하고 엄마에게 전달된 휴대폰으로 종종 통화하며 남쪽 생활의 외로움을 잊으려 한다. 순영은 설지에게 좀 더 자유롭고 활발하게 이곳에서의 삶을 즐기라고 충고하지만 설지는 뭔가에 짓눌려 있는 듯 마음이 무거워 보인다. 설지는 악몽에 가까운 꿈을 유난히 자주 꾸다가 잠에서 깨어난다. 탈북 과정에서 겪었던 심리적 압박과 알 수 없는 죄책감에서 벗어나지 못하는 설지는 밝게 웃지 못한다. '탈북 트라우마'는 예고 없이 솟아나는 기억, 꿈, 환상으로 그녀에게 고통을 준다.

그런 설지에게 어느 날 영상제작사의 프로듀서인 신웅(강은탁)이 찾아온다. 신웅은 '홍대 벽화녀'로 인터넷에서 화제가 된 그녀를 주인공으로 한 다큐멘터리 촬영을 제안하지만 설지는 낯선 이의 방문에 급히 자리를 피한다. 사실 그녀는 자기가 무엇을 그리고 싶은지, 그림을 그려서 왜 다른 사람들에게 보이고 싶은지 스스로 알지 못한다. 헬멧이 얼굴을 가려주는 것처럼 설지가 그린 그림엔 작자의 진실이 감춰져 있다. 회화 테크니션은 훌륭한 그림이지만 작가의 자의식이 표현되지 못하는 작품에선 큰 감동이 느껴지지 않는 법이다. 설지의 그림이 그랬다.

하지만 이 영화의 또 다른 주인공은 설지가 그리는 그림들이다. 밝고 화사한 느낌의 벽화, 강렬하고 선 굵은 그래피티(graffiti), 물감을 뿌리고 끼얹듯 그리는 추상화 등 이 영화에 등장하는 벽화는 그 자체가 하나의 캐릭터로서 해당 장면에서 인물의 내면을 강조하며 이야기를 이끌어간다. 설지와 신웅이 만나는 영화의 첫 장면에서 그녀가 벽에 그리는 그림은 '알록달록한 깃털을 가진 앵무새'이다. 그 앵무새가 무엇을 의미하는지 스스로 설명할 순 없지만 예전 북에서도 그렸던 화려한 색감의 새 그림엔 무채색에 가까운 표정과 대비되는 그녀의 억눌린 열망이 숨어 있다.

설지는 자기 얼굴이 알려지면 북에 계신 부모님의 신변이 노출될까 봐 신웅의 제안을 계속 거절하지만 끈질긴 요청을 결국 받아들인다. 단 얼굴이 드러나지 않도록 영상에 모자이크 처리를 하는 것이 촬영 조건이었다. 그런데 사실 해고 위기의 절박한 상황에 처한 신웅도 지금은 그렇게 내세울 게 없는 사람이다. 자기 일에 대한 열정이 넘치는 청년이지만 안정된 조건을 갖추지 못해 늘 현실과 타협하고, 언젠가는 '대박을 치겠다'는 꿈을 꾸는 '마이너'의 불안한 삶을 산다.

'팝 아트'가 뭔지도 모르는 설지를 '한국 최초의 탈북자 팝아티스트', '한국의 바스키아'로 포장하려는 신웅에게 사실 이 기획은 적당히 대중적으로 만들어서 재기의 발판을 마련하려는 욕심이 앞선 작품이었다. 그런 신웅에게설지는 처음엔 제작의도를 충족시켜줄 대상, 즉 준수한 벽화 실력으로 '낙서화'를 그리던 사람이었지만, 그녀가 탈북자인 것을 알게 된 후엔 촬영의 '포인트'가 '미녀 탈북화가'에 맞춰진다. '거리의 화가'와 '탈북미녀'의 결합은 "유명인들의 성공담에 대리만족하면서" 암울하고 지루한 일상을 견디는 대중에게 꽤 '팔리는' 다큐멘터리 영상 소재인 셈이다.

그런 상황에서 신웅의 의도에 따라 '만들어진 그림'은설지 내면의 상처와 목소리를 담아내지 못하는 '가짜 그림'일 수밖에 없다. 주택가 담장을 캔버스로 삼아 그려지는 평화를 상징하는 '핑크빛 탱크'는 사실 설지가 그리고싶은 것이 아니다. 타인이 무엇을 그릴지 구체적으로 지정해주지 않으면 스스로 그림을 그리지 못하는 설지는 더 이상 화가로서의 재능도 없어 보인다. 북한에서 상부의 명령에 따라 거대한 선전화만 그리던 설지는 독립된 화가가 아닐 뿐만 아니라 자신의 '껍질'을 깨고 나오지 못한 미성숙한 존재다. 설지도 자기 그림에 만족하진 못했지만 순영이밤새 '핑크빛 탱크' 옆에 슬퍼하는 소녀의 얼굴을 크게 그려 놓자, 둘은 다투게 된다. 감정기복이 심한 순영은 충동적으로 하얀색 물감을 집안에 끼얹었고 설지도 이에 질세라 가구들을 하얗게 칠해버린다. 그래도 순영은 설지에게 가장 좋은 친구처럼 보인다.

제작사의 우려 속에서 신웅은 설지 할머니의 고향인 제주도의 작은 해변 마을을 벽화마을로 바꾸는 프로젝트에 대한 촬영을 강행한다. 제주도에 와서 밤낮으로 그림을 그리던 설지는 신웅에게 서서히 마음을 열게 되고 신웅도 설지의 외로움과 상처에 공감하며 두 사람은 서로에게 호감을 느낀다. 둘은 '열정적으로 춤을 추는 두 마리의 나비'를 그리다 머리를 기댄 채 잠이 든다. 하지만 신웅의 후배인 방 작가는 예술가적 영감이 솟아나지 않는 설지에게 유명 화가들의 작품을 패러디하면 표절 시비에 휘말려 모두 곤욕을 치르게 될 것이라며 이 기획의 성격을 바꾸라며 충고한다. 이 다큐멘터리가 미리 정해놓은 틀에 억지로 인물을 끼워 맞춰선 안 되듯이, 설지도 모방이 아닌 '오리지널'을 그려야 한다는 것이다. 곧 절망감에 휩싸인 설지는 수첩에 있던 스케치를 벽화로 옮겨 그리다가 검은 윤곽선만 남겨둔 채 아무 말도 없이 사라진다.

'꿈을 그리는 소녀'라는 수식어는 영화 포스터에서 주인공 설지를 소개하는 문구이다. 여기까지의 이야기를 보자면 설지는 남쪽에서의 새로운 꿈을 위해 탈북했지만 그 과정에서 많은 심리적 상처를 입게 된, 그저 그림 잘 그리

는 '소녀'에 불과하다. 나이와 상관없이 설지에게는 자기
만의 그림을 그릴 수 있는 용기가 아직 부족하다. 자기응
시를 회피하기 때문이다. 자신이 원하는 그림을 그려나가
고 싶지만 과거의 상처와 연결된 악몽에서 아직 깨어나지
못한 설지는 여전히 가능성의 존재에 머물러 있다.

거리의 벽화를 가리키는 그래피티는 '긁다, 긁어서 새
기다'라는 뜻을 가진 이탈리아어 graffito에서 유래한 말이
다. 그래피티의 어원처럼 이제 설지에게 필요한 것은 자
기만의 방에 놓인 하얀 벽 위에서 자신을 옥죄는 과거의
도피 방법들을 긁어내 버리고, 있는 그대로의 현실을 수
용하며 '아파하는' 자신의 얼굴을 마주하는 것이다. 설지
가 고통스러운 기억을 피하지 않고 '내 안의 것'을 그려나
갈 때 그녀는 조금씩 자신의 아픔을 어루만질 수 있기 때
문이다.

설지(雪地)에서 온
자기만의 그림

탈북민들은 남쪽 국가에 정착하며 스스로 이름을 다
시 짓는다. 그 이름에 담긴 것은 새로운 삶의 가능성에 대
한 희망과 상상이며 자신이 잊지 않으려고 다짐하는 정체
성이기도 하다. 설지라는 이름은 함경도 변방의 어딘가 눈

이 많이 오는 설지(雪地)에서 온 그녀가 고향에 계신 부모님에 대한 그리움, 그리고 어린 동생에 대한 미안함과 고마움을 담아 지은 것인지도 모른다. 함박눈이 두껍게 내려앉아 도화지같이 하얀 고향 마을의 풍경처럼 하얀 캔버스로 칠해져 있는 옥탑방의 벽은 지나간 것을 덮어버리고 새롭게 그려질 '그림'을 기다리고 있다.

제주도에서 절망하여 홀로 돌아온 설지는 꿈인 듯 현실인 듯 구분이 되지 않는 자기만의 세계에서 순영과 함께 폭발적인 에너지를 담아 벽에 그림을 그린다. 캔버스는 더 이상 스스로를 옥죄고 억압하지 않는 설지의 내면을 있는 그대로 담아낸다. 무엇을 그리고 싶냐는 질문에 아무 말도 하지 못했던 설지는 그동안 그렸던 그림에 흰 페인트를 끼얹어 버리고, 그 누구의 눈치도 보지 않고 물감과 붓으로 마음껏 자신을 표현했다. 남이 그리라고 하는 것만 그려서 철저히 길들어버린 존재였던 설지는 그 장면에서 한 명의 독립된 작가로 다시 태어났다. 그것은 예술가로 탄생하는 시간이며 동시에 자기 치유의 과정이다. 오랜 시간 고행을 이어가던 수행자가 설핏

- 자기 내면의 아픔을 그려내며
예술가로 성장하는 탈북민 화가 '설지'

잠든 꿈속에서, 그리고 그 꿈속의 꿈속에서 스스로 깨달음을 얻어 이전의 상태로 돌아가지 않듯이, 설지도 홀로 각성의 시간을 갖는다.

신웅은 다시 찾은 설지의 집에서 오직 설지만 그릴 수 있는 '자기만의 그림'을 본다. 그림들 속에선 격렬한 감정의 표현도 보이고, 순영의 얼굴과 신웅처럼 보이는 남자의 얼굴도 보인다. 설지가 이제 자신의 고통스러운 기억과 마주하며 자기만의 것을 찾아내기 시작한 것이다. 자기의 영혼이 그린 그 그림들은 온전히 그녀가 설명하고 감당하고 사랑할 수 있는 작품들이다. 그 모든 변화의 계기는 물론 신웅과 함께 한 다큐멘터리 촬영이었다. 낯설고 의심스러운 타자와의 만남 속에서 신뢰가 쌓이고 조금씩 소통하고 서로 위로를 나누기 시작하면서 그녀는 헬멧을 벗어 놓고 외면했던 마음의 눈을 뜰 수 있었다. 설지의 예민한 감각과 상상력을 굳혀 버렸던 팍팍한 기억은 순차적이면서 또 동시에 찾아온 소통의 시간과 치유의 과정, 그리고 사랑의 감정을 통해 녹아내렸다. 결국 설지의 떠진 눈은 눈 덮인 고향의 평화로운 땅, 그리움과 고통을 동시에 전해주는 모순의 대지, 그 설지(雪地)에서 온 것이다.

설지를 믿었던 자신의 애초 판단이 틀리지 않았음을 직감한 신웅은 제작사 대표를 설득해 다큐멘터리의 촬영을 위한 설지의 개인 전시회를 연다. 억압당했던 욕망과 부정당했던 자존감을 회복하고 이젠 행복한 미소도 지을 줄 아는 그녀는 아픔을 그만 겪게 될까. 하지만 전시회 마지막 날, 드디어 설지의 다큐멘터리를 방송으로 보던 사람들은 경악한다. 제작사 대표에 의해 마지막 단계에서 설지의 얼굴을 가리던 모자이크가 모두 제거된 것이다. 심지어 그녀가 엄마와 비밀스럽게 통화하는 음성까지 모두 노출된 채 방송이 나가게 된다. 영화에서 묘사되는 남쪽 방송 산업의 탐욕은 사람을 안중에 두지 않는다. '탈북 미녀 화가'의 얼굴은 시청자들의 시선을 잡아끌 것이고 그녀가 겪은 분단과 탈북의 아픔이 토해 낸 작품들은 값싸게 전시된다. 제작사는 적지 않은 비용이 들어간 이 작품에서 출연한 설지를 보다 더 자극적으로 이용하려고 했다. 분노하며 제작사 대표의 멱살을 쥔 신웅은 차마 그에게 주먹을 날리지 못한다. 아마도 대표는 신웅에게 이렇게 말하지 않았을까. '내 도움이 없었다면 넌 이만큼 완성하지 못했을 거야, 네가 그랬듯 나도 살아남기 위해 이렇게 한 거야.'

충격을 받은 설지는 모든 연락을 끊고 잠적한다. 방송이 나간 후 북쪽의 가족과 연락이 며칠 동안 끊긴 설지는 또다시 죄책감과 불안감에 몸을 떤다. 설지를 찾아 꽃가게에 온 신웅에게 주연이 충고하듯이 "너희들 계산대로 그 애를 대하면, 그 아인 여기서도 도망가야" 한다. 배신감과 허탈감에 빠져 문을 걸어 잠근 설지는 순영의 다리를 베고 쓰러진다.

"순영아, 우리 이제 가자. 어디든 여기보다 좋을 것 같다. 우리 그렇게 떠나왔지 않니?"

"그런 곳이 진짜 있을까?"

"여긴 너무 무서운 곳이다."

설지는 어렵게 세상으로 내디뎠던 발을 빼고 다시 혼자만의 움막 속으로 숨으려고 한다. 상처로부터 멀리 달아나려고 하면 할수록 그 상처는 더 큰 고통을 준다는 것을 알면서도 말이다. 마음을 다잡으려 기부하기 위한 머리카락을 싹둑 자르고 나오던 설지는 신웅과 마주치자 체념하며 이제 더 이상 볼 일 없으면 좋겠다고 말한다.

이윽고 영화의 후반부에서는 작은 반전이 일어난다. 다시 엄마와 전화 연락이 닿은 설지는 안도한다. 하지만 엄마는 설지가 무심코 말한 순영의 이름을 듣고 최근 소식을 전해준다. 탈북 미수로 잡혀 들어가 2년간 수용소 생활을 하다가 반송장이 되어 나온 순영이가 얼마 전 죽었다는 것이다. 설지와 함께 살던 순영은 사실 실제의 인물이 아니라 그녀의 환상이 만들어낸 존재였던 것이다. 설지 옆에서 잠을 자고 같이 고기를 구워 먹던 순영, 북쪽의 가족에게 돈을 그만 적당히 보내고 너 자신을 챙기라고 말하던 순영, 지저분하고 비루한 옥탑방의 벽을 하얗게 칠해버렸던 순영, 남자와 키스하는 방법을 알려주던 순영, 설지가 그린 벽화에 덧칠했던, 그런 모든 순영은 사실 설지의 또다른 자아였던 셈이다.

탈북 과정에서 쫓기던 기억인 줄로만 알았던 악몽은

사실 잠들어 버린 순영을 홀로 두고 자리가 부족한 차를 타고 탈북한 그녀의 죄책감에서 비롯된 것이었다. 설지는 함께 오지 못한 순영을 생각하고 또 생각했다. 자신의 순간적인 선택으로부터 비롯된 그녀의 부재를 받아들이고 정상적으로 살아갈 수 없던 설지는 순영에 대한 아픈 기억 속에 현실을 매몰시키고 있었던 것이다. 이런 점에서 설지가 숨기고 싶어 하는 또 다른 자아인 순영에 대한 그동안의 환상은 북쪽에서의 기억에 사로잡혀 자신을 드러내지 못하고 갈등하고 번뇌하는 내면을 드러내는 것이었다. 또한 그 환상은 그녀가 스스로 억압하고 있던 자신의 욕망이기도 했다.

치유의 벽화(壁畫)를 비추는
제주도의 햇살

영화의 결말부에서 설지는 제주도로 다시 돌아가 지난번에 그려 넣지 못하고 도피했던 두 여인의 얼굴 벽화를 완성한다. 그림 속에서 가장 아름다운 미소를 띠고 있는 설지와 순영은 서로를 지긋이 마주보고 있다. 설지는 혼자만의 세계에서 이제 더 이상 순영과 다투지 않아도 된다. 설지는 순영의 부재를 인정하며 다시 힘을 내며 살아갈 것이다. 물론 설지가 순영에 대한 죄책감과 자기 자신에 대한 혐오의 상처로부터 완전히 치유되었다고 볼 수는 없을 것이다. 그녀가 예전에 신웅과 나누었던 대화처럼 "익숙해지는 통증은 없을 것"이기 때문이다.

감독이 정한 이 영화의 영어제목은 'Sunshine'이다. 설지는 가장 고통스러운 순간에 홀로 다시 제주도의 그 마을을 찾아간다. 한반도 최북단 눈 덮인 함경도에서 시작된 설지의 이야기는 할머니의 흔적이 남아 있는 제주도의 햇살 속으로 스며든다. 그곳에서 그녀는 미완성으로 남겨 두었던 자신과 순영의 얼굴을 벽에 그려 넣으며 최고의 작품을 완성한다. 젊은 예술가의 고통은 상흔으로만 남지 않고 그를 성장시키고 작품을 성숙시킨다. 마을 이장님의 전화를 받고 급히 비행기를 타고 온 신웅의 처음 기획처럼 결국 설지는 벽화를 통해 세상과 소통하고 자기만의 그림으

- 제주도 해안 마을의 벽화를 함께 그리다 잠이 든 설지와 신웅

로 세상을 환하게 밝히게 되었다.

영화의 마지막은 1년 후 이야기로 끝난다. 그 장면에 이어 한 장면을 더 넣는다면, 다시 만난 신웅에게 설지는 아마 이렇게 말할 수 있지 않을까. "예전에 말했듯이 '아픈 자리가 아파서, 항상 아파요' 그렇지만 이제 저에겐 더 이상 '그림은 그냥 일이' 아니에요. 제 자신을 투명하게 볼 수 있게 됐어요." 신웅과의 만남을 계기로 폭발한 창작에 대한 열정은 설지에게 세상으로 나아가 홀로 걸어가도록 돕는 소통의 창구였다. 그리고 자기 자신을 치유해나가는 힘이었다.

이 작품이 소규모로 제작된 영화인 점을 감안하더라도 시나리오와 편집이 조금 더 치밀한 만듦새를 가졌으면 좋았겠다는 아쉬움이 드는 게 사실이다. 배우들의 다소 어색한 연기가 튀었고 조화롭지 못한 연기의 합(合)이 극의 흐름을 깨기도 했다. 연변, 함경도, 평양, 서울 말투가 뒤섞인 불안한 억양의 북한 사투리도 몰입을 방해하는 부분이었다. 그럼에도 불구하고 이 영화가 가진 미덕은 분명하다. 다루기 어려운 소재들을 연결하여 만들어진 이 시대를 관통하는 '소통과 치유의 이야기'는 준수하고 소중한 기획이었다. 묘사와 연출에서 비어 있는 여백들을 공감과 상념으로 채워 나가며 보기에도 좋은 영화였다.

이 글을 마무리하며 다시 생각한다. 자신은 받기만 했던 남쪽 사회를 위해 두 달에 한 번씩 의무적으로 헌혈을 한다던 설지의 마음은 이제 어디를 향하고 있을까. '북한 새끼'라고 놀림 받는 것이 싫어서 학교를 옮기겠다고 떼를 쓰던 꽃가게의 꼬마는 이제 마음 편히 지낼까. 영화를 보는 우리 모두 나이를 먹어 가며 바라게 되듯이, 상대의 "비겁한 말투"는 예민하게 잘 파악하던 설지의 상처받은 영혼은 거울 속 자신의 모습을 이젠 당당히 볼 수 있을까.

〈나의 결혼원정기〉, 영화로 만나는 탈북 트라우마의 치유

전영선
건국대학교 통일인문학연구단 HK연구교수

혹시 기억하시나요? '북한 처녀와 결혼하세요'라는 결혼정보회사 플래카드가 거리에 걸려 있었던 것을. 북한 처녀만 걸려 있었던 것은 아니었습니다. 연변처녀, 베트남처녀, 필리핀처녀, 몽골처녀 등등. 각국의 처녀들과 결혼하라는 플래카드를 거리에서 어렵지 않게 볼 수 있었습니다. 참 좋은 나라가 아닙니까. 국적을 가리지 않고 골라서 결혼할 수 있다니. 그런데 북한 처녀와 결혼하려면 어떻게 해야 하죠?

라라가 우즈베키스탄으로 간 까닭은

영화만큼 대중의 정서에 민감하게 반응하는 예술 장르는 없을 것이다. 좋은 의미든 나쁜 의미든 대중과 호흡하고, 대중의 정서를 반영한다. 때로는 앞서 시대를 읽어내기도 하고, 때로는 지나간 시대의 향수를 자극하기도 한다. 그런 영화에서 시대를 막론하고 빠지지 않는 주제의 하나는 분단이었다. 일제강점기로부터 독립한 이래 완전한 통일을 이루지 못한 불안감은 통일에 대한 강렬한 민족사적 열망으로 작동하고 있다. 강렬한 열망은 스크린을 통해 생활로 스며들었다.

하지만 스크린에 반영된 한반도 분단의 모습은 한결같지 않았다. 시대에 따라 분단 문제를 바라보는 대중의 시선이 달라졌고, 달라진 시선에 따라 영화의 소재도 변해갔다. 한동안 스크린을 강렬하게 장악했던 주제는 단연 '반공'이었다. 분단과 함께 이데올로기의 치열한 대립이 있었고, 전쟁을 통해 민족상잔의 비극을 겪은 이후 적대감은 반공으로 집결되었다. 국가 시책에 맞추어 영화로 보여진 북한인은 철저히 해방시켜야 할 사람들이고 북한은 이기는 것을 넘어 무찔러 없애야 할 대상이었다.

하지만 그렇게 강렬했던 반공주의도 1980년대를 지나면서 달라졌다. 단군 이래 최대의 민족 행사라는 '88서울올림픽'을 세계인의 앞에서 무사히 치러냈다. 이어 국제적인 해빙 무드에 힘입어 동구 사회주의 국가의 체제 전환이 이루어졌고, 미국에 맞섰던 소련연방이 해체되었다. 20세기 초부터 진행되었던 이데올로기를 바탕으로 한 동서 냉전체제는 미국을 비롯한 자유진영의 승리로 귀결되었다. 한반도에서 승자와 패자는 분명히 갈렸다. 자유민주주의와 시장경제를 바탕으로 한 대한민국이 기적처럼 경제성장을 이루었고, 경제를 바탕으로 국제사회에서 주목받는 나라가 되었다. 북한은 더 이상 적대적으로 대립하는 국가가 아니었다. 대한민국의 위상이 확인된 이후 북한은 보듬고, 도와주면서 통일을 이루어야 할 대상이 되었다.

대한민국이 국제사회의 일원으로 본격적으로 등장한 시기 북한의 상황은 정반대였다. 북한의 든든한 우방국이었던 소련의 붕괴는 곧 사회주의 패배를 상징하는 것이었다. 북한과 국제적으로 교유했던 동구 사회주의 국가들은 저마다 체제 전환을 통해 서구 진영으로 통합되었다. 대외의존도가 높았던 에너지 시스템은 외부 지원의 축소와 중단으로 마비상태에 이르렀다. 에너지가 없으니 산업이 돌아갈 수 없었다. 여기에 더하여 김일성의 사망과 연이어 3년 동안 나타난 자연재해는 최악의 식량난으로 치달았다.

최악의 상황 속에서 북한 당국이 할 수 있는 일은 많지 않았다. 인민들에게 배급할 물자가 없으니 배급이 제대로 이루어질 수 없었다. 수십만 명에 달하는 아사자가 속출하였고, 식량을 찾아 정든 고향을 떠나는 사람이 늘어났다. 북한에서 먹을 것이 없으니 국경을 넘어야 했다. 국경을 넘어 중국으로 몰려나갔다. 그중에는 중국을 넘어 중앙아시아까지 생명을 건 탈출을 감행하기도 하였다.

〈나의 결혼원정기〉(2005, 감독 황병국)는 그렇게 머나먼 이 국땅 우즈베키스탄에서 만난 탈북민 통역자인 라라와 순진 하기 그지없는 농촌 총각 만택의 우연한 만남을 소재로 한 영화이다. 〈나의 결혼원정기〉의 감독은 〈부당거래〉, 〈해결사〉 를 연출한 황병국 감독이 연출을 맡아 2005년 11월에 상영 되었다. 38살이 되도록 장가는커녕 여자와 눈도 제대로 맞 추지 못하는 우직하고 숙맥인 농촌 노총각 홍만택(정재영)이 죽마고우이자 노총각인 희철(유준상)과 함께 마을로 시집온 우즈베키스탄 처녀를 보고 오신 할아버지의 권유로 이름도 낯선 우즈베키스탄으로 결혼 원정을 갔다가 통역이자 커플

매니저인 라라(수애)를 만나면서 벌어지는 이야기를 줄거리로 한 다.

우즈베키스탄에서 만난 탈북자와 농촌 총각

〈나의 결혼원정기〉는 농촌 총각 만택이 우즈베키스탄으로 결혼 여행을 떠났던 것으로부터 시작한다. 농촌에서 과수농장을

하는 홍만택은 서른여덟이 되도록 결혼도 못 한 노총각이었다. 결혼은 여자와는 눈도 제대로 맞추지 못하는 순진하기만 한 숙맥이었다. 하나밖에 없는 노총각 아들을 둔 만택의 어머니는 그런 아들이 답답하기만 하다. 어느 날 몽정을 한 만택이 엄마 몰래 팬티를 빨다가 들켰다. 일찍이 남편을 잃고, 외아들 만택이 잘 되기만을 바라는 어머니의 심정은 속이 타들어 간다. "서방복 없는 년이 자식복이 있겠느냐"며 푸념을 하고, 그런 홀어머니의 푸념을 들을 때마다 만택도 죄인이 된 심정이다.

만택도 결혼을 하고 싶었다. 예쁜 색시와 함께 알콩달콩 가정을 꾸리고 싶었지만 타고난 숙맥이라 여자와는 말도 제대로 붙이지 못하였다. 그런 만택에게 절친 희철이 있었다. 택시운전사인 희철은 자칭 '선수'라고 자랑하지만 사실 글로 배운 연애라 만택과 별반 차이 없는 숙맥이었다. 동네에서는 이 두 노총각 희철과 만택을 두고 걱정이 태산이었다. 그러던 어느 날 동네 할아버지는 우즈베키스탄에서 시집온 처녀 이야기를 해 주었다. 할아버지의 이야기에 용기를 얻은 희철과 만택은 용기를 내서 결혼 원정을 신청한다. 그렇게 결혼에 대한 마지막 희망으로 우즈베키스탄까지 오게 된 두 사람은 결혼을 위해 본격적인 만남을 시작한다. 희철은 혀 짧은 영어를 나름대로 써가면서 우즈베키스탄 아가씨들의 마음을 얻고자 노력하였다. 하지만 만택은 영 진도가 나가지 않았다. 답답할 정도로 순진한 만택은 번번이 거절만 당하였다.

답답한 만택보다 더 답답한 사람이 있었으니, 통역관이자 커플 매니저인 김라라였다. 라라에게는 이번 맞선을 반드시 성사시켜야만 하는 절박한 이유가 있었다. 라라는 탈북자였다. 한국으로 들어가기 위해서는 여권이 필요했다. 여권을 만들기 위해서는 돈이 필요했다. 무슨 일이 있어도 이번 결혼을 성사시키고 성사금을 받아야 했다. 번번이 실패만 하는 만택을 위해 라라가 나섰다. 특별 개인 교습을 시작했다. 라라는 만택에게 데이트 방법도 알려주고, 우즈베키스탄어도 하나씩 알려 주었다. 라라는 '미팅을 하고 나서 꼭 이렇게 말하세요'라고 하면서, '내일 또 만나요'인 우즈베키스탄어 '다 자쁘뜨러'를 적어 주었다. 숙소로 돌아온 만택은 라라가 쪽지에 적어준 '다 자쁘뜨러(내일 또 만나요)'를 몇 번이고 되뇌다가 이 말을 가르쳐 준 라라를 생각하면서 쑥스러워 한다. 만택의 마음속에는 어느새 라라가 들어와 있었다.

다음날 라라의 지원과 조언으로 만택은 마침내 맞선 본 아가씨와 데이트에 성공한다. 그렇게 난생처음 여자와 데이트를 하게 된 만택이었지만 만택의 마음은 이미 라라를 향하고 있었다. 한편 그런 만택을 바라보는 라라의 마음도 조금씩 열리고 있었다. 그렇게 무사히 데이트를 마치고 만택은 돌아가게 되었다.

출국 시간을 앞두고 아쉬워하면서 만택과 라라는 마

지막으로 시내 구경을 하다가 우즈베키스탄 경찰과 마주하게 되었다. 우즈베키스탄 경찰은 통역하는 라라를 의심하고 신문을 하기 시작하였다. 가방을 뒤지던 경찰은 라라의 가방에서는 북한 여권을 보고 체포하려고 하였다. 그때 라라는 만택에게 "아무 말 하지 말고 뛰라"고 말한다. 라라의 말을 들은 만택은 경찰을 따돌리기 위해서 뛰기 시작한다. 경찰도 만택을 쫓아가면서 라라는 위기를 모면할 수 있었다. 그렇게 우즈베키스탄에서 일정을 마치고 떠나던 날, 라라는 공항으로 몰래 만택을 배웅하러 나왔다. 기둥 뒤에 숨어 있는 라라를 본 만택은 절규하듯 소리친다. "다 자쁘뜨러, 다 자쁘뜨러, 다 자쁘뜨러."

그렇게 결혼원정을 마치고 농촌으로 돌아온 만택은 농장에서 농사일로 하루하루를 보내고 있었다. 그렇게 농장일을 마치고 텔레비전을 보던 만택의 눈이 휘둥그레졌다. 텔레비전에서는 '한국행을 요구하는 탈북자'들의 모습이 보였다. 그중에는 라라의 얼굴도 있었다. 라라를 본 만택은 서둘러 라라를 만나기 위해 함박웃음을 지으며 달려간다.

'개와 늑대의
시간'

남북 분단과 통일을 소재로 한 영화는 늘 있었다. 분

단은 영화적 소재 차원을 넘어 일상이었다. 전쟁의 위협
에 상시로 노출되어 있었고, 집마다 사연이 없는 집은 없
었다. 그런 현대사에서 분단 문제에 관심을 두지 않는다면
그것이 오히려 이상할 것이다. 할리우드 영화는 세계영화
시장에서 절대적인 영향력을 발휘한다. 하지만 할리우드
에서도 따라가지 못하는 독특한 소재의 영화들이 있다. 중
국의 무협영화는 할리우드의 자본과 상상력으로도 이겨낼
수 없는 장르이다. 일본의 닌자 영화 역시 그런 장르의 하
나이다. 중국과 일본의 독특한 역사적 배경과 문화적 정서
가 있기 때문이다. 거대 자본으로도 디테일한 감성체계를
카피할 수는 없기 때문이다.

　　우리의 현대사를 가로지르는 역사문제는 우리의 정서
로 읽어낼 수 있는 소재이다. 해마다 천만 관객을 넘기는
영화에 민족의 역사를 소재로 한 영화가 포함되는 이유도
마찬가지일 것이다. 남북의 분단과 통일을 그린 영화 역시
중국의 무협영화나 일본의 닌자 영화처럼 우리만이 만들
어낼 수 있는 영화일 것이다. 남북이 분단되어 70년의 시
간을 보내면서 분단은 정치를 넘어 일상의 인식 속으로 스
며들었다. 분단과 전쟁, 그리고 적대로 이어진 상처를 온
전히 비껴갈 가족은 많지 않을 것이다. 분단은 우리가 인
식하지 못한 상태에서도 그렇게 늘 일상의 곁을 떠나지 않
았다.

　　분단의 상처를 안고 있는 한반도이기에 분단을 소재

로 한 영화는 줄기차게 만들어졌다. 북한에 대해 적의를 드러내기도 하고, 때로는 분단의 아픔을 그려내기도 하고, 전쟁의 아픈 기억 속에서 희망의 실마리를 찾고자 하였다. 이데올로기를 넘어 인간적인 존재에 대해 질문 던지기도 하고, 분단을 이용한 위정자들의 민낯을 끄집어내기도 하였다.

분단을 소재로 한 영화는 정치적 상황과 문화적 환경 속에서 반공영화, 문화영화, 전쟁영화 등의 이름으로 불렸다. 국민 전체가 일사불란하게 반공을 통한 통일의 길로 나서야 했던 시절 '공산당이 싫어요'는 영화 제작의 이유였고, '승공을 넘은 멸공통일'은 영화의 가치였다. 공산당 치하에서 비인간적인 현실을 목도하고 자유대한의 품을 찾거나 승리로만 기억되는 전쟁은 분단영화 제작의 법칙이었다. 남북은 그렇게 적대적인 관계로 분단의 시간을 보냈다.

하지만 스크린에서 만날 수 있는 북한의 모습은 예나 지금이나 극히 제한적이었다. 2000년 이전까지 남북관계를 다룬 영화의 주제는 반공이었다. 치열한 이념의 갈등이 영화계에서도 예외가 아니었다. 스크린은 압도한 것은 반공이었다.

그렇게 줄기차게 반공, 멸공의 시선으로 북한을 바라보던 영화계가 탈북자 문제에 주목하였다. 2000년을 전후하여 남북관계나 통일 문제를 그린 영화의 주제는 '반공'

에서 '탈북'으로 바뀌었다. 1990년대 고난의 행군을 지나
면서 겪은 엄청난 경제난과 에너지난 속에서 생존을 위해
국경을 넘는 탈북자들에 대한 관심 때문이었다. 체제 위
기 상황 속에서 숱한 아사자와 함께 북한을 떠나는 대열
이 생겼다. 1990년까지 600여 명에 불과했던 북한이탈주
민들은 1990년대부터 급격히 증가하기 시작하였다. 2002
년 1,140여 명의 탈북자가 입국하면서 연간 천명 시대를
열었다. 〈나의 결혼원정기〉가 상영된 2005년 한 해에만
1,514명이 입국하였다. 이 숫자는 대한민국 정부수립 이
후 통계를 내기 시작한 시기부터 2004년까지의 누적 인원
1,502명보다 많은 숫자였다. 그리고 2006년부터 2011년까
지 해마다 2,000명이 넘는 탈북자들이 대한민국으로 들어
왔다. 탈북자들이 급격히 늘어나면서, '탈북'이라는 용어
가 자연스럽게 북한을 대신하는 단어가 되었다.

  〈나의 결혼원정기〉가 상영된 2005년 대한민국에서는
〈개와 늑대 사이의 시간〉이라는 영화가 개봉되었다. 그리
고 2007년 〈개와 늑대의 시간〉이라는 드라마도 MBC에
서 방영되었다. '개와 늑대의 시간'은 사물을 판단하기 어
려운 시간, 상황을 의미한다. 어스름 저녁노을이 붉게 물
들면서 저 멀리 지평선 위로 검은 짐승의 그림자가 다가온
다. 저녁노을의 실루엣만으로는 다가오는 짐승이 충실하
게 나를 지켜줄 개인지, 나를 공격하려는 늑대인지 알 수
없다. '개와 늑대의 시간'이라는 말은 선과 악을 구분할 수

없는 상태, 적인지 아군인지 구분이 모호해지는 순간을 의미한다.

2000년대의 남북관계는 흡사 개와 늑대의 시간과 닮아 있었다. 언제나 그렇듯이, 늘 그래왔듯이 '6·25전쟁' 이후 북한은 '적'으로 규정되었던 북한이 모호한 대상이 되었다. 남북의 힘의 차이가 너무도 분명하게 드러났다. 남한은 황무지에서 '한강의 기적'을 이루었고, 세계적인 대회를 훌륭하게 치렀다. 세계를 향해서 문도 열었다. 적성국이었던 중국, 러시아와도 손을 잡았다. 여행자유화 조치가 내려졌다. 북한, 쿠바를 비롯한 몇 나라를 제외하고는 못 갈 곳이 없어졌다.

경제 발전의 자신감을 바탕으로 남북관계에서도 주도권을 잡았다. 자신 있게 남북관계 개선을 위한 제안을 했다. 상대적으로 북한의 위상은 점점 낮아졌다. 동구 사회주의의 체제 전환은 다음 차례로 확실하게 북한을 바라보게 했다. 북한은 통일을 이루어야 할 대상, 곧 체제개혁을 이루어야 할 대상이라는 사실이 다시 한 번 확인되었다. 그렇게 북한의 정체가 모호해졌다. 우리 사회에서 북한은 적일 수도 있고, 동지일 수도 있는 '개와 늑대'의 양면적인 존재가 되었다.

이러한 시대상을 반영하듯이 2000년대 남북관계를 그린 영화는 다양한 주제로 다가왔다. 북한 사회에 대한 내부 고발적인 영화도 만들어졌고, 한반도 분단의 냉엄한 현실을 직시해야 한다는 주제의 영화도 만들어졌다. 한편에서는 북한을 위험한 테러집단으로 그리는가 하면, 다른 한 편에서는 통일의 대상으로 그리며 공존하기 위한 방향을 찾아보기도 하였다. 〈동해물과 백두산이〉, 〈만남의 광장〉, 〈태풍〉, 〈그녀를 모르면 간첩〉, 〈나의 결혼원정기〉, 〈적과의 동침〉, 〈크로싱〉, 〈간 큰 가족〉, 〈휘파람 공주〉, 〈천군〉, 〈웰컴투 동막골〉, 〈유령〉, 〈국경의 남쪽〉, 〈남남북녀〉, 〈태극기 휘날리며〉, 〈공동경비구역 JSA〉, 〈꿈은 이루어진다〉 등이었다. 남북이 만났을 때, 어떻게 마주할 것인가의 문제를 다루었다. 다큐 형식으로, 코믹으로, 액션으로 영화는 분단 문제를 나름대로 다양하게 그려냈다. 그 사이에 북한이탈주민의 삶이 방송매체를 통해 우리 사회 전역으로 확대되면서, 북한이탈주민의 이야기가 영화 속으로 들어왔다.

'왜?'냐고
묻지 않기

2000년 이후 북한이탈주민의 숫자가 늘어나면서 우리 삶 속에서 북한이탈주민을 만나는 일이 낯설지 않게 되었고, 영화에서도 일상에서 어렵지 않게 마주하는 북한이탈주민의 모습을 그려내기 시작했다. 남북 주민이 함께 어울려 사는 것은 생각만큼 쉬운 문제가 아니었다. 남북 주민은 70년 동안 서로 다른 체제 속에서 살아왔다. 삶의 방식과 문화 차이가 북한이탈주민의 일상에서 드러났다. 북한이탈주민들 역시 정착 과정에서 느끼는 가장 큰 어려움 중에 하나가 문화적 소통의 문제였다.

북한이탈주민들이 우리 사회에 적응하기는 쉽지 않다. 그들을 둘러싼 다양한 편견 때문에 적응에 상당한 어려움을 겪는다. 그들이 북에서 문화적으로 습득한 생활풍속상의 차이는 민족동질성을 훼손하는 이질성, 문화적 변용이 아닌 변질로 이해되곤 한다. 이 과정에서 탈북자는 우리 사회에 동화되어야 할 사회적인 약자, 주변적 집단으로 타자화된다. 북한이탈주민들은 남한 사회에서 일반적으로 통용되는 지식과 사회상식을 배우는 데 약 3년 혹은 그 이상이 걸린다고 한다. 더 많은 시간이 흘러도 정체성에 대해 고민하는 경우도 있다. 낯선 남한에서 삶을 꾸려 나가야 하는 북한이탈주민들은 소수이다. 남한 주민의 상당수는 남북한 사회의 상이한 체제로 인한 문화적 차이를 극복하지 못하고 갈등을 겪는다. 이러한 문화적 차이로 남한 사회의 선택과 자율적 관행에 잘 적응하지 못하는 데서 야기되는 무시, 몰이해, 소외, 외로움 등 심리적 측면의 어려움을 겪고 있다. 이러한 어려움으로 인해 개인과 사회와의 관계 속에서 자긍심과 자아 존중감이 형성되지 못하고, 급격한 변화에 적응하지 못하는 자신감 상실과 아노미

(anomie) 현상도 있다.

우리 사회는 북한이탈주민을 맞이하기 위한 준비가
충분하지 못하였고, 남북 문화의 차이에 대한 이해도 역시
높지 않았다. 북한이탈주민들은 대한민국으로 들어온 이
후에도 취업문제, 대인관계 형성, 주민과의 문화적 소통,
자녀 교육 등에서 어려움을 겪는다. 북한이탈주민을 지원
하기 위한 제도의 개선도 꾸준하게 이루어지고 있지만 북
한이탈주민 개인적인 이력과 특성이 다양하기에 정책적인
접근만으로는 한계가 있다. 이를 위해서는 남북 주민의 상
호의식 증진과 사회문화적 소양 제고에 대한 구체적인 접
근이 필요하다.

그러면 어떻게 해야 할까? 〈나의 결혼원정기〉는 우리
가 어떻게 접근해야 할지 실마리를 보여준다. 〈나의 결혼
원정기〉에서 라라가 만택의 진심을 알게 된 것은 우즈베
키스탄 경찰에게 검문을 당하게 되었을 때였다. 우즈베키
스탄 경찰에게 붙들리게 된 라라가 만택에게 던졌던 말이
아직도 귀에 쟁쟁하다. "달려요. 빨리, 어서 달려요, 어서."
경찰에게 잡히면 본국으로 송환될 수밖에 없는 라라가 경
찰을 피하기 위해서 만택에게 부탁한 말이었다. 불안전한
신분으로 살아가는 라라에게는 위기를 벗어날 누군가의
도움이 필요하였다.

288

　　만택은 주저 없이 달리기 시작하였다. 경찰들은 도망하는 만택을 쫓아가기 시작했다. 그렇게 시작한 달리기는 다음날 아침까지 계속되었다. 밤새 달리고 달려서 온몸이 땀범벅이 된 만택에게 라라가 묻는다.

　　"어떻게 된 일인지 안 물어 보십니까?"

　　"대답하기 곤란한 거 아닙니까. 뭐 사람마다 그런 거 하나씩은 다 있지 않습니까."

　　이유는 중요하지 않았다. 만택은 다만 라라를 위해서 할 수 있는 일이 생겼고, 할 수 있는 일을 위해 온 힘을 다한 것뿐이었다. 그리고는 마침내 만택은 속마음을 털어 놓는다. "라라 씨 같은 분이면 참 좋겠네요.…라라 씨 다시 데리러 와도 되겠지요." 라라의 마음도 이미 만택을 향하고 있었다. 라라가 본 것은 희망이 아니었을까? 묻지도 않고 따지지도 않고 자신을 믿어준 사람. 그런 사람이 있는

- 서로에 대한 호감이 점점 자라나는 라라와 만택

한국이라면 라라의 한국행은 무척이나 행복했을 것이다.

사람을 믿는다는 것, 아낌없이 무언가를 해주는 수 있다는 것만큼 쉽고도 어려운 일은 없다. 누구에게나 이유를 말할 수 없을 때가 있다. 우즈베키스탄에서 불법체류자 신분으로 살아가는 라라도 마찬가지였을 것이다. 한국으로 가는 여권을 만들기 위해서는 돈이 필요했고, 그래서 남한에서 온 총각을 위해서 커플을 성사시키고 성공보수비를 받아야 했다. 성공보수비를 위해서 당신을 만난다고 말할 수는 없었을 것이다.

차마 말하기 어려운, 말할 수 없는 사연이 있는 사람에게 '어떻게 된 일이냐'고 묻는 것만큼 괴로운 일은 없을 것이다. 때로는 가슴에 묻고 살아야 하는 일도 많기 때문이다. 정서적으로 공감한다는 것은 '알고 이해'하는 것이 아니다. 내가 알지 못하거나 이해하지 못하는 것을 존중하는 것이다. 이해할 수 있다는 그 자체만으로도 라라에게는 엄청난 희망이 되지 않을까?

인간적인 소통과
통합을 위한 길

반공영화의 시절을 지나면서 분단을 소재로 한 영화는 다양한 형태로 변화되었다. 남북 교류협력이 활발했던 시기에는 작은 통일을 꿈꾸어 보기도 하고, 북한이탈주민의 숫자가 늘어나면서 이들의 삶을 보여주는 영화도 나왔다. 북한의 극심한 경제난은 북한 주민의 탈북으로 이어졌다. 국경을 넘은 북한이탈주민은 어쩔 수 없는 상황에서 이루어진 강제적인 이산이라는 점에서 디아스포라적인 양상을 보인다. 어떤 이유든 자신이 거주하던 고향을 떠나야 했고, 남한 사회에서 문화적 소수자의 삶을 살면서, 여러 방식으로 차별을 받으며, 정체성의 혼란을 겪고 있기 때문이다. 북한을 떠나 해외에서 만난 북한이탈주민의 모습이나 대한민국에 정착하여 살고 있는 북한이탈주민의 모습은 새로운 이산 그 자체였다. 1990년대를 지나면서 북한은 괴뢰군, 간첩이 아닌 탈북자의 모습으로 다가왔다.

남북문제도 통일 문제도 이제는 남북이 함께 하는 일상의 통합 문제로 바뀌고 있다. 통일은 이제 생활의 통일이 되어야 한다는 것이다. 통일 과정에서 영토적 통합, 경제적 통합과 함께 사회적 통합, 인간적 통합이 이루어져야 하며 사회적 통합, 인간적 통합의 과정은 생활문화를 통해 현실화되어야 한다는 당위성을 보여준다. 사람의 통일은 단지 한곳에 모여 사는 것을 의미하지 않는다. 인간적인 집합체를 넘어 자유로운 소통을 통한 내면적 통합을 의미한다. 제도적으로 통일되었다고 해도 마음으로 받아들이지 않는다면 통일은 형식적인 통일로 그칠 수 있다. 통일에서 제도 못지않게 중요한 문제의 하나가 인간인 이유이다. 이런 점에서 사람의 통일은 인간적인 통일 환경을 만들어 나가는 것이다. 통일을 이루는 주된 기반에 사람을 두고, 인간 중심, 인간 존중을 기본 원리로 인간적인 생태 환경을 만들어 가는 과정을 의미한다.

남북이 선택한 제도의 차이는 단순한 문제가 아니다. 제도는 곧 가치관과 세계관을 형성하는 토대이다. 자유민주주의 제도하에서 살아온 사람들과 계획경제 체제에서 살아온 사람들의 사유체계는 같을 수가 없다. 문화적인 차이로 드러나고, 가치관의 차이로 나타난다. 아름다움에 한 생각, 가치에 대한 기준, 역사인식 등에서 차이가 드러난다. '사람의 통일'은 체제 중심의 통일로는 극복할 수 있는 새로운 통일 패러다임을 지향한다. '사람의 통일'은 체제 통합만으로는 사람의 통일을 이해할 수 없다는 명백한 사실에서 출발한다. 남북은 광복 이후 분단의 70여 년을 보냈다. 휴전선을 위아래로 적대와 대립을 거듭해왔다. 정치권에서는 남북관계를 체제유지와 연결하여 이용하였다. 그렇게 남북이 선택한 제도에 따라 지내온 시간 동안 남북 주민의 정서와 가치, 생활문화는 나름의 체제 속에서 각자의 방식대로 발전하였다. 오늘날 남북이 서로를 낯설게 느끼는 것은 당연한 일이다.

독일은 통일 과정에서 경제적 통합을 5년 만에 달성하였다. 하지만 문화적 통합은 여전히 진행 중이다. 서독 중심의 일방적인 통일은 동독에서 받은 교육과 거기서 형성한 가치관을 무의미한 것으로 만들었으며, 하루아침 많은 동독인은 서독의 제도에 적응해야 하는 존재가 되었다. 자신이 살아왔던 기준과 문화의 가치 하락을 지켜보면서 적지 않은 동독인이 옛동독 체제에 향수를 느꼈다. 독일 사례는 한반도 통일에 많은 점을 시사한다.

통일 독일이 겪었던 것처럼 남북도 상호 문화에 대한 몰이해에 따른 이질성과 배타성, 통합 과정에서 발생하는 여러 문제로 인해 극심한 갈등과 사회통합 비용을 지불해야 할지도 모른다. 남북의 문화 차이는 북한이탈주민들을 통해 확인된 문제이다. 북한이탈주민들이 한국 사회에서 정착하는 과정에서도 문화 차이로 인한 어려움을 겪는다. 남북은 실질적으로 서로의 차이에 대한 이해 교육을 거의 하고 있지 않다. 남북은 하나의 민족, 하나의 문화라고 배운다. 하지만 현실은 매우 다르다.

남북의 이해 교육은 남북이 분단된 동안 달라진 것에 주목해야 한다. 달라진 것을 인정하고, 그 속에서 공통적인 것을 찾아 확대해 나가야 한다. 남북의 소통은 이 차이에 대한 이해로부터 시작되어야 한다. 타자에 대한 이해는 '먼저 물어보지 않고, 기다려주는 것'이 아닐까. '달리세요. 무조건 달려주세요'라고 말하는 라라의 말만 듣고, 밤새도록 달리기만 했던 만택의 모습은 우리에게 북한이탈주민을 넘어 북한 주민을 대하는 자세를 보여준 것은 아닐까.

영화 〈나의 결혼원정기〉를 다시 보면서, 방송프로그램

이 떠올랐다. SBS의 '짝'이라는 청춘남녀의 소개팅 프로그램이었다. '짝'에 출연한 한 여자 출연자에게 호감을 가진 남성들은 둘째날 '북에서 왔다'고 소개했을 때, 당황하던 모습이 떠올랐다. '어떻게 해야 하지?', '뭘 물어보아야 하지?' 만택이었다면 이렇게 답하지 않았을까? "물어보지 않아도 돼요." 라라도 그렇게 답했을 것이다. "아무것도 묻지 않고 밤새 달려줄 수 없다면, 호기심으로 이것저것 물어보지 않아도 돼요. 그 질문은 내겐 너무도 가슴 아픈 상처이니까요."

5

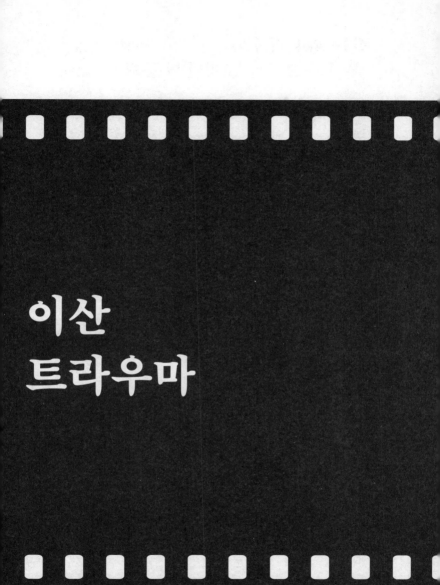

이산
트라우마

〈가족의 나라〉,
'우리'가 모르는 '코리언'의 문제

이병수
건국대학교 통일인문학연구단 HK교수

재일조선인의
가족사를 다룬 영화

우리는 종종 한민족의 범위를 한반도에 한정 짓는 경향이 있다. '분단과 통일' 하면 가장 먼저 떠오르는 것은 '남과 북'이다. 당연히 분단의 고통을 겪는 당사자는 남과 북이라 생각하기 때문일 것이다. 하지만 이런 문제가 과연 남과 북, 한반도 안에 살고 있는 우리에게만 해당되는 문제일까. 일제 강점기에 생계를 위해 혹은 강제 징용을 당해 중국, 러시아, 일본 등 다른 나라에 이주한 후, 분단으로 인해 귀국하지 못하고 있는 해외 동포들, 곧 코리언 디아스포라도 존재한다. 식민과 분단으로 인한 역사적 트라우마는 남북의 주민들만 겪은 것이 아니라 이들 코리언 디아스포라도 공통적으로 겪었고, 겪고 있다. 〈가족의 나라〉(2013, 감독 양영희)는 그 가운데 재일조선인이 겪는 분단과 이산의 상처를 다루고 있다. 〈가족의 나라〉는 '한국적'을 가진 재일조선인 2세인 양영희 감독이 자신의 가족사 경험을 바탕으로 제작한 영화다.

양영희 감독은 이미 다큐멘터리 〈디어 평양〉(2006)과 〈굿바이 평양〉(2011)을 통해 자신의 실제 가족사를 이야기한 적이 있다. 그녀는 부모님과 자신이 사는 일본 오사카와 세 오빠의 가족들이 사는 북한의 평양을 오가며 다큐멘터리 형식으로 가족들의 이야기를 카메라에 담았다. 〈디어 평양〉에서는 정치적 신념 때문에 북한에 세 명의 오빠들을 '귀국'시킨 아버지에 대한 이야기를 담았고, 〈굿바이 평양〉을 통해서는 오빠의 딸, 조카 선화에 대한 이야기를 담았다. 〈가족의 나라〉는 자신의 가족사를 담은 이 두 편의 다큐멘터리를 바탕으로 만들어진 극영화이다. 다큐멘터리 형식으로는 미처 그리지 못했던 가족 간의 갈등 그리고 내면의 감정들을 세심하게 보여주려는 의도에서 만들어졌다. 영화의 줄거리는 간단하다. '귀환사업'(혹은 '북송사업')

으로 북에 건너갔다가 신병치료를 위해 25년 만에 일본을 방문한 오빠와 일본에 남은 여동생 및 가족의 짧은 재회가 전부다. 오빠와 가족에게 허락된 단 며칠의 시간을 다루고 있지만 그들의 일상과 대화 속에 드러난 감정의 파고와 상실감, 그리고 닿을 수 없는 '가족의 나라'에 대한 열망 등은 분단과 이산의 민족사가 투영된 재일조선인의 슬픈 가족사를 잘 보여주고 있다.

한 가정의 역사에 뿌리 깊게 자리 잡은 분단과 이산의 상처

평양에 사는 오빠 성호(이우라 아라타)는 뇌종양 치료를 받기 위한 3개월이라는 예정된 기간, 그리고 감시자의 동반을 조건으로 북한 당국으로부터 25년 만에 일본 체류의 허가를 받는다. 성호는 그간 만나지 못했던 동창생들과 첫사랑 여인을 만나고 가족들과 식사를 하면서 평범한 시간을 보낸다. 하지만 이는 겉모습일 뿐 성호의 행동과 몸짓에는 해방감이 아닌 시종일관 낯설고 어색한 감정이 가득하다. 25년 만에 만난 친구가 북한에서의 삶을 물어볼 때 성호는 섣불리 답하지 못하고 망설이며 불안한 모습을 보인다. 심지어 가족들과의 만남에서도 성호는 자유롭지 못하고, 낯선 거리감을 극복하지 못한다. 아버지(츠카야마 마사

네)는 아들 성호의 입장을 안다고 위로하지만 성호는 아버지를 향해 "당신이 뭘 아느냐."고 울부짖는다. 가슴을 쥐어뜯으며 답답해하는 아들을 보고 아버지는 병이 나아서 평양으로 돌아가야 하니 치료에 전념하라고 말할 뿐이다. 치료에 전념해 북으로 돌아가라는 아버지에게 성호는 "정말 그게 다예요?"라고 대들 듯이 반문한다. 그러나 아버지는 침묵할 수밖에 없다. 왜냐하면 성호의 반문에는 아버지가 나를 북으로 보내지 않았다면, 내 삶이 이렇게 송두리째 망가지지 않았을 것이라는 항변이 담겨있기 때문이다.

검사 결과 성호의 치료는 반년 이상의 입원이 필요하다는 진단을 받는다. 아버지는 북한에 체류 연장을 신청하고 동생 리애(안도 사쿠라)는 다른 의사를 찾아다닌다. 그러나 다음날 아침 감시원 양 동무는 북에서 갑자기 '내일 귀국하라'는 내용의 전화를 받는다. 성호는 3개월은커녕 며칠 만에 아무 이유도 모른 채 다시 북한으로 돌아가야 하는 상황을 맞이하게 된 것이다. 동생 리애는 치료를 받지 않으면 죽을 수밖에 없는 오빠의 처지를 아랑곳하지 않고, 아무런 설명 없이 일방적으로 다시 평양으로 복귀하라는 북한의 명령을 도무지 납득할 수가 없다. "아무리 그래도. 어떻게 아무 이유가 없는 결정이 있을 수 있어?"라고 리애는 분노에 차서 묻는다. 오빠 성호는 "그 나라에선 이유 같은 건 아무 의미가 없어. 생각 않고 무조건 따라. 그냥 따를 뿐이야. 생각하면 말이지, 머리가 이상해져 버리거든. 생각해야 할 건, 어떻게 살아남을까, 그것뿐이야. 그것 말곤 사고를 정지시켜. 사고정지. 편해 사고정지."라고 대답한다.

두 남매의 대화에는 자국의 인민을 치료할 능력이 없어 병을 치료받도록 일본에 보내주더니, 아무 설명도 없이 치료 중지를 명령하며, 생존을 위해서는 생각을 중지하며 살 수밖에 없는 북한체제의 부정적 모습이 선명하게 드러난다. 하지만 〈가족의 나라〉는 북한정권의 비인도적인 행태를 현실감 있게 표현하는 데 그치지 않는다. 무엇보다 양영희 감독은 "재일동포들이 선술집 같은 데서 소곤대던 (북송사업) 이야기를 공개적으로 하고 싶었다."며 '북송사업'의 후유증과 아픔을 끊임없이 환기하려는 의도로 영화를 만들었음을 강조한다. 1950년대 말부터 진행된 재일조선인의 북한행은 북한과 일본 정부의 공동 프로젝트로써, 일본에서는 주로 '귀국'으로, 한국에서는 '북송'으로 알려져 있다. 1959년 말부터 1980년대 초까지 남쪽 출신 재일조선인 8만 6천여 명과 그들의 일본인 가족 7천 명이 북으로 갔다. 당시 재일조선인에게 북한은 '지상낙원'으로 소개되었고, 일본에서 차별과 극심한 생활고에 힘들어하던 수많은 재일조선인은 부푼 희망을 안고 북한행 선박('만경봉')에 몸을 신는다.

"내가 만약 북에 가지 않으면 아버지에게 해가 갈까요?" 영화에서 성호의 삼촌은 북송선을 타기 전 16살의 성호가 꺼낸 말을 기억해낸 뒤 북송선에 아들을 태워 보낸 '총련' 간부, 성호의 아버지를 탓한다. 분단체제의 영향으로 재일조선인 사회 내부에도 친북적인 '총련'(재일본 조선인총연합회)과 친남적인 '민단'(재일본 조선거류민단)으로 분열되어 대립하였다. 재일조선인 사회에도 38선이 그어진 것이다. 일본 사회의 뿌리 깊은 차별과 편견에다 재일조선인 사회 내부의 분단이 보태어진 것이다. 그러나 성호의 아버지가 단지 총련 간부였기 때문에 아들 성호를 북으로 보낸 것일까? 재일조선인의 97%가 38선 이남을 고향으로 두고 있었음에도 총련에 적을 둔 재일조선인이 70%를 넘었고 재일조선인이 고향인 남쪽이 아니라 북으로 간 것은 단순히 이념적인 이유만으로는 설명되지 않는다.

무엇보다 민족차별과 멸시로 진학과 취업이 어려운 일본사회를 벗어나 차별 없는 사회에서 살아가게 하고 싶은 부모의 마음이 작용했다. 성호 아버지에게 북한은 일본 사회의 차별, 핍박과 멸시가 없는 인간적인 곳이었다. 재일조선인 1세대로써 제주도에서 일본으로 건너갔기 때문에 4·3 때 민간인 학살을 잘 알고 있는 아버지로서는 남한 정부를 신뢰하기 어려웠다. 더욱이 남한은 재일조선인 사회에 무관심했기에 당시 재일조선인 사회는 '버릴'기(棄)자를 쓴 '기민(棄民)정책'이라며 남한 정부의 동포정책을 비난하고 있었다. 하지만 북한은 한국전쟁 복구로 어려운 형편이었음에도, 대규모의 교육 원조금을 보내 민족학교를 설립하는 등 재일조선인 사회에 적극적인 동포정책을 취하였다. 이는 생활이 어려웠던 재일조선인들에게 엄청난 '감동'으로 작용했다.

남한 정부는 북한과 일본이 합작한 '북송사업'을 파렴치한 행태로 비판했지만, 재일조선인 사회에 대한 민족적 책임을 방기하였다. 이승만 정권의 기민정책은 박정희 정권에도 그대로 이어졌다. 이승만 정권이 동포 사회에 무관심했다면 박정희 정권은 남북 대결의 장에 재일조선인을 동원하기 위해 민단을 장악하려 했고, 재일유학생 간첩사건을 조작하는 등 분단체제에 이들을 이용하였다. 한반도의 분단이 그대로 재현된 재일조선인 사회는 코리언 디아스포라 가운데 어느 집단보다도 치열한 남북의 체제 대결의 현장이었다고 할 수 있다. 그리고 이러한 상황은 현재도 근본적으로 변화되지 않고 있다. 대표적으로 '조선적(朝鮮籍)'을 유지하고 있는 재일조선인에 대한 처우가 그러하다. '한국적'을 선택하지 않은 '조선적' 동포의 한국방문은 국적을 한국으로 바꾸지 않는 한 불가능한 것이 지금의 현실이다. '조선적' 재일조선인과 관련된 문제는 분단이라는 20세기 한민족의 비극적 역사와 단단히 결부되어있는 셈이다. 〈가족의 나라〉에서 나타난 가족사의 비극은 그런 점에서 분단이라는 우리의 비극이자, 그 분단을 분단정권의 필요에 따라 활용한 우리가 만들어 낸 비극이라고도 할 수 있다.

재일조선인 사회의
세대 차이와 국적 차이

일제강점기 때 일본으로 건너온 재일조선인 1세인 아버지는 재일조선인 차별과 배제정책을 실시한 일본사회에 저항하면서 '조국 지향적 민족정체성'을 강하고 지니고 있었다. 그래서 아버지는 일본사회의 억압과 차별 그리고 가난 속에 고생하며 사는 재일조선인이 권리를 찾고 사회적 지위를 확보하도록 돕는 총련 활동가로서의 삶을 선택하였다. 아버지의 조국지향적 민족정체성은 일본사회의 편견과 차별에 저항하는 과정에서 의식적, 무의식적으로 강화되었다. 아버지에게 민족이란 일본사회로부터 오는 압력과 차별에 대한 저항의 수단이었다. 그리고 일본사회의 민족 차별에 대해 맞대응할 수 있는 선택지는 북한이었다. 사회주의에 대한 자신의 정치적 신념뿐만 아니라 재일조선인 사회에 대한 남북한의 대조적인 동포정책 때문이었다. 아버지에게 북한은 일본사회의 억압과 차별에 저항하고 해방을 지향하는 자유의 상징이자 진정한 '조국'으로 다가왔다. '조국' 북한은 차별과 억압이 없는 인간적인 곳이며, 어머니의 품처럼 포용력 있는 곳이었다. 아버지에게 만경봉호는 단순히 배 한 척이 들어온 것이 아니라, '조국'이 온 것이었다.

그러나 아버지는 북송선을 탄 이후 25년 만에 일본

304

에 온 아들 성호의 원망 어린 항변에 아무런 말도 못한다. "당시에는 조선에 가면 모두가 잘살 줄 알았지.", "지상낙원에 가서 영양실조라니." 등 혼잣말처럼 내뱉는 아버지의 말에는 과거와 현재의 북한 상황이 잘 드러나 있다. 지금은 아들 성호를 북송선에 태워 보낸 것이 아버지에게도 회한으로 남는 일이지만, 적어도 북송선을 탈 때 북한은 "지상낙원"으로 여겨졌다. 그러나 북한 경제가 내리막을 걷기 시작하면서 더 이상 총련에 경제적인 지원을 할 수 없게 되었고, 마침내는 재일조선인이 북한을 도와야 하는 상황으로 역전되기에 이르렀다. 더욱이 아들과는 25년만에, 그것도 단 며칠 동안만 재회한 데서 알 수 있듯, 아버지와 아들은 만나고 싶어도 그럴 수 없는 새로운 이산가족이 되어버렸다. 북송사업 이후 북한과 일본 두 나라 사이에 국교가 수립되지 않아 일본으로의 재입국이 불가능해졌기 때문이다. 그러나 아버지는 현재 어려운 처지에 놓인 북한의 현실을 잘 알고 있지만 여전히 북한을 조국이라 믿으며 충성을 다한다. 과거에는 정치적 신념 때문이었지만 현재는 아들의 가족이 사는 생활터전이기에 북한을 조국이라 믿으며 살아가고 있는 것이다. 아버지가 살고 있는 일본 오사카 집에 걸려 있는 김일성과 김정일의 사진, 그리고 북한에 사는 아들의 가족을 위해 생필품을 포장하는 어머니의 모습이 이 모든 것을 설명해준다.

아버지에게 북한은 충성을 다해야 할 조국이었지만

성호의 여동생 리애에게 북한은 도저히 "이해할 수 없는" 곳이다. 리애는 총련 계열의 민족학교에 다니며 자연스럽게 북한을 조국으로 배우면서도 일본사회의 분위기도 함께 경험한 재일조선인 2세라고 할 수 있다. 재일조선인 2세에게 일본은 민족적 차별과 억압의 사회였지만, 동시에 북한처럼 개인을 통제하지 않는 개방적이고 자유로운 공간이기도 했다. 일본에서 유년기와 청년기를 보낸 리애에게 북한은 폐쇄적이고 낯선, 이해할 수도 없는 나라일 뿐이다. 일본에서 총련계통의 민족학교 교육을 통해 '조국' 북한에 대해 배우기는 했지만 아버지가 생각하는 조국과는 의미가 달랐다. 조국의 의미에 대해 아버지와 리애의 시선은 엇갈렸고, 따라서 충돌할 수밖에 없었다.

재일조선인의 국적은 크게 세 가지 범주로 나눌 수 있다. 대한민국 국적을 가진 사람들, 그리고 일본으로 귀화해 일본 국적을 취득한 사람들 외에도 무국적자인 '조선적'이 있다. 북한과 일본의 수교가 이뤄지지 않아 북한(조선민주주의인민공화국) 국적을 취득한 재일동포는 거의 없다. 〈가족의 나라〉 주인공인 여동생 리애와 오빠 성호, 그리고 부모의 국적도 서로 다르다. 아버지는 제주도 출신이며 오사카에 거주하지만 '조선적'을 가지고 있다. 오빠 성호는 일본에서 출생하였지만 현재는 평양에 거주하며 국적은 북한이다. 여동생 리애는 일본에서 출생하여 일본 오사카에 거주하며 '한국적'을 가졌다. 이들 가족은 그 자체로 식민지배와 분단이라는 20세기 한반도의 슬픈 역사를 극적으로 보여주고 있다. 특히 '조선적'은 이 점을 생생하게 보여준다.

'조선적'은 흔히 북한 국적이나 북한을 지지하는 총련계 동포를 가리키는 것으로 잘못 알려져 있다. 그러나 '조선적'은 일본 법률상 무국적으로 분류된다. 일본 내에서 법적으로 '북한국민'이란 있을 수 없음에도 불구하고 한국사회는 '조선적'을 가진 사람을 '북한사람'으로 단정하는 경향이 있다. 많은 한국인이 '조선적'을 북한 사람으로 인식하는 배경에는 1959년 북일합의에 따라 1959년부터 1984년까지 10만여 명이 북한으로 돌아간 북송사건이 놓여 있다. 북송사건은 한국인에게 재일조선인을 친북으로 각인시키고 '조선적' 재일조선인을 북한사람으로 인식시키는 계기가 되었다. 1947년 일본이 외국인등록령을 발효했을 때, 먹고 살기 위해 해방 후 일본에 잔류한 60만여명의 재일조선인들은 국적란에 '조선'이라고 적을 수밖에 없었다. 1947년은 '대한민국'도, '조선인민민주주의공화국'도 수립되기 전이었기 때문이다. '조선적'은 이후 민단과 총련의 대립이 말해주듯이, 남북 분단체제의 철저한 희생양이 되었다. 일본 내에서는 '무국적자'로 분류되어 불이익을 받고 있을 뿐만 아니라 한국에서는 잠재적 불순분자라는 오명까지 뒤집어쓴 실정이다.

현재도 '조선적'을 가진 재일조선인 가운데 북한을 지

지하는 사람이 상대적으로 많은 것은 사실이지만 모두가 그런 것은 아니다. 남북에 중립적이거나 북한에 건너간 가족들 때문에 '조선적'을 유지할 수밖에 없는 재일조선인도 존재한다. 나아가 남북한이 통일된 이후에나 국적을 취득하겠다는 생각으로 불편을 감수하며 국적 변경을 거부하는 사람들도 있다. 보통 재일조선인에게 국적은 우리의 경우처럼 그렇게 강력한 의미를 지니고 있지 않다. '조선적'을 가졌다고 해서 모두 북한에 동조하는 것도 아니고, '한국적'이라고 해서 한국에 애착을 가진 것도 아니다. 또한 귀화하여 일본 국적을 택한 재일조선인이라고 해서 친일본적인 것도 아니다. 귀화의 동기가 일본 사회의 뿌리 깊은 차별에서 벗어나 일본의 시민권을 획득하려는 의도로 이루어지는 경우가 많기 때문이다. 양영희 감독의 말이다. "국적은 한국이지만, 특별히 어느 나라 사람이 되고 싶다거나 정체성에 대한 고민은 없다. 〈디어 평양〉을 만든 뒤에는 아버지가 '일 때문에 여러 나라를 다녀야 하니 국적을 (한국으로) 바꾸라'고 권하기도 했다."

'가족의 나라'는
어디에 존재하는가?

뇌종양에 걸려도 제대로 된 치료조차 받을 수 없는 오

빠, 그런데도 여전히 북한을 조국이라 부르며 그 나라에 깊은 충성심을 보일 수밖에 없는 아버지, 아들의 고통을 대신할 수 없어 가슴만 치는 어머니. 이러지도 저러지도 못하는 가족사의 비극 앞에서 리애는 분노한다. 그래서 항상 오빠 성호를 감시하며 괴롭히는 양 동무를 찾아가 "당신도, 당신의 나라도 싫어!"라고 소리친다. 그러자 감시원 양 동무는 이렇게 응수한다. "동생분이 싫어하는 그 나라에서 오빠도, 저도 같이 살고 있습니다. 죽을 때까지 그렇게 사는 것입니다." 이 말을 들은 리애는 잊었던 사실이 환기된 듯 멍해진다. 그녀에게 북한은 양립하기 어려운 두 가지 감정의 대상이다. 북한이 너무도 싫지만, 그곳은 사랑하는 오빠의 가족이 생활하는 터전이기에 마냥 증오할 수만도 없다. 귀환하라는 명령 한 마디에 군말 없이 따

- 뇌종양에 걸린 오빠와 북에 대한 변함없는 충성심을 보이는 아버지를 바라보며
  리애는 분노한다.

라야하는 북한이라는 나라는 리애에게 이해할 수 없고, 거부하고 싶은 나라다. 하지만 리애는 양 동무의 말처럼 그 나라에서 사랑하는 자신의 오빠가 평생 살아야 한다는 사실을 부인할 수가 없다. 북한은 가족이 있는 곳이며, 거부할 수 없는 운명처럼 생존을 위해서는 받아들여야 하는 나라인 것이다. 납득되지 않고, 이해할 수도 없는 공간이지만 오빠와 오빠의 가족들이 '사고 정지'를 통해서라도 '살아남아야' 하는 나라이기도 한 것이다. 북한에 대해 느끼는 이러한 애증의 감정은 재일조선인 2세인 리애가 재일조선인 1세인 아버지에게 느끼는 양가감정과도 유사하다. 북한이 이해할 수 없지만 이해해야 하는 나라인 것처럼 리애에게 아버지는 자신들의 삶을 속박한 존재이면서도, 운명적으로 함께 해야 하는 가족이기도 하다. 북한은 이해할 수 없는 나라지만, 지금 내 가족이 삶을 영위하는 근거가 되는 나라이기도 한 것이다.

그렇다면 영화제목 〈가족의 나라〉는 무엇을 의미하며 그곳은 어디에 있는가? 〈디어 평양〉과 〈굿바이 평양〉 두 편의 평양 연작은 실제 가족들이 등장하는 다큐멘터리인 반면, 〈가족의 나라〉는 극영화이다. 두 편의 평양 연작에서는 제목에 '평양'이라는 구체적인 지명이 등장한다. 그러나 〈가족의 나라〉에서는 구체적인 지명 대신 '가족의 나라'라는 표현이 선택되었다. '가족의 나라'는 일단 상식적인 국민국가의 의미가 아닌 것은 분명하다. 영토와 주권,

국민으로 경계 지어진 배타적인 국민국가의 차원에서 보면 아버지와 성호와 리애는 한 가족이지만 그들의 나라는 각기 다르다. 아버지의 나라는 현실적으로 존재하지 않는 '조선'이다. 성호의 나라는 세상으로부터 철저하게 격리된 '북한'이다. 리애의 나라는 해외여행의 편의를 위해 선택된 곳 '한국'이다. 그렇다면 결국 '가족의 나라'는 존재하지 않는가?

여동생 리애가 북으로 돌아가려고 오빠 성호가 탑승한 승용차 문짝을 잡고 버티는 영화의 마지막 장면에서 '가족의 나라'에 대한 암시가 나온다. 마지막 장면에는 오빠를 그냥 북한으로 보내고 싶지 않았던 리애의 심정이 잘 나타나 있다. 리애에게는 남한도 북한도 일본도 아닌 〈가족의 나라〉가 무엇보다 중요하다. 그녀가 마음속으로 열렬히 희구하는 〈가족의 나라〉는 가족들이 '함께 있을 곳, 함께 있어야 하는 곳'이다. 양 감독은 영화가 말하는 '나라'란 국가가 아니라 '장소'를 의미한다고 밝히고 있다. "가족들이 있어야 할 곳, 있어야 하는 곳이란 뜻이에요. '가족이 함께할 수 있는 곳'으로서 나라의 의미는 성호, 리애, 아버지, 어머니에게 각기 다를 수 있어요. 이 가족에게 '가족의 나라'는 없죠. 조국이 뭔지, '홈'이라고 할 수 있는 나라가 어디인지 지금도 찾고 있어요."

보고 싶은 사람이 있으면 어디든지 찾아갈 수 있고 마음만 먹으면 언제든지 함께 할 수 있는 곳, 그곳은 어디일까? 가족의 끈이 연결된 공간인 평양과 오사카, 북한과 일본 어디든지 자유롭게 만나고 함께 할 수 있는 곳이 '가족의 나라'다. 그러나 영화 전편에는 상실감, 분노 등 가족의 내면감정만을 두드러져 있을 뿐, 그 배후에 놓인 분단체제에 대한 성찰이나 통일의 열망과 같은 그 어떤 구체적인 암시가 없다. 그래서 〈가족의 나라〉의 의미를 구현할 수 있는 장소는 매우 추상적으로 다가온다. 보는 사람의 입장에 따라서는 〈가족의 나라〉에는 재일조선인 가족사의 비극과 민족사의 비극이 깊게 연관됨에도 불구하고, 민족사와 분단에 대한 성찰을 의도적으로 회피하고 가족사의 비극만 두드러지게 나타나 있다고 비판적으로 볼 수도 있다. 또는 오히려 그러한 점이야말로 국가와 민족의 배타적 경계를 벗어나 자유롭게 이주하는 유목민적 삶을 찬양하는 것이라 해석할 수도 있다.

'보고 싶은 사람이 있으면 어디든지 찾아갈 수 있고 마음만 먹으면 언제든지 함께 할 수 있는 곳'에 대한 다양한 해석에 앞서 확인해야 할 지점이 있다. 그것은 오늘날 재일조선인이 처한 객관적 현실이 식민, 이산, 분단이라는 20세기 한반도의 역사와 결부되어 있다는 엄중한 현실감각이다. 재일조선인 2세와 3세가 아무리 '민족이란 부자유'로부터 해방되고자 하더라도, 그러한 주관적 의지를 무화시키는 재일조선인 사회의 객관적 현실은 강고하게 존재하고 있다. 민족으로 맞대응하지 않으면 실질적으로 해결되지 않는 민족 차별이 현재도 엄연하게 존재하는 현실도 그렇거니와, 그 어느 집단보다 분단체제의 영향을 받고 있는 현실도 그러하다.

해방 73년의 시간과 분단 73년의 시간이 겹쳐진 현재, 식민과 분단의 무게를 고스란히 견디며 살아가고 있는 집단 가운데 하나가 재일조선인이다. 한반도에 거주하는 남북주민들뿐만 아니라 일본 식민지 시간부터 한반도 분단의 시간을 고스란히 체현하고 있는 재일조선인의 삶에 진정한 해방은 아직 도래하지 않고 있다. 〈가족의 나라〉는 감독 개인의 가족사를 그리고 있지만, 그녀의 가족사에는 한민족의 역사적 아픔이 응축되어 있다. 양 감독의 가족은 한반도의 분단 그 자체를 그대로 닮았으며, 재일조선인 사회의 이중분단의 상황을 재현하고 있다. 양 감독이 처한 가족사의 객관적 현실은 그녀의 삶에 엄청난 압박감을 주었다. 양 감독은 이러한 현실이 주는 강박에 이끌려, 자전적 영화 3부작 가운데 마지막 작품인 〈가족의 나라〉를 찍었던 것이다. 결국 양 감독의 가족 이야기는 단지 개인의 가족사만이 아니라 한반도의 역사적 자장 안에서 벌어지는 이야기인 셈이다. 양 감독의 말처럼 '가족의 끈이 연결되어 있다면 자유롭게 만나고 함께 할 수 있는 곳'은 국가가 아니라 '장소'를 의미한다. 그런 의미의 '가족의 나라'는 재일조선인 가족에게만 없는 것이 아니라, 한반도에 살고 있는 남북 이산가족들에게도 없다. 그렇다면 그 장소란 어디에 있는 것일까? 남과 북의 주민, 재일조선인 등 한민족 상호 간의 소통과 협력을 이루며 각자의 거주 지역에 살고 있는 사람들의 현실을 개선하려는 노력, 자신들의 삶에 안정감을 부여하는 새로운 민족적 유대의 방식들을 창출하려는 노력, 그리하여 이런저런 지혜와 노력이 모여 궁극적으로 통일한반도를 건설하는 데 〈가족의 나라〉가 존재하는 것이 아닐까?

〈울보 권투부〉, 져도 울고 이겨도 우는 조선학교 권투부

박민철
건국대학교 통일인문학연구단 HK연구교수

'재일조선인'과
'조선학교'를 소재로 삼은 영화

조국인 한(조선)반도를 떠나 타민족이 주류인 다른 나라에 살고 있는 '한(조선)민족' 집단을 우리는 일반적으로 '코리언 디아스포라((Korean Diaspora)'로 정의한다. 코리언 디아스포라의 역사적 발생은 분명 일제 강점기였다. 제국 일본의 식민주의 통치가 동반한 정치적 탄압, 강제수탈, 신체적 억압, 물리적 차별 등은 조선반도에서 살고 있던 코리언들의 해외로의 이주를 불러왔다. 결과적으로 현재 코리언 디아스포라는 적게는 700만 많게는 750만 명에 이르는 것으로 추산되고 있으며, 이들이 거주하는 국가는

대표적으로 한반도 주변의 동아시아이다. 그런데 애초 '나뉘고(dia)' '흩어진(spora)'이라는 어원을 갖는 디아스포라는 유대인만을 의미했다. 디아스포라가 다른 민족들의 이산경험까지 포함하는 포괄적인 개념으로 확장된 것은 '세계화'의 물결이 전 세계로 퍼져 나갔던 1990년대 이후에서부터였다. 이러한 흐름 속에서 '코리언 디아스포라'는 '본국'의 우리에게 선명하게 인식되기 시작했다.

　동시에 코리언 디아스포라에 대한 연구들이 활성화되었으며, 그들의 역사적 삶을 소재로 하는 작품도 많이 만들어졌다. 특히 다큐멘터리 형식의 영화가 그랬다. 이들 영화는 대체로 그들의 현재적 삶을 비추는 동시에 그들이 경험해 온 역사적 고난과 비극에 초점을 맞췄다. 어찌 보면 당연한 이유에서였다. 코리언 디아스포라는 고유한 민족의식과 더불어 20세기 한반도의 역사적 수난, 그리고 자신들의 거주국에서의 체험과 경험 속에서 그 특수한 성격을 부여받게 된 존재이기 때문이다.

　동북아시아에 흩어진 코리언의 민족 이산은 자발적인

이주가 아니라, 정치적 탄압과 토지 및 생산수단의 수탈, 강제징용 등 일제의 식민지 통치 방식이라는 외부적 요인에 의한 반(半)강제적 이주였다. 더불어 그들은 거주국의 사회문화적 환경에 적응하기 위해 고난과 차별의 역사를 묵묵히 감내해나갔으며 결국 자신들의 언어와 의식, 정서와 생활문화를 스스로 변용시켜나갔다. 따라서 코리언 디아스포라가 갖는 고유한 '역사-존재론적 특성'을 규정하자면 일제 강점 그리고 분단과 같은 민족적 경험, 더불어 거주국에서의 생존과 적응을 언어, 관습, 문화, 혈연 등과 같은 전통적 요소들을 변용시키고 재구성해 온 역사적 경험들이 응축되어 구성된 정체성이라고 할 수 있다.

그런데 코리언 디아스포라 중 일상화된 차별과 폭력에 가장 심하게 노출된 집단이 있다. 바로 재일조선인이다. 이들이 남게 된 국가가 식민지 종주국인 일본이었다는 우연적 사실은 재일조선인들에게 해방 '이후'의 시간과 해방 '이전'의 시간이 결코 분리될 수 없었다는 점을 의미했다. 특히 전범국가로서의 책임만 부여되었을 뿐 식민역사에 대한 책임 의무가 일본에 부여되지 않은 것은 이러한 분리를 가로막게 된 결정적인 원인이 되었다. 일본 내에 국가와 사회로부터 촉발되는 일상적이고 끊임없는 폭력과 차별은 계속 깊어져 갔다.

바로 이러한 배경은 재일조선인 소재의 영화가 다른 코리언 디아스포라에 비해 많을 수밖에 없는 이유가 되었다. 간략히 떠올려 봐도 2000년 이후 〈GO〉(2001), 〈디어 평양〉(2005), 〈박치기〉(2006), 〈우리 학교〉(2006), 〈굿바이 평양〉(2009), 〈가족의 나라〉(2012), 〈60만번의 트라이〉(2013), 〈그라운드의 이방인〉(2014) 등의 영화가 연속적으로 제작 및 발표되었다. 하지만 재일조선인들에 대한 영화가 많은 이유에는 또 다른 배경이 존재했다. 그것은 근대적 민족국가의 건설에 있어서 핵심적 원리이기도 한 '국적' 문제이다.

해방 이후인 1947년, 일본 정부는 당시 일본에 거주 중이었던 조선인들에게 '외국인'으로 등록하라는 명령을 내렸다. 그들에게는 분단 이전의 '조선'이라는 익숙한 명칭이었기에, 그들이 '고민 없이' 선택할 수 있었던 국적은 '조선'이었다. 그래서 대부분의 재일조선인은 '조선적'으로 자신들의 국적을 등록했다. 하지만 이때의 '조선'은 남과 북 중 어느 곳이 아니라 식민지 이전의 한반도를 가리키는 것이었다. 결국 재일조선인들이 피할 수 없었던 '외국인' 등록은 결국 일본 정부의 측면에서 볼 때 식민 지배의 책임과 배상 의무로부터 도피하기 위한 법적인 출발점이 되었다. 일본은 그렇게 그들을 외국인으로서 규정했으며, 이를 통해 자신들이 해야 할 책임과 배상을 단순한 '은혜와 인도적 지원'의 차원으로 탈바꿈시켰다.

하지만 더 큰 문제는 이들에게 부가된 또 다른 차별과 폭력이 발생했다는 점이었으며, 그것은 그들이 모국이라고 불리는 한(조선)반도의 분단으로부터 발생했다는 점이었다. 한(조선)반도의 분단은 재일조선인들을 다시금 '한국적', '일본적', '조선적'으로 구분하였으며 그 국적선택에 따라 친근감을 의도적으로 강화시켰다. 한(조선)반도의 남과 북은 각각의 '국민 만들기' 과정에서 이들을 선택적으로 이용했다. 재일조선인들을 다루는 영화에서 반복되는 '국적'이라는 소재는 이렇게 만들어졌다.

2015년에 개봉된 〈울보 권투부〉(2015, 감독 이일하) 역시 큰 맥락에서 보면 이러한 소재를 다루고 있는 영화이다. 이 영화에서 나오는 조선학교 졸업생은 다음과 같은 말을 담담히 들려준다.

> "재일 동포는 어디에도 속하지 않는다. 나쁘게 말하자면 '속할 수 없다.' 좋게 말하면 '속하지 않는다.' 북한에서 볼 땐 북한 사람이 아니고 한국에서 볼 때도 한국 사람이 아니며 일본에서 볼 때도 일본 사람이 아닌, 재일 동포는 재일조선인의 뿌리가 어디에 있는가를 확실하게 인식하고 지금 각자가 있는 자리에서 열심히 살아가는 사람들이라 생각합니다."

이렇게 북에서 볼 때 북한 사람도 아니고, 한국에서 볼 때도 한국 사람이 아니며, 일본에서 볼 때도 일본 사람이 아닌 이들, 재일조선인의 뿌리가 어디에 있는가를 알고 지금, 이곳에서 열심히 살아가는 이들을 그린 영화가 바

로 〈울보 권투부〉이다. 〈울보 권투부〉는 권투부 동아리에
소속된 재일조선인 학생들의 이야기를 그린 작품이다. '권
투'라는 이미지와 '울보'라는 이미지가 결코 어울리지 않
듯, 재일조선인 학생들을 다루는 영화 제목이 〈울보 권투
부〉라는 사실 역시 무척이나 낯설게 느껴진다. 실제로 이
영화는 비슷한 종류의 영화에 비해 그 서사(narrative)가 조
금은 생경하다.

조선학교를
다닌다는 것

　재일조선인 학생들이 다니는 '조선학교' 역시 이들을
다루는 영화에서 반복적으로 등장하고 있는 주요 소재였
다. 〈GO〉, 〈박치기〉는 재일조선인 학생들의 정체성 혼란
과 일본에 대한 반감을 그리고 있으며, 〈우리 학교〉와 〈60
만번의 트라이〉, 〈울보 권투부〉는 그들이 다니는 조선학교
의 이야기를 그리고 있다.

　이 중 〈울보 권투부〉는 도쿄에 소재하는 '도쿄조선중
고급학교'(도쿄조교)에 다니는 학생들의 진솔한 이야기를
그린다. 하지만 영화의 첫 장면으로 나오는 조선학교의 하
루는 학생들의 순수한 웃음과는 달리 결코 평온하지 않다.
최근까지도 이어지고 있는 일본사회의 헤이트 스피치(hate

speech)의 장면이다. 〈재일특권을 허용하지 않는 시민 모임〉 (재특회)는 오사카시 한가운데서 "조선인은 떠나라, 두들겨 패서 내쫓자, 바퀴벌레 조선인은 분신자살하라, 돼지 기무치 새끼, 빠가, 죽어라"라는 섬뜩한 구호를 외친다. 이러한 시위의 모습은 결코 위축되어 보인다거나 삼엄한 경계 안에서 협소하게 이뤄지는 것 같은 모습이 아니다.

수적으로만 볼 때 소수인 혐오주의자들이 주류를 이루고 그들에 비해 다수인 재일조선인들이 오히려 소수인 것처럼 느껴진다. 재일조선인은 그렇게 일본사회가 내뿜는 적대와 혐오에 포위되어 있다. 이런 점에서 내 가족과 내 집단으로 향하는 증오의 시선들이 일상화되어 있다는 것이 '재일(在日)'이라는 의미일지도 모른다. 그런데 "너희들은 포위되어 있다"는 영화 속 헤이트 스피치의 구호는

- 도쿄조선중고급학교 권투부 학생들.

한편으로는 그곳으로부터 멀리 떨어져 있다는 안도감을 주며, 다른 한편으로는 같은 민족이라는 의식 속에서 그들에 대한 분노를 가져온다.

만약 이러한 영화의 첫 장면을 보고 '아직도 차별이 만연한 그곳에 사는 재일조선인 학생들이 불쌍하다'고 느낀다면, 그것은 잘못된 생각일 수 있다. 재일조선인 학생들은 '아직도'가 아니라 '지금도 여전히' 식민지 종주국이 내뿜는 압박의 최전선에 서 있는 이들이다. 따라서 영화의 첫 장면을 지나면 어떤 관점이 자연스럽게 자리 잡게 된다. 그것은 재일조선인을 다루는 기존 〈GO〉 또는 〈박치기〉처럼 이 영화 역시 차별받는 소수민족으로서 재일조선인들이 일본 사회에 '주먹'으로 맞서는 게 아닐까 하는 생각이다. 영화의 한 장면에서 등장하는 조선학교의 졸업생은 다음과 같이 말했다.

"고등학교 때는 '일본학생에게 질 수 없다'라는 마음으로 복싱을 해왔어요. '우리가 질 것 같아?'라는 식으로... 적이 있고, 우리는 뭉쳤어요... 책가방 매고 초등학교 다니던 시절에는 어른들이 '어이 조센징'이라고... 저도 모르는 사이에 우리 편하고 일본사람 편이 생겼고, 적이었어요."

하지만 이러한 구도가 영화 내내 반복되지 않는다.

〈울보 권투부〉에서는 이러한 졸업생의 시각과 재학생의 시각을 대비시키면서 그들의 변화를 조용히 보여줄 뿐이다. 이미 조선학교의 스포츠 동아리는 비슷한 영화에서 등장했던 전례가 있었다. '대결과 승부'라는 스포츠의 메커니즘은 재일조선인의 현실을 효과적으로 보여줄 수 있는 소재였기 때문이다. 예를 들어, 〈60만번의 트라이〉는 오사카에 있는 조선학교의 럭비부를 그린 영화이다. '60만 번의 트라이'는 럭비 경기에서 상대편 진영 끝에 공을 찍어 득점을 올리는 '트라이'가 60만 번이나 되었다는 의미가 아니라, 60만 명의 재일조선인 전체의 꿈과 희망 그리고 그들의 외로운 투쟁을 의미한다. 이렇게 조선학교와 그 학교의 스포츠 동아리는 재일조선인의 현재적 삶을 영화화하는 데 매우 효과적인 장치가 되었다. 〈울보 권투부〉 역시 〈60만번의 트라이〉와 동일한 소재와 주제를 그리고 있다. 하지만 이 영화의 가장 큰 특징은 기존의 재일조선인들을 다루는 시선으로부터 자유롭다는 점이다. 흔히 표현되는 재일조선인들의 '한(恨)', 스포츠 영화에서 엿볼 수 있는 일본인들에 대한 대결의식이 이 영화에서는 두드러지지 않는다.

권투대회에서 우승하고 싶은 주장 강유삼, 곤충박사가 되고 싶은 백원호, 프로복서를 꿈꾸는 박겸현, 캐나다로 유학을 가 경제 논문을 쓰고 싶은 장일귀, 사람에게 도움이 되는 가게를 운영하고 싶은 박동인, 홋카이도에 가서 치지를 만드는 장인이 되고 싶은 리유종, 민족사업을 하고 싶은 김경우, 조리사가 되고 싶은 리수광, 한국의 아이돌 그룹 '빅뱅'을 좋아하는 권투부 매니저 량미미 등이 이 영화의 주인공들이다. 그리고 이들은 '그저 권투가 좋아서' 모인 재일조선인 학생들이다. 물론 이들이 조선학교에 오게 된 계기는 다양하다. 그럼에도 불구하고 조선학교로 오게 된 공통점이 있다면, 그것은 '우리학교니까'라는 아주 단순한 이유이다.

> "일본에서 살면 재일조선인이라 많이 차별도 당하고 어려운 상황인지도 모르지만 '나는 조선학교 다녀서 좋았다'라고 많이 생각하기 때문에 별로 '재일조선인으로 태어났으니까 어떻다든가' 그런 것은 특별히 없어서 오히려 좋았다라고 할까. '우리학교에 다닐 수 있어서 좋았다'라는 것이 제일 크기 때문에 '재일조선인으로서 앞으로도 잘 살아가자'라는 생각은 있습니다."

그렇다면 조선학교는 왜 재일조선인 영화에 반복적으로 등장하는 것일까. 일제의 패망 이후 조선으로 '돌아갈 수 없었던' 일본 거주의 조선인들은 '국어강습소'를 세웠다. 일본 각지에 세워진 이러한 국어강습소는 차츰 학교의 형태로 스스로를 발전시켰고, 재일조선인의 민족교육은 이렇게 식민지 종주국에서 뿌리내리기 시작했다. 1946년 500여 개가 넘는 학교가 세워졌다. '조선학교'라는 명칭에서도 드러나듯이 이들이 스스로 선택한 자신들의 정체성은 '조선'이었다. 그러나 재일조선인은 연합군과 패망한 일본 정부에게 단순히 치안 통제의 대상일 뿐이었다. 이들은 조선학교의 존재를 인정하지 않았으며 심지어 폐쇄령을 지시했다.

이런 점에서 재일조선인들에게 민족학교는 꺾일 수 없었던 민족적 자존심을 상징하는 것이 될 수밖에 없었다. 1948년의 폐쇄령에도 불구하고 이들은 연합군과 일본정부를 향한 끈질긴 투쟁을 벌였고 학교의 존립을 위해 끊임없이 단결하고 스스로를 지켜갔다. 이러한 상황 속에서 1955년 '재일본조선인총연합회(조선총련)'이 결성되었고 그러한 단체를 중심으로 현재의 체계적인 민족교육의 형태로 급속하게 학교를 발전시켜갔다. 조선학교는 이렇게 '우리 민족'이 모여, '우리의 말과 글'로 '우리의 역사와 문화'를 배우는 유일한 공간이 되었다. 영화에서 가장 많이 등장하는 것은 민족이라는 단어가 아닌, "우리"였다. 이 "우리"라는 단어는 차별과 억압 속에서 살고 있는 재일조선인의 집단적 정체성을 저항적으로 표현하는 단어일지도 모르겠다.

실제로 여전히 재일조선인 학생들에게 지속되고 있는 것은 식민지 종주국의 적대적 차별이다. 지금은 시정되었

지만 조선학교에 다니는 학생들의 경우 통학권의 학생할
인에서 제외되었다거나, 학생 스포츠대회 참가를 제한당
하는 등 차별이 있었다. 그럼에도 불구하고 여전히 2010
년 4월부터 일본에서 시행된 '고교 무상화 정책'에 조선학
교가 배제되고 있으며, 나아가 조선학교 중 유일한 대학교
인 조선대학교의 경우 입학 학생들에게는 대학생의 지위
가 부여되지 않는 실정이다. 이렇듯 재일조선인 학생들에
게는 민족교육을 받을 수 있는 유일한 학교가 조선학교이
지만, 여전히 이 조선학교들은 일본사회에서 의무교육을
하는 정규 학교로 인정을 받지 못하고 있다.

　〈울보 권투부〉에서는 조선학교 학부모들의 모습도 등
장한다. 그들은 교육 관련 행정을 담당하는 정부의 건물
앞에서 매주 집회를 개최하고 있다. 일본 땅에서 평생을
재일조선인으로서 살아왔고, 또한 앞으로 재일조선인으로
살아갈 자신들의 아이들을 위해 그곳에 모인 것이다. 그들
의 외침은 앞서 말한 헤이트 스피치에서 나오는 증오의 외
침와 오버랩되어 인상 깊게 남겨진다.

> "우리는 일본 국민은 아니지만 일본 국민과 똑같이
> 근로, 납세, 교육의 의무를 다하고 있지 않습니까?
> 조선인이라는 이유로 수없이 '어이 조선 총, 총' 이런
> 말들을 들어왔습니다. 차별을 당해왔습니다. 그럴 때
> 우리들의 기분을 생각해봐 주십시오. 우리 아이들의

교육 기회, 권리를 빼앗지 말아 주세요."

　"힘이 있는 사람은 힘을, 돈이 있는 사람은 돈을, 지식이 있는 사람은 지식을"이라는 말은 일본에 있는 모든 조선학교가 공통적으로 내세우는 모토라고 한다. 식민지 종주국에서 자신들의 후손을 위한 교육기관을 세우는 힘든 과정에서도, 그들은 이러한 모토 속에서 '우리 민족을 위한 학교'를 만들어갔다. 하지만 여전히 일본 내 조선학교의 현실은 어둡기만 하다. 2017년에 들어서야 비로소 조선학교를 고등학교 수업료 무상화에서 배제한 일본 정부의 조치가 위법이라는 일본 법원의 첫 판결이 나왔을 뿐이다. 영화 속 주인공들의 부모님은 이렇게 외쳤다. 이것은 오늘도 여전히 반복되고 있는 일본 정부를 향한 재일조선인들의 외침일 뿐만 아니라 자신들의 아픔과 고통을 후손에게 결코 대물림할 수 없다는 절규이기도 하다.

　　"당신들의 차별에 의해 우리들의 상처는 더 강하고
　　견고하게 된 것일지도 모릅니다. 하지만 조선학교에
　　다니는 우리 아이들에게 그런 상처의 딱지가 점점
　　더 커져가는 기분을 느끼게 하고 싶지 않습니다."

국적으로
설명할 수 없는 것들

그러나 영화에서 나오는 조선학교 안에서의 학생들 모습은 학교 밖과는 달리 여전히 밝고 해맑다. 여느 곳에서도 볼 수 있는 순수한 학생들의 모습이다. 〈울보 권투부〉의 배경이 되는 도쿄조교에서는 한국적, 조선적, 일본적 등 다양한 '국적'을 가진 조선인 학생들이 민족의 언어, 역사, 문화를 배우고 있다. 이때 한국과 일본은 현재의 국가를 의미한다. 반면 '조선'적은 '조선민주주의인민공화국'의 국적을 의미하는 것이 아니라, 식민지배 하 한(조선)반도의 출신자와 그 자손을 외국인으로 등록할 때 그들에게 표시한 총칭이다. 하지만 이 '조선'이라는 단어는 한(조선)반도의 북쪽에 있는 국가로 동일시되었고, 여전히 이러한 왜곡된 인식 속에서 그들에 대한 막연한 거리감과 차별이 본국인 한(조선)반도로부터 계속되고 있다.

물론 조선학교와 '조선민주주의인민공화국'의 자연스러운 연결이 반드시 자의적이라고 할 수만은 없는 이유 역시 존재한다. 조선학교 설립 초창기, 일본사회의 탄압 속에서 어렵게 유지되고 있었던 재일조선인들의 민족학교에 대해 커다란 관심과 지원을 했던 것은 북이었다. 여러 자료에 따르면 전쟁이 끝난 지 얼마 지나지 않았던 1957년에 어려운 상황에서도 약 2억 엔이라는 교육 원조비를 보냈던 것은 북이었다. 극심한 탄압과 민족적 차별 속에서 이렇게 전해진 2억 엔이라는 교육 원조비가 그들의 본국인 한(조선)반도로부터 전달되었다는 사실은 상상 이상의 감동이었을 것이다. 조선학교를 단순히 '친북' 내지 '조총련계' 학교로 터부시할 수 없는 이유가 바로 여기에 있다. 이러한 것은 오히려 오랜 시간 국가가 덧씌운 이데올로기적 편견 속에서 우리가 만들어낸 또 다른 폭력에 지나지 않는다.

실제로 〈울보 권투부〉에 나오는 도쿄조교 학생들의 모습은 이러한 구분이 우리들이 만들어낸 시선에 불과할 뿐이라는 사실을 여실하게 보여준다. 국적과 전혀 상관없이, 일본에 사는 '같은 민족'이라는 사실 하나만이 학생들 간의 유대감을 만들어내고 유지시켜주는 조건일 뿐이다.

> "우리는 재일 교포 3세, 4세가 대부분입니다. 혹은 5세도 있어요. 저의 국적은 '조선적'인데요. 조선적은 북한 국적이 아니에요. 조선은 한반도가 남북으로 갈라지기 전의 조선반도를 의미합니다. 동무들의 반은 조선적, 반은 한국 국적이에요. 하지만 우리는 아무도 국적에 신경을 안 씁니다."

이렇듯 영화에서 나오는 학생들은 '일본'이든 '대한민국'이든 '조선민주주의인민공화국'이든 어느 특정 국가의 국적을 취득하는 것에 큰 의미를 부여하지 않는다. 오히려 그들은 재일이라는 그것 자체, 또는 남북으로 갈라지기 전 한(조선)반도에 자신들의 정체성의 기원을 두고자 한다. 영화 속 주인공들의 이러한 순수한 고백은 코리언 디아스포라를 바라보는 우리들에게 반성의 계기로 작동한다. 특히나 한국인 가운데 재일조선인에 대해 '친북' 이미지를 갖고 있거나, '조선적'을 친북적 성향으로 이해하는 사람들이 여전히 많다.

중국에 사는 조선족과 러시아와 중앙아시아에 사는 고려인들에 대한 한국인들의 인식이 대체로 '못 사는 국가에서 온 동포'라는 비교우위적 시선이라고 한다면, 조선적을 가진 재일조선인들에 대한 한국인의 인식에는 국적 변동에 대한 어떤 억압적 시선이 깔려 있다. 1990년대 경제발전에 힘입어 북한과의 체제경쟁에 승리했다고 판단한 한국은 대한민국 중심의 국민정체성을 더욱 강화시켰다. 그리고 대한민국 중심의 국민정체성에 대한 강조는 대표적으로 재일조선인에 대한 차별과 직결되었다. 해방 이후 일본에 있던 조선인들은 일본의 국민으로도 또 해방된 한(조선)반도의 민족으로도 대우받지 못한 채 단순히 '조선적'으로 표기되었다. 하지만 곧이어 그들은 또다시 '한국 or 조선 or 일본'을 선택해야만 했다.

재일조선인의 이러한 역사-존재론적 특징은 곧 그들에게 대한민국 국가중심주의적 프레임이 강하게 적용될 수 있는 이유였다. 재일조선인에 대한 기본적인 이해가 없는 한국사회(인)들은 '한국이라는 국적=민족정체성'이라는 선택을 요구했다. 여전히 한국사회(인)은 끊임없이 재일조선인들에게 어느 국적인지 증명하라고 요구한다. 예를 들어, '조선적'을 유지하고 있는 재일조선인에 대한 처우가 그러하다. 일본에 귀화하지 않은 '조선적' 동포의 한국방문은 국적을 한국으로 바꾸지 않는 한 불가능한 것이 지금의 현실이다.

그렇다면 '국적이 아닌 것'으로서 재일조선인을 묶어주는 것은 무엇일까? 국적의 부여는 자기정체성이 수동적으로 부여되는 것을 의미한다. 하지만 영화에 나오는 학생들은 스스로 국적을 초월해서 자신의 집단적 정체성으로서 민족을 자발적으로 불러낸다. 하지만 이때의 민족은 역사적 경험 이전에 선험적으로 규정된 혈연적, 문화적 공동체가 아니다. 영화 속 아이들이 말하는 민족은 민족학교라는 상징 속에서 강하게 체험된 민족적 의식으로서 민족이다. 영화에서 나오는 어떤 재일조선인 학생은 이렇게 말한다.

> "우리들의 교복인 치마저고리, 우리에게 치마저고리는 민족의 긍지입니다. 지금의 일본 사회에서는 치마저고리조차 입을 수 없습니다."

하지만 영화에서 학생들은 등하교시 치마저고리를 입

지 못했다. 그 학생들은 학교 안으로 들어와서야 비로소 "신변안전을 위해 만든 제2교복"을 벗고 치마저고리로 갈 아입는다. 이때 치마저고리는 단순히 치마저고리가 될 수 없다. 그것은 조선의 전통적인 저고리도 아니며, 여성성을 드러내기 위한 치마도 아니다. 이것은 재일조선인들의 오랜 역사적 삶이 고스란히 응축된, 그래서 결코 우리들이 함부로 재단하거나 비판할 수 없는 고유의 상징물인 것이다.

일찍이 재일조선인이자 일본사회에서 활동하는 지식인인 서경식은 민족 개념을 과거의 본래적인 역사 공동체가 아니라, 식민지배와 분단모순으로 인한 고통과 상처를 공유하고 그 고통에서 해방되기를 지향함으로써 서로 연대하는 미래지향적 공동체로 규정한 바 있다. 이때 그가 말하는 민족개념은 20세기의 식민지배, 이산, 분단의 역사적 경험 이전에 한(조선)민족이 본질적으로 공유한 혈연적, 문화적 공동체와 다르다. 그에 따르면, "식민지배, 고향상실과 이산, 민족분단, 차별과 소외, 근대 역사를 통해 우리나라 민중이 공유하게 된 이 고난의 경험이야말로 우리를 하나의 '민족'으로 묶어주는 것이다."(서경식 지음, 임성모 옮김, 『난민과 국민 사이』, 돌베개, 2006)

하지만 최근 들어 '민족'을 과거 회귀적인 본질주의나 개인을 억압하는 집단주의와 연결시키는 여러 비판이 힘을 얻고 있다. 그런데 이러한 비판들은 때론 '민족'을 호명할 수밖에 없는 현실의 문제에 대한 숙고를 배제하며, 왜 그들이 민족에 기초해 사고할 수밖에 없는지를 철저히 묻지 않는다. 그러나 민족을 호명하게 만든 원인으로서 그 사회구성원들에게 가해지는 억압이나 고난이 사라지지 않을 때, 민족은 특정한 상징이 되어 지속된다. 〈울보 권투부〉에서 주인공들은 시합에서 '져도 울고', 반대로 '이겨도 운다.' 그 눈물이 정확히 어떤 의미인지를 영화에서는 명시적으로 표현하지 않는다. 이 눈물의 의미를 재일조선인의 삶과 결부시켜 비극적 눈물로 이해해서도 안 되겠지만, 그렇다고 기쁨의 눈물로 이해할 수도 없을 것이다. 하지만 분명한 것은 재일조선인들이 민족만큼 눈물겹게 지켜낸 것은 없다는 점이다.

식민주의와 분단의 극복을 위한 그들의 몸짓

일본사회에서의 뿌리 깊은 차별과 배제는 재일조선인들로 하여금 자기정체성에 대한 표현을 어렵게 하거나 최소한 주저하게 했다. 이 속에서 존재의 이유에 대한 부정 역시 피할 수 없는 과정이었을 것이다. 도교조교 권투부 동아리의 졸업생이자 당시 일본에서 프로권투 생활을 하고 있는 등장인물은 다음과 같이 고백한다.

"(조선학교를 다니는 게) 정말로 좋았는데, 정말로 싫었던 적도 있었습니다. 나는 왜 조선인으로 태어나서 왜 이런 학교를 다녀야 하나. 그만둬 버리고 싶어 몸부림치던 때가 있었습니다. 정말로. 콤플렉스였으니까요... 넘어설 수 있었던 것은 동창생 혹은 선배님..."

영화의 막바지, 권투부의 주인공들은 조선학교를 졸업하게 된다. 그러면서 자기가 생각하는 조선학교의 의미를 고백한다. "최종적으로 자기가 조선인이라는 것을 가르쳐주었고, 어떻게 살아갈 것인가 라든지 알려주는" 곳이 바로 조선학교다. 조선인으로서의 자기정체성과 앞으로의 자기 삶의 방향성이 이곳에서 만들어지는 것이다. 재일조선인 서경식은 재일조선인을 '나는 누구인가에 대해 끊임없이 고민하는 존재', '국가라는 것을 뛰어넘어 다음 시대를 통찰하는 존재', '국가나 메이저리티의 횡포에 복종하지 않는 존재'로 설명한다. 실제로 코리언 디아스포라 중 재일조선인들은 식민 종주국의 거주하는 조건 속에서 식민지 지배와 분단체제에 의해 한(조선)민족이 경험해 온 슬픈 역사를 가장 민감성 있게 바라보면서 그것을 극복하기 위해 노력하는 집단이라고 할 수 있다. 이런 점에서 재일조선인들에게 한(조선)반도의 분단극복과 통일은 가장 중요한 문제가 된다.

　　"우리의 꿈은 조국통일입니다. 남북이 하나 되는 것
　　이 우리들의 꿈입니다."

　　그런데 조금의 위험을 무릅쓰고 말하자면 우리들의
'인식에서' 재일조선인은 비극적 표상과 쉽게 연결되곤 했
다. 물론 재일조선인이 거주국에서 보낸 경험적 삶은 식민
지배의 경험은 물론 해방 이후에도 식민주의와 분단 상황
이 여전히 지속되고 있다는 한(조선)반도의 현실과 깊게 관
련되어 있다. 실제로 일제 식민 지배의 역사는 재일조선인
들에게 이산의 고통을 주었으며, 식민 종주국에서 삶은 폭
력과 억압에 불과했을 뿐만 아니라 분단으로 인한 남북의
상호 적대성은 그들에게도 동일하게 반복되었다.
　　하지만 이러한 역사적 수난의 경험들은 그들이 오히
려 분단극복과 통일에 실존적 관심을 가지게 만들었다. 영
화에서 주인공들은 남의 아이돌 그룹을 좋아하며, 또한 동
시에 북으로 수학여행을 가서 아름다운 조국의 산과 들을
가슴 속에 품고 돌아온다. 최소한 이들 사이에 남북의 적
대감은 전혀 존재하지 않는다. '통일이 되면'이라는 단어
역시 이 영화 속에서 자주 등장하는 주인공들의 말이었다.
식민의 결과가 분단이었고, 분단의 결과가 현재 오늘날의
재일조선인의 삶과 연결되어 있듯이, 결국 조국의 통일은
자신들의 삶을 온전히 회복시킬 수 있는 조건이 된다는 점
을 이해하긴 어렵지 않다. 바로 이런 점에서 그들은 곧 새

로운 세대로 새로운 시대를 만들어가는, 갈라진 조국을 이어줄 다리의 역할을 담당할 수 있다. 무엇보다 갈라진 조국의 통일은 그들의 민족정체성을 온전히 완성시켜줄 계기이자, 여전히 또 다른 차원의 피식민 삶을 극복할 기회가 될 수 있기 때문이다.

이를 위해선 재일조선인들이 겪은 슬픈 역사에 대한 인식을 공유할 필요가 있다. 그동안 한국정부는 동북아시아지역에 거주해 있는 코리언들에 무관심하거나 남북의 체제경쟁 속에서 필요에 따라 활용해왔다. 그리고 이러한 상황은 현재도 근본적으로 변화되지 않았다. 하지만 그들 역시 우리와 마찬가지로 식민과 이산, 분단과 전쟁이라는 민족적 아픔을 공유하고 있는 집단이다. 따라서 그들에 대한 수평적 인식, 민족적 연대를 통해 같은 민족구성원으로서의 지위와 역할을 보존해줘야 한다.

영화 속 주인공들은 자신들에게 가장 중요한 시합에 출전하는 버스 안에서 코치는 권투부 학생에게 '우리 노래 아는 거 있나?'라고 묻는다. 그 질문을 받은 학생은 수줍게 〈임진강〉이라는 노래를 불렀다.

> 림진강 맑은 물은 흘러흘러 내리고 / 뭇 새들 자유로이 넘나들며 날건만 / 내 고향 남쪽땅 가곺아도 못 가니 / 림진강 흐름아 원한 싣고 흐르느냐
> 강 건너 갈밭에선 갈새만 슬피 울고 / 메마른 들판에

선 풀뿌리를 캐건만 / 협동벌 이삭 바다 물결 우에
춤추니 / 림진강 흐름을 가르지는 못하리라 / 내 고
향 남쪽땅 가곱아도 못가니 / 림진강 흐름아 원한 싣
고 흐르느냐

그리고 남과 북, 그리고 일본에서도 각각의 이유로 금
지곡이 되었던 〈임진강〉을 재일조선인 학생들 모두 자유
롭게 따라 부른다. 남, 북, 일본 그 '어디에도 속하지 않는'
재일조선인들의 노래가 영화의 마지막까지 인상 깊게 남
겨진다.

〈고려아리랑: 천산의 디바〉, 고려인의 노래에 담긴 코리언 디아스포라의 삶

유진아
건국대학교 대학원 통일인문학과 박사과정 수료

중앙아시아로 강제이주된
고려인의 이야기

이야기는 150년 전에서 시작된다. 조선 말기 큰 흉년으로 먹을거리, 기댈 곳을 찾던 백성들은 조선반도 북쪽으로 향했다. 청나라와 러시아 변방 인적 드문 곳에 그들은 땅을 일구기 시작했다. 한두 집씩 국경을 넘던 것이 마을 단위로 이주하기도 했다. 연해주, 바다에 닿은 그곳에 '신한촌'이라는 마을이 생겼다. 조선보다 더 조선 같다던 마을이었다. 조선어 학교가 세워지고, 우리말 신문을 발행되었다. 극단도 생겼다. 고려극장이었다.

〈고려 아리랑 : 천산의 디바〉(2016, 감독 김소영)는 연해주에서 시작하여 중앙아시아로 옮겨진, 넓디넓은 구소련지역을 유랑하던 '고려극장'의 이야기이다. 남과 북, 구소련에 머물던 고려인 이야기를 다룬 김소영 감독의 망명 3부작-〈김 알렉스의 식당 : 안산-타슈켄트〉(2014), 〈고려 아리랑 : 천산의 디바〉, 〈굿바이 마이 러브, NK〉(2017)-중 두 번째 작품이기도 하다. 영화는  천산이 뻗은 지역을 누비던 고려극장의 두 디바, 리함덕과 방 타마라의 삶을 좇으며, 그 시절 고려인들의 삶을 조명한다.

고려인들이 십 리도, 백 리도 아닌 만 리 밖 중앙아시아에 살게 된 데는 고단한 역사가 자리하고 있다. 연해주에 머물던 고려인들은 1937년 10월, 스탈린의 강제이주 정책에 의해 중앙아시아 곳곳으로 던져졌다. 스탈린은 일본인과 닮은 조선인들을 국경 지대에 두길 꺼렸고, 척박한 중앙아시아 박토를 개간할 일꾼이 필요하기도 했다. 당시에도 고려인들은 우수한 농업기술을 가졌다고 알려져 중앙아시아 농업 생산량 향상에 적합할 것으로 판단되었다.

'던져짐'이란 표현은 적당하다. 어느 날 갑자기 17만 명에 달하는 고려인들이 한 달 넘게 가축용, 화물용 열차에 태워져 도착한 땅은 춥고 거칠고 비어있었다. 바람과 비를 피할 집도, 물과 식량도 없었다. 이주 통보를 받은 지 일주일도 채 되지 않는 기간 동안 짐을 꾸릴 적엔, 대부분의 재산은 처분 못 한 채 버려두고 와야 했다. 각기 다른 곳에 실려가고 내려져 이산가족이 된 이도 적지 않았다. 거의 맨손으로 하루아침에 맨땅에 던져져 살아남은 시간을 우리는 상상할 수 있을까.

그러나 영화가 보여주는 시간은 그 '슬픔'에 머물러 있지 않다. 오히려 끊임없이 슬픔을 벗어나기 위해 노력한다. '강제이주'라는 사건은 앞부분의 내레이션으로 짤막한 프롤로그처럼 지나가고, 본격적인 이야기는 곱게 한복을 입은 여성의 인사로 시작된다.

아리랑의
힘

고려극장 아리랑 악단을 소개하는 여성은 '아리랑'을 '현실이 된 전설'이라고, '아침 햇빛의 아름다움으로, 이 노래의 기쁨으로 가득한 현실'이라고 말한다. 배경음악도 자못 경쾌하다. 낯설고 물선 땅의 고려인들의 삶에 '기쁨'

을 선사하는 요소는 무엇이었을까. 여성의 소개와 영화의 제목을 따라 '아리랑'을 살펴보자.

영화는 고려인의 '아리랑'에 주목한다. 아리랑이 우리 민족이나 역사에서 갖는 의미는 굳이 나운규의 영화나 유네스코 문화유산까지 거론하지 않아도 충분할 것이다. 아리랑은 어느 한 시기나 지역을 넘어 여러 세대, 전 세계의 한민족이 공동 노력으로 창조한 결과물로, 고려인에게도 대표적인 노래였다. 영화 마지막에 김소영 감독은 아버지 김열규 교수의 글을 인용하는데, 이 글을 통해 '아리랑'이 우리 민족의 대표적인 정서이자 전 세계 우리 민족의 공통 분모임을 밝힌다.

> "아리랑을 찾아 먼 길을 돌아다녔다. 국내만이 아니라 교포들의 아리랑을 찾아서 해외로 누비고 다녔다. 서쪽으로는 카자흐스탄의 알마티와 우즈베키스탄의 타슈켄트까지 갔다. 동쪽으로는 일제시대에 강제 징용으로 광산에 끌려가 해방 뒤에도 소련 정부에 의해서 억류당한 동포들을 찾아서 사할린에도 갔다. 아리랑이 여느 민요와 달랐기 때문이다. 민요 중의 민요로 우리 민족의 대표적인 정서로 응어리져 있는 게 아리랑이다."

그런데 우리 민족의 대표적인 정서라 함은 무엇을 말

하는 것일까. 아리랑의 기원은 분분하지만, 가사에서 공통적인 것은 '넘어간다'이다. 어디론가 끊임없이 가되 오르막을 '넘어'야 했던 것은 아주 오래전에는 외세의 공격이나 삼정의 문란으로 힘겨웠던 백성들의 삶이었다. 일본의 식민지가 되었던, 전쟁과 분단을 겪었던, 현대사의 질곡을 견뎌야 했던 남북주민의 삶이었다. 또한 일본으로 중국으로 러시아로 흩어져 제각기 차별이나 핍박을 경험한 디아스포라의 삶이기도 했다. 고통의 모습은 달랐지만 깊이는 한가지였고, 그 깊은 시간 한을 다스리고 풀어내는 데에 항상 아리랑이 함께 했다.

이처럼 '아리랑'은 모진 고개를 넘는 여로에서 부르는 한탄이며 위로이자, 격려고 희망이었다. 영화에는 여러 아리랑이 등장한다. 먼저 우슈토베 고려인 지순옥 할머니의 '아리랑'은 한반도에서 시작된 아리랑이겠다. 우리에게도 익숙한 가락과 가사이며, 아주 오래전부터 할머니가 받아 기억하고 이어온 아리랑이다. 그렇게 아리랑은 할머니와 함께 이미 여러 고갯길을 넘어왔다. 이가 빠지고 기운을 잃은 할머니의 아리랑은 발음도 힘겹고 가락도 고개를 잘 넘지 못한다. "아리랑 아리랑 아라리 나서 아리랑 고개를 넘어간다. 청천 하늘엔 별도 많고 우리네 삶에는 말도 많다."라고 부르는 노래는 말미에 읊조림이 되었지만, 그 가락이 곡진하게 들리는 것은 그네의 눈빛이 전하는 세월 때문이고 우리가 그 세월의 굴곡을 알고 있기 때문일 것이다. 지순옥 할머니에게뿐 아니라 다른 고려인과 고려극장에도 아리랑은 각별했다.

고려인의 아리랑은 또한 과거의 것을 반복하는 데 그치지 않는다. 자신들의 역사와 발 딛고 있는 현실의 가락을 담아 새롭게 변주된다. 전 고려극장 음악감독이자 작곡가인 한 야코프는 바로 이 영화의 제목이기도 한 '고려 아리랑'을 작곡했다.

> 원동땅 불술기(기차)에 실려 와서 / 카자흐스탄 중앙아시아 러시아 / 뿔뿔이 흩어져 살아가도 / 우리는 한 가족 고려사람 / 아리랑 아리랑 아~ 아라리요 / 아리랑 아리랑 고려 고려 아리랑

그의 아리랑의 가락은 서양 화성학을 기반으로 작곡되었고 연주하는 악기는 카자흐스탄 전통악기이다. 그러나 우리말인 가사, 무엇보다 어느 아리랑에든 들어 있는 '아리랑 아리랑 아라리요'는 우리 민족의 공통된 정서를 담고 있다. 한반도에서 시작되었으되 한반도를 넘어서 고려인들이 가진 역사와 정서를 노래하는 이 곡은 전통과 현실을 적절하게 조화시켰다. '기쁨이 된 현실'이라는 말대로, 고려인들은 현실 가운데 끊임없이 '아리랑'을 향유하며 기쁨을 찾고 있다.

고려인을 이어주던
고려극장

아리랑을 비롯한 우리 가락들과 문화를 이어가는 데
고려극장의 역할은 지대했다. 고려극장은 1932년 신한촌
에서 창립되어 순회극장의 형태로 운영되었다. 연해주에
서부터 활동했던 고려극장은 중앙아시아로 이주한 후에
도 배우들은 고려인들이 머무는 곳을 옮겨 다니며 막을 올
렸다. 기록에 따르면 단원들은 1년에 3~4개월 연습하고,
6~8개월은 중앙아시아의 고려인 콜호즈(집단농장)로 정기
적인 순회공연을 다녔다고 한다. "전등도 없는 벌판에서
공연을 올렸다"고 옛 배우는 회상한다.

고려극장의 순회공연은 고된 농장생활을 하던 고려인
들에게 큰 위로였다. 당시의 배우와 관객들은 이렇게 전

- 고려인들은 고려극장을 통해 우리의 문화를 이어나갔다.

한다. "고려인들이 하나님처럼 우리를 기다렸어요.", "가족을 잃은 고려인들은 공연을 보고 울며 감사를 전했다.", "고려인들은 극장의 방문을 명절처럼 생각했어요. 여자들은 새 옷을 입고 와 서로 칭찬했죠.", "굉장했어요. 춘향전, 심청전 아주 굉장했습니다." 우리 말, 우리 가락, 우리 이야기가 오르던 공연은 타지생활을 하는 고려인들에게 가족과 고향과 고국을 떠올리는 시간이었다. 고려인들은 공연을 보며 울고 웃었고, 모처럼 모여 회포를 나누었다. 또한 배우들의 방문은 다른 지역에 있는 가족과 친지의 소식을 전달받는 시간이기도 했다.

가족을 잃은 고려인들이 "울면서 감사했다"고 한다. 본디 예술이 감정의 순화이며, 카타르시스이자, 위로를 주는 역할을 하지만, 고려인들에겐 그들을 위무하는 단 하나의 통로이자 마지막 보루였을 것이다. 고려극장이 더욱 중요했던 것은 문화 이외 고려인들이 정체성과 공통성을 간직할 수 있는 다른 통로가 차단되었기 때문이다. 중앙아시아의 삶은, 지리적으로도 고국과 닿아있고, 언어, 출판, 교육이 자유롭던 연해주의 삶과는 달랐다. 일본의 첩자 누명을 쓰고 강제 이주된 고려인들은 학교 설립이나 언어 사용이 제한되었다. 그리하여 현재는 많은 고려인이 우리말을 잊었고 또 잃었다. 그러나 생활에서 이어지고, 공연으로 즐기던 '문화'만큼은 고려인들에게서 끊어지지 않았다. 이는 언어와 역사를 상당 부분 잃은 고려인들이 '문화'를 중요하게 여기는 요인이기도 하다.

　한반도와 워낙 멀리 떨어져 있고, 한국과는 88년도 서울올림픽 전까지는 서로 소통이 없었음에도 고려인들은 그들의 부모, 조부모 세대로부터 내려오는 고유의 전통을 오랫동안 지켜왔다. 고려말을 기억했고, 장을 담가 먹었으며, 우리 옷을 지어 입었다. 사람이 죽으면 초혼을 했다. 어느 순간에는 행위의 의미도 잘 잊었지만 끝내 지켜온 문화도 있었다.

　　　"모든 게 다 법이 있어요. 생일상에도 법이 있고, 사람이 죽었을 때도. 사람이 죽었을 때 데려가라고 이름을 부르는데, 어느 날은 내가 물었습니다. 누구한테 데려가라고 부르는지. 모른다더군요. 그저 예전부터 해오던 거라고 하는 거라고요." (우슈토베 고려인 안나의 말)

　그것은 한두 사람의 의지로 되는 것이 아니었고, 쉬운 일도 아니었다. 배우와 가수는 자신도 능숙하지 않았던 말과 문화를 학습했고, 그것을 관객과 공유했다. 영화 주인공 중 한 명인 방 타마라는 고려극장에 들어가기 전 고려말을 하지 못했지만, 공연을 위해 배워서 노래를 불렀다고 했다. 고려극장 3대 춘향인 최 따찌아나 역시 리함덕에게 글과 공연을 위한 장단과 몸동작을 배워 배우가 됐다.

현대에 와서는 고려인들의 삶의 방식이 바뀌면서 공연의 형태가 바뀌었다. 농경위주의 삶은 다양해졌으며, 이동도 자유롭고, 문화의 접근 방식이나 향유 방식이 변화하였다. 고려극장은 순회공연을 하는 방식에서 건물에 머무는 형태로 바뀌었다. 그러나 고국의 정서와 문화를 배우려는 의지는 지금도 지속된다. 이전에는 주로 북을 통해 또한소수교 이후로는 국립국악원이나 예술대학, 예술단체를 통해 여러 형태의 파견이나 초청이 이뤄지고 있다. 이러한 교류가 가능한 데는 고려극장과 같은 역사적인 단체뿐 아니라 연해주 시절 재능 있는 사람들이 모여 만든 소인예술단과 유사한 형태의 예술단들이 고려인 각 지역에서 새로 생겨나고 이어지고 있기 때문이다. 한반도에 사는 우리는 일상생활에서 전통문화를 그리 많이 접하진 않지만, 오히려 고려인들은 잔치나 행사 때 여전히 크고 작은 전통 공연을 올린다.

전설의 디바,
'리함덕'과 '방 타마라'

영화의 큰 줄기는 최초 공훈 여배우였던 리함덕과 러시아 전 지역을 누비며 인기를 누렸던 방 타마라이다. 그들은 타고난 재능과 관객과의 소통으로 고려인과 현지인에게 모두 사랑받았다. 두 고려인은 누구보다 주목받았고 어디서나 환대받았다. 그런데 영화는 그들의 화려했던 삶보다는 그들이 가진 나눔과 돌봄에 주목한다. 여성으로서의 그들의 삶은 사람을 돌보고 기르는 모습, 나누고 베푸는 넉넉한 삶이었다. 이는 단지 두 디바만의 모습이 아니었다. 사실상 영화의 등장인물은 대부분 여성이다. 그들은 모두 나누고, 기르고, 위로한다.

전통적으로 '양육'은 여성의 몫, 특히 '어머니'의 몫이었다. 음식, 의복, 양육의 주 담당자는 누구인가? 밥과 옷을 짓고 사람을 길러내는 것은 여성이었다. 영화는 두 디바와 여성들의 이야기를 들려줌으로써, 고려인들의 현재가 그들의 기름에서 비롯되었다고 말하는 것 같다. 영화 속 인물들은 모두 고단한 세월을 살았지만 마음은 넉넉하게 살았다. 즉 나누며 다른 이들을 살게 했다. 밥을 나누고 지식을 나누면서 공동체를 이어갔다.

리함덕의 이야기에서 반복되는 것은 '가르쳐 주었다'이다. 영화에서 가장 먼저 등장하는 리함덕에 대한 회고는 그녀가 방 타마라에게 한글을 가르쳐 주었다는 내용이다. 김 따찌아나는 6개월간 리함덕의 집에서 같이 생활하면서 그녀의 삶을 통해 배웠다. 따찌아나는 자신이 배우가 된 것은 리함덕의 덕이라 말한다. 한야곱도 마찬가지였다. 한야코프는 리함덕이 어머니 같은 존재라 했다. 리함덕 역시 자신을 '방탕한 아들'이라 부르며 자신이 엇나갈 때마다

다독였다고 회고한다.

　방 타마라도 순회공연 중에 두 딸을 가르치기를 포기하지 않았다. 순회공연 중 아이들을 데리고 다니며 2~3일씩이라도 학교를 보냈으며, 본인 또한 한글을 가르쳤다. 러시아어로 x(하)를 가르쳐줄 때 딸 레나가 '화투'의 x가 아니냐고 답했다는 일화는 재미있기도 하지만, 그 자신도 능숙하지 않았던 고려말을 바쁜 여정에도 가르치려 노력한 마음을 보여준다. 그런 어머니의 마음을 알아서인지 두 딸은 모두 어머니를 존경하고 사랑한다. '마마'라는 노래가 유독 울림이 큰 것은 이 때문이리라.

　우슈토베 고려인 안나와 그 어머니 '마리아 꼬발렌꼬' 역시 흥미롭다. 〈고려 아리랑〉에 영감을 준 〈고려사람〉(감독 송라브렌티)의 등장인물이기도 한 마리아 꼬발렌꼬는 러시아인이지만 고려인 가정에서 입양되어 자라 강제이주길에 함께 오른 여성이다. 그 삶이 평탄하지 않았으리라는 것은 쉽게 짐작할 수 있다. 안나는 혼혈 출신인 것 때문에 상처를 많이 받았다고 회상한다. '못된 고려인'이라 하면서도 민망하게 웃고 마는 그녀는 품이 넓은 어머니 덕에 잘 자랄 수 있었다고 말한다. 마리아는 과연 그랬다. 장을 담가도 100리터씩 해서 자녀들에게 나누었다.

　그런 성품을 안나 역시 닮았다. "한국인들에게 하고 싶은 말씀 있으세요?"라는 감독의 질문에 자신의 친구가 한국에 다녀와서 사진을 보여줬는데 참 멋지더라고, 발전

되니 좋더라고, 자신도 꼭 한번 가고 싶은데, 연금을 받아
사는 처지니 어렵겠다고 답한다. 그렇지만 이렇게 조국에
서 사람들이 오니 참 반갑고 좋다고, 뭐라도 해먹이고 싶
은 생각이 든다고도. 본인은 넉넉지 못하게 살고 있지만,
대접하고 싶은 마음이 큰 것이다.

방 타마라의 순회공연 때 다른 민족 예술가들이 이런
질문을 했다고 한다. 소련에 고려공화국이 없는데, 어떻게
이렇게 전통 의상과 가락과 문화가 남아있느냐고. 한소수
교 이후 고려인들의 존재가 밝혀지면서 한국인들 역시 놀
라고 신기해했다. 그렇게 오랫동안 단절되어 있었는데 어
떻게 언어와 문화와 예술이 남아있을 수 있었을까. 거기에
는 수많은 요인이 작동했을 것이다. 그러나 무엇보다 천산
이 닿은 광활한 지역을 순회하며 문화를 전하고, 소식을
나누고, 명절 같은 날을 주었던 고려극장, 또 그와 마찬가
지로 자녀와 후대를 기르고 가르친 여성들의 몫이 크다.

더불어 고려인들이 세계시민으로 살아갈 수 있었던
데는 이주한 고려인들을 도와준 현지 민족의 나눔도 중요
했다. 그리고 그들에 대한 감사를 잊지 않는 것 역시 고려
인들이 천산에 어울려 살 수 있던 원동력이었다. 카자흐
스탄 고려인들은 지금도 행사 때면 카자흐 민족에게 보내
는 감사를 빼놓지 않는다. 한국에 방문한 방 타마라도 지
난 세월 힘들었지만 나름대로 잘 살았노라 말하면서 여기
엔 자신들을 보살펴준 카자흐인이 있었기 때문이라고 말

한다. 그러면서 덧붙이기를 자신들이 힘들 때 도와준 나라가 있다는 것을, 코리안 드림을 가지고 온 고려인들이 현재 힘들다는 것을, 누구나 각 사람에게 신이 지정해 준 자리가 있다는 것을 기억해 달라 부탁했다.

이 지점에서 우리는 다시 영화가 주는 교훈을 생각해 볼 수 있다. 어머니와 같이 나누고 기르는 마음은 고려인 자신을 강하게 일으켜 세웠고, 여러 민족이 더불어 살게 했다. 현대 사회는 어느 나라고 여러 민족이 함께 살아가고 있으며, 서로가 서로에 영향을 주고받는다. 같은 뿌리였지만 다른 지역에 살면서 모습이 달라지기도 하고, 다른 민족 출신이지만 같은 지역에 살면서 같은 시민이 되어간다.

식민과 전쟁, 분단, 냉전을 겪으면서 각 지역에 흩어진 한민족은 닮은 듯 서로 다른 모습이 되었다. 남북 주민들도 마찬가지다. 그리고 다시 여러 이유로 코리언 디아스포라들은 한반도에서 만나고 있다. 근대 역사를 지나며 풍파 많아 여러 갈래로 갈라진 가지들-남북주민과 코리안 디아스포라들-은 이제 함께 사는 힘이 필요하다. 이는 고려인들이 그러했듯, 나누고 기르고 자라게 하는 마음이겠다. 이 마음은 또한 광활한 천산처럼 다른 이주민에게도 향해야 할 것이다. 같은 뿌리여서라거나 같은 모습이라서가 아니라, 같은 '천산'에 자리하여 함께 고개를 '넘어'가고 있으므로.

천산으로
가는 길

천산은 아시아, 중국 서부 신장 위구르 자치구와 카자흐스탄, 키르기스스탄, 우즈베키스탄 등의 나라에 걸쳐 위치한 산맥이다. 천산이 펼쳐진 지역은 바로 고려인들이 이산하여 거주하고 있는 지역이기도 하다. 천산(톈산)이란 '하늘의 산'이라는 뜻으로, 주변 투르크계 언어 명칭들도 같은 뜻이다. 그 이름만큼이나 장소 자체가 신성한 곳으로 여겨지기도 한다. 고려들이 거주하는 장소로 '중앙아시아'나 '구소련'이 아닌 '천산'을 호명한 것은 고려인들의 지위를 그 산이 지닌 신성함에 기대어 비유한 것이리라.

고려인들은 한민족 특유의 성실한 태도로 우리 문화를 간직하면서도 천산에서도 잘 뿌리내렸다. 정말이지 고려인들은 열심히 살았다. 고려인들은 강제 이주된 곳에서 변화된 현실에서 '기쁨'을 찾으며 다른 민족과 더불어 살았다. 벼농사의 북방한계선을 끌어올렸고, 성실히 생활하여 다른 민족의 칭찬을 받았다. 콜호즈에서 목표보다 높은 성과를 이루어 노력영웅 칭호를 받기도 했다. 대표적으로 김병화는 강제이주 직후에 황무지에 물길을 놓고 수백만 평의 벌판을 논밭으로 개간하고 식량을 지원한 공로로 구소련으로부터 두 차례에 걸쳐서 훈장을 받았다.

김소영 감독은 한 GV(감독과의 대화)에서 자신은 고려인들의 정체성보다는 그들의 세계시민적인 모습에 감명받았다고 밝힌 바 있다. 한 세계에만 갇혀있는 것이 아니라 보다 광활한 세계를 넘나들며 타민족과 더불어 사는 모습 말이다. 고려인들은 한민족의 전통적인 것을 오래도록 지켜왔지만, 그것에만 머물지 않았다. 타문화를 받아들였고, 타민족과 잘 어울려 지냈다.

고려극장은 민족적인 것을 소재로 노래하고 극을 올렸지만, 한편으로 세계 희곡작품이나 러시아어 노래도 무대에 올렸다. 고려극장은 고려인들 속에서만 아니라 러시아, 우크라이나, 그루지야, 벨라루스, 아르메니아에 이르기까지 소련의 방방곡곡에서 공연하며 다른 민족과도 소통했다. 방타마라는 시베리아 타이가 군사기밀지역에서 '거대한 하늘'을 부른 것을 평생 기억한다고 한다. 추락하는 비행기 조종간을 놓지 않고 죽음으로 더 큰 희생을 막았다는 가사의 노래는 마침 직전에 추락한 비행기 두 대를 추모하는 노래가 되었다. 이는 천여 명의 관중에게 큰 위로였다. 이때 관중은 고려인 공동체가 아닌 소련 내 제 민족이었다.

'고려인'이라는 이름이 공식적으로 자리 잡는 과정에서도 다른 문화에 유연한 고려인들의 태도를 엿볼 수 있다. 처음에는 조선인과 고려인, 조선극장과 고려극장이 혼용되었다. 그러다 '고려'로 통일한 데에는 남과 북을 모두 배려한 것이었다. '조선'이라는 호칭은 '남'에서 불편해하고, 그렇다고 '한인'이나 다른 호칭을 쓰기도 '북'을 생각할 때 곤란했다. 어느 쪽에도 기울지 않는 유연한 태도는 고려인들이 살아온 생존의 비결이자 지혜였다.

'고려인'들은 우리와 과거를 공유하는 한민족이자, 우리의 미래를 먼저 살아준 선배이다. 다양한 모습으로 우리는 세계 속에서, 또 세계가 우리 속에서 함께 살아간다. 코리안 디아스포라로서 우리 고유의 문화를 지키고 소통하면서도, 타민족과 더불어 유연하게 살아온 시간은 우리에게 남은 과제이겠다.

천산 너머의
삶

"아리랑 악단의 공연이 끝났습니다." 영화의 시작을 알렸던 흑백 필름의 한복 입은 여성은 이렇게 다시 나와 끝을 알린다. 영화에 등장하는 모든 고려인의 이야기가 하나의 큰 서사처럼 마무리된 것이다. 그러나 고려인의 삶은 끝나지 않았다. 조선의 국경을 넘고, 천산을 넘은 고려인들은 새로운 고개를 마주했다. 소련이 해체되어 각 민족이 독립하면서, 고려인들은 거주지에 따라 다른 나라의 국민이 되었다. 카자흐스탄, 키르기스스탄, 우즈베키스탄 등. 독립한 새 나라들은 주류민족의 언어와 문화를 부활하려

했다. 경제적으로도 러시아로부터 독립하기 위해 자국의 산업을 부흥하려 노력했다. 있음직한 일이었다.

　본래 땅을 가지지 않았던 고려인들은 상황이 난처해졌다. 자신들만의 공화국을 세울 수 없어, 새 나라의 국민으로 적응해야 했지만 새로운 언어와 기술을 배우기가 쉽지 않았다. 러시아어를 공용어로 사용하며, 타민족에 대해 적응기간을 넉넉히 준 카자흐스탄의 경우는 상황이 나았지만, 다른 지역의 고려인들은 직업을 잃고 새로운 이주를 시작했다. 타지키스탄은 고려인 사회가 거의 소멸되었다. 우즈베키스탄은 경제정책이 실패하여 우즈벡 민족마저 뿔뿔이 흩어지기도 했다. 그 과정에서 고려인들은 한국으로도 들어오기 시작했다.

　그 모습을 그린 것이 〈김 알렉스의 식당 : 안산-타슈켄트〉이다. 영화는 김 알렉스라는 고려인을 통해 고려인들이 마주한 현실을 보여준다. 김 알렉스 씨는 〈고려 아리랑〉에서 고려인들이 기쁨을 찾으려 애쓴 것처럼, 만만치 않은 현실 가운데도 특유의 여유를 잃지 않으며 때로는 바보스러울 정도로 욕심을 부리지 않는다. 이제는 '안산' 하면 누구나 떠올리는 그 사건에도 마음을 쓰는 그의 모습을 보면 마음이 따뜻해지다가도, 그가 마주한 현실을 보면 불편하다. 고려인을 맞이하는 한국과 한국인이 태도가 무관심과 냉대에 가까웠기 때문이다.

　일용직으로만 허용되고 잦은 출국을 해야 하는 단기

비자, 최근 일시적으로 허용하기로 했다지만 임시방편인 자녀 비자 등의 비자 문제로 그들의 체류는 일시적이고 불안하다. 보수가 좋지 않은 일터는 복지는커녕 급여를 떼어먹곤 했다. 한국인들은 가난하고 말이 통하지 않는 그들과 거리를 두었다. 이는 피가 닿지 않은 카자흐 민족이 중앙아시아에 떨어진 고려인을 대했던 모습과도, 중앙아시아의 고려인들이 자신들을 찾은 한국인들을 대하는 모습과도 차이가 있었다.

'아리랑'의 마음으로 돌아가 보자. 고려인들이 '아리랑'에 자신들의 삶을 노래했듯, 한반도에 사는 우리, 남과 북도 삶을 좇아 새로운 아리랑을 불러왔다. 달라진 생활처럼 그 가락과 노랫말은 각각이다. 굽이굽이 다른 모양을 지닌 자연처럼 제 나름의 아름다움을 담았지만 모두 아리랑을 불렀다. 이는 깊이로는 선대로부터, 너비로는 남과 북, 디아스포라 모두를 아우르며 공통성을 찾아가는 마음 아닐까. "가다가 힘들면 쉬어 가더라도, 손잡고 가보자, 같이 가보자" 하는 〈홀로 아리랑〉의 가사처럼 말이다. 조금 다른 모습의 우리가 '함께 살아가고자' 하는 노래의 염원이 그저 메아리뿐인 흥얼거림이 아니라, 삶으로 몸으로 녹아나기를 소망해본다.

6

분단의 상처를
극복하는
통일에 대한 상상

〈웰컴 투 동막골〉, 공존과 평화를 꿈꾸는 '오래된 미래'의 땅

강송희

건국대학교 통일인문학연구단 HK연구원

'우리는 한민족'? 한국사회의 진짜 속내는 무엇일까

"우리의 소원은 통일." 대한민국 국민이라면 이 노래, 이 가사를 모르는 이는 아마 없을 것이다. 하지만 요즘 아이들은 이 노래를 부르면서도 한편으로는 노래의 끝에 퀘스천 마크를 단다. "왜 우리의 소원이 통일이에요?" 그러한 질문에 기성세대들은 당황하곤 한다. 그들은 'why'에 대해서는 고민해본 적이 없기 때문이다. 왜 그런 차이가 생겨나는 것일까?

그 이유로 사람들은 소위 '민족적 동질성'을 이야기한다. 세대가 달라짐에 따라 민족적 감수성이 옅어졌다는 것이다. 그렇다면 현재의 기성세대들은 한국전쟁을 겪은 세대인가? 그렇지는 않다. 실은 현재 어떤 사회적 지위를 가지고 현직에서 활동하고 있는 세대 중에 한국전쟁을 직접 경험한 이들은 이제 많지 않다.

참으로 아이러니한 일이다. 누구도 직접 겪은 적 없는 '한 민족, 한 국가'였던 것에 대한 '동질성'을 어떻게 가지고 있는 것일까. '우리의 소원은 통일'이라고 말하면서도 실제로는 누구도 경험해 본 적 없는 통일된 한반도를, 어떻게 상상하며 '소원'이라고 말하고 있는 것일까?

사실 현세대에게 '통일이 되면?'이라는 질문을 던지면 참으로 다양하면서도 한편으로는 일관된 대답들이 흘러나온다. '기차를 타고 유럽여행을 가고 싶어요.', '평양에 가서 평양냉면을 먹고 싶어요.', '북한을 여행하고 싶어요.' 등의 가벼운 대답부터, '통일 비용이 너무 많이 들 것 같아요.', '북한을 개발하면 일자리가 늘어날 것 같아요.' 등의 실질적 우려와 기대의 목소리까지 다양하다.

하지만 대개 기존의 통일에 대한 기대와 상상들에서는 하나의 큰 공통점이 발견된다. 바로 '북한'을 잘 모르고, 또 모르기 때문에 나오는 대답이 다수라는 점이다. 미지의 장소이기 때문에 여행하고 싶고, 그곳의 음식을 맛보고 싶으며, 막연히 경제적 개발지가 될 것이라는 환상을 품게 되는 것이다.

그렇다면 민족적 동질성도 옅어지고, 북한이라는 곳

에 대해 잘 모르는 현시점에 왜 통일의 당위성은 여전히 거론되고 있을까? 다른 사회체제의 국가로 지내온 지 어언 70여 년이 흘렀다. 그런데도 요즘도 통일의 당위성으로 '한민족'을 거론하며 갑론을박이 오간다. 분단 이후 오랜 시간이 흘렀음에도, 여전히 통일을 말하는 한국사회의 진짜 무의식은 무엇일까.

북한과 통일에 대한 한국사회의 무의식이 가장 잘 드러난 시기가 있었다. 통일이 정말 눈앞에 다가온 듯하던 때, 남북교류가 어느 시기보다도 활발하던 때, 바로 2000년대이다. 사람들은 처음으로 남북정상회담을 두 눈으로 보았고, 남북교류의 물꼬가 터진 것을 보며 북과 통합에 대한 무의식을 드러내었다. 이 당시 이러한 무의식을 가장 잘 드러나게 해 준 영화가 있었다.

영화는 하나의 완결적 예술매체이지만, 동시에 사회와의 연계성을 가진 미디어이다. 기본적으로 많은 제작비용이 들어가는 만큼, 기업의 투자를 받아 만들어지므로 대중에의 수용성이 기본 전제이기 때문이다. 따라서 영화는 제작·개봉되는 시기의 특성을 잘 반영하고 있다. 그리고 영화 그 자체를 넘어서, 영화가 다시 사회에 수용되며 나타나는 반응 또한 그 사회와 시기의 특성을 반영한다. 그런 의미에서 영화는 사회현상을 이해하기 위한 무엇보다 좋은 분석매체이다.

2000년대 중반에 남북관계 변화의 특성을 담고 제작

되었던, 분단영화에서는 거의 처음으로 남북의 통합을 상상해 낸 첫 작품이 개봉했다. 바로 영화 〈웰컴 투 동막골〉(2005, 감독 박광현)이다. 2005년에 개봉한 이 영화는 지금도 지나가는 사람을 붙잡고 물어보면 기억할 만큼 흥행에 성공한 작품이었다. 2002년에 공연되었던 희극을 원작으로 하는 이 영화 〈웰컴 투 동막골〉은 남북 통합의 기대감이 상승해 있던 바로 그 시기에 제작되어 개봉하였다.

〈웰컴 투 동막골〉 속
'통합'의 이야기

영화 〈웰컴 투 동막골〉은 1950년대 초, 한국전쟁이 한창이던 시대 상황에서 '동막골'이라는 특수한 가상의 공간을 배경으로 펼쳐지는 판타지이다. 그리고 이야기의 주인공들은 한국전쟁의 참전군인들이다. 영화는 다른 진영의 군인들이 동막골에서 만나게 되며 일어나는 이야기를 그리고 있다.

영화의 원작인 희곡에서 동

막골은 고향에 대한 그리움을 모티브로 한 '옛 마을의 공동체'로서, 일종의 '쉼터'가 되는 공간이었다. 그러나 영화에서 동막골은 완전히 세상과 분리된 '이상향의 공간'으로 그려진다. 첩첩산중에 자리한 그 작은 마을은, 바깥세상에서 전쟁이 난 줄도 모르고 있을 정도로 세상과 분리되어 있다. 그렇기 때문에 동막골은 어떤 이념대립도 없이 하나의 민족과 하나의 공동체가 이루어지는 완전한 공간이 되었다.

이 전쟁의 폭음이 들리지 않는 동막골에 한국전쟁에 참전한 군인들이 각자 하나둘씩, 찾아들기 시작한다. 그들의 방문은 그들의 전쟁터에서부터 시작된다. 국군들과 인민군들은 각자의 전쟁터에서 살아남아 도망치다가 깊은 산중을 방황하던 중 동막골 주민들을 만나게 된다. 세상에 전쟁이 난 사실을 모르는 동막골 주민들은 그들이 입은 군복의 의미도, 총의 존재도 알지 못한다. 전쟁의 긴장감은 주민들을 만나면서 조금씩 와해된다. 그렇게 동막골 주민들을 만난 국군 둘과 인민군 셋은 아이들이 뛰노는 동막골에 들어가게 된다.

한국전쟁에 참전한 군인들이 주인공이라고 했는데, 이 영화의 특이한 점은 국군도 인민군도 아닌 한국전쟁 참전군인 주인공이 한 명 더 등장한다는 것이다. 이것은 분단을 다루는 한국영화에서는 거의 최초로 시도된 구성이었다고 할 수 있다. 바로 연합군의 등장이다. 그는 영화 속에서 개인이지만, 한국전쟁에서 연합군의 모습을 상징적으로 드러내며 등장한다. 이 말처럼 그는 등장부터 비행기를 타고 추락하여 동막골에 도착한다. 한국전쟁에서 연합군이 주로 행했던 전쟁 수행방식은 '폭격'이었다.

주인공들이 모두 동막골에 모이면서 이 영화의 이야기는 시작된다. 앞서 영화 〈웰컴 투 동막골〉이 2000년대의 특성을 담고 있다고 언급한 바 있다. 2000년대 들어 남북관계가 변화함에 따라 북과의 관계에서 평화를 지향하는 분위기가 한국사회 안에 일었고, 영화는 그러한 사회의 분위기를 반영하여 화합과 평화의 스토리를 보여주고 있다. 사실 이것이 이 영화를 살펴보는 이유이다. 남북교류가 활발하던 2000년대에 나타난 통일에 대한 한국사회의 무의식을 살펴보기 위해 그 분위기를 반영한 영화를 선택한 것이다.

그리고 영화 스토리 자체도 통합과 평화의 메시지를 담고 있다. 따라서 영화 안에서 보이는 통합의 과정을 통해 현재의 남북분단 상황에서 어떤 통합을 상상했는지 따라가 볼 수 있다. 글의 서두에서 던진 말처럼, 한국사회의 구성원들은 통일에 대하여 추상적인 구상만을 가지고 있다. 그것을 감안했을 때 이 영화가 보여주는 남북 통합에 대한 상상력은 일정 부분 참고할 지점이 있다.

그렇다면 영화 속에서 주인공들은 어떤 통합을 보여주고 있을까? 실은 통합 이전에, 과정으로서의 갈등이 있다. 당연히 그들은 군복을 입었고, 동막골 밖에서 서로를 죽고 죽이던 관계였다. 우선 군인들이 동막골에서 처음 마주쳤을 때, 그들은 서로를 발견하고는 깜짝 놀라 총을 겨눈다. 국군과 인민군들은 동막골 주민들을 평상 위에 오르게 한 채 그들을 둘러싸고 대치한다. 물론 총이 무엇인지도 모르고, 이 상황도 이해 못하는 동막골 사람들은 "이게 뭔 일이래요?"라며 긴장감을 흐려버린다.

지루하고 긴 대치 상황이 밤새 이어지고 결국 장시간의 긴장상태에 지친 인민군 소년이 들고 있던 핀 뽑힌 수류탄을 바닥에 떨어뜨리는 순간 대치는 끝난다. 물론 수류탄이 터져 참사가 일어나는 잔인한 사태는 벌어지지 않았다. 수류탄은 불발이었다. 수류탄을 몸으로 막았던 국군 소위 표현철(신하균)은 불발임을 알자 다시 일어나 수류탄을 어깨너머로 던져 버린다. 곡식 창고가 있는 곳에 떨어진 수류탄은 그제야 빵 터진다. 이 장면에서 영화가 보여주는 판타지적 첫 통합이 일어난다. 곡식 창고에 쌓여있던 옥수수들은 수류탄의 폭발로 인해 뻥튀기되면서 하얀 팝콘이 되는데, 그것들이 눈처럼 떨어지는 장면은 슬로우 모션으로 묘사되었다. 그리고 그 폭발은 동시에 국군과 인민군들의 지루한 대치를 종식시켜 버린다. 왜냐하면 톡톡 튀는 팝콘들이 바닥에 떨어지면서 그들이 하나같이 지쳐 쓰러져 버렸기 때문이다.

사실은 '통합'이 어떤 자세한 과정이 아니라 추상적이

고 순간적인 장면으로 묘사되었기 때문에 '판타지'적인 통합이라고 표현하였다. 하지만 이 팝콘 신은 영화에서 가장 유명한 장면이 되었고, '통합'을 그린 첫 분단영화로서 충분한 의의를 보여주었다. 팝콘이 터지고 동시에 쓰러져버린 국군과 인민군들은 한방에서 깨어난다. 그들 사이에 이제 무기를 겨누는 긴장감은 누그러졌지만, 그들은 여전히 서로를 경계한다. 그런데 그들이 수류탄으로 터뜨려 버린 것이 바로 동막골 사람들의 식량창고였다. 그들은 그 창고를 메우는 일을 돕기 위해 잠정적 휴전을 하기로 한다. 그렇게 그들의 공동생활이 시작된다.

영화 속 통합의 과정은 그들이 함께 생활하며 각자 서로에 대해 가져온 인식의 모순을 깨닫는 것으로 시작된다. 이것을 보여주는 장면 중 하나는 국군들이 먼저 동막골에 들어오고 아직 인민군들을 마주치기 전의 장면이다. 문상상(서재경)은 동막골 주민들과 함께 마당 평상에 앉아 감자를 먹으며 바깥세상에 전쟁이 났다고 말해준다. 그때 촌장(정재진)은 그의 말에 누가 쳐들어온 것이냐며 "떼놈이냐, 왜놈이냐"를 묻는다. 그런 촌장의 질문에 문상상은 주저하며 "저 그게 딴 나라가 쳐들어온 게 아니구요, 아니 가만⋯ 이게 딴 나란가? 그러니까 우리 국군하고 이북의 괴뢰군하고 이, 막 싸우는 거죠."라고 말한다. 문상상은 이 장면에서 북을 '괴뢰군'으로 지칭하며 '적'으로 말하고는 있지만, '다른 나라'로 분리하는 데는 혼란스러워한다. 이 장면에서 실은 실제로 총을 겨누고 전투를 시행한 군인들 조차도 전쟁의 본질에는 혼란스러워하고 있었음을 알 수 있다.

식량창고를 날려버린 이 동막골의 불청객들은 서로 휴전을 약속하고 창고를 메우기 위해 함께 일하기 시작한다. 다 같이 감자밭에서 일하기 시작하고 며칠 뒤, 그들은 다음과 같은 대화를 하게 된다. 시작은 국군 문상상의 푸념이었다.

"에휴, 지금쯤이면 종로에서 끗발 날리고 있을 몸인데, 저것들이 쳐들어 와가지고…. 이게 뭐야, 이게? 아휴." 그러자 그것을 바로 옆에서 듣고 있던 인민군 소년 택기 (류덕환)가 발끈하여 대답한다. "누가 쳐들어 왔다고? 미군 앞세워 밀고 올라온 게 뉘긴데!"

그렇다. 이 인민군 소년은 남침이라고 믿고 있었다. 두 사람이 남침, 북침으로 언쟁을 하자 옆에 있던 인민군 장교 리수화(정재영)가 소년을 제지한다. 이 부분 또한 이 영화가 보여주는 흥미로운 장면이다. 그만하라는 리수화의 말에 택기가 격분하여 "아, 저 어방새가 자꾸 후라이 치지 않소! 아, 우리가 쳐내려갔소?"라고 말하자, 리수화는 차분하게 "우리가 쳐내려갔어."라고 대답한다. 리수화는 인민군이다. 남침에 대해 인민군이 인정하고 정정해주는 장면은 꽤나 인상적이다.

더 나아가 리수화의 대답에 소년이 "아, 우리가 쳐내

려갔소? 나는 그냥 내려갔소? 가라니 갔지….”라고 대답하는 것은 그들이 가진 적대성이 전쟁의 전말도 제대로 모른 채 근본 없는 ‘감정’만이 앞선 것이었음을 보여준다. 그들은 그렇게 서로를 경계하면서도 직접 말을 섞고, 함께 일하며 조금씩 정서적으로 가까워진다. 그러던 중 그들이 적대감을 극복하고 통합으로 나아가게 되는 사건이 발생한다.

여느 때와 같이 감자밭에서 함께 일하고 있던 그들과 동막골 주민들은 갑자기 동막골 아이 하나가 황급히 달려오는 것을 보게 된다. “뭐지?” 하고 고개를 갸웃한 순간, 그들은 경악한다. 그 아이의 뒤에 거대한 멧돼지가 성나서 달려오고 있었기 때문이다. 모두가 혼비백산한 순간, 인민군 소년이 용기 내어 멧돼지에게 돌을 던져 시선을 자신에게 돌린다. 그러나 그를 향해 멧돼지가 빠르게 돌진하자 이번에는 표현철이 몸을 던져 소년을 구한다. 그 뒤로 자연스럽게 합을 맞추어 가며 그렇게 그들은 페어플레이를 통해 멧돼지 포획에 성공한다. 위급 상황이 지나가자, 그제야 그들 사이에 머쓱하고 간지러운 기류가 흐르기 시작한다. 고맙다고 해야 하나, 어떻게 해야 하나 하는 눈빛들이 서로 오간다.

물론 멧돼지가 가져다준 의미는 여기서 그치지 않는다. 밤이 되자, 문상상은 잠자리에 들지 않고 표현철을 깨워 멧돼지를 먹으러 가자고 이야기한다. 동막골 사람들은 고기를 먹지 않아 잡은 멧돼지를 그대로 묻어버렸던 것이다. 계속 채식만 하던 그들은 고기를 먹고 싶어 야밤에 멧돼지를 묻은 장소로 찾아간다. 그런데 웬걸, 이미 손님이 있었다. 인민군들이 먼저 와서 멧돼지를 파내 구워 먹고 있었던 것이다. 어색하게 합석한 그들이 머쓱하게 앉아있자, 인민군 중 가장 나이가 많은 장영희가 문상상에게 고기를 한 덩어리 건넨다. 뻘쭘하게 고기를 건네받은 문상상은 이내 한 입 베어 물고는 배시시 웃는다. 그리고는 표현철과 나눠 먹기 시작한다.

그때, 인기척이 들리고 한 사람이 더 등장한다. 연합군 주인공, 스미스(스티브 태슐러)이다. 사람 다 똑같다. 그도 고기를 먹으러 왔다. 어색한 합석으로 시작한 그들의 식사자리는 어느새 다른 군복, 다른 언어를 잊어버리고 기분 좋은 미소가 감도는 자리가 된다. 함께 음식을 먹으며 그들은 온전히 경계심을 풀게 된다. 나아가 이 장면은 화합으로 이어지는 계기가 된다. 그들은 멧돼지 식사를 마치고 비를 맞으며 각자의 처소로 돌아간다. 그래서 다음 날 그들은 젖은 군복을 벗고 동막골 사람들의 옷을 빌려 모두 한복차림을 하게 된다. 그때부터 그들 사이의 심리적 경계심은 사라진다. 서로 웃고 장난을 치고, 형님, 아우 하며 같이 마루에 드러누워 수다를 떠는, 그냥 어우러져 살아가는 모습이 된다. 군복을 벗고 같은 옷을 입게 되는 이 장면은 그들이 각자의 군사적 진영, 이념적 대립, 서로의 다름을 구분 지었던 어떤 상징을 벗어던지고 화합하는 것을 의미한다.

영화의 스토리는 클라이맥스로 갈수록 비극으로 흘러가지만 이처럼 이 영화가 보여주는 통합의 이야기는 풍부하다. 영화의 결말부에서 스미스를 찾으러 온 연합군에 의해 마을은 폭격당할 위기에 처하게 되고, 주인공들은 마을을 지키기 위해 그들 스스로를 희생한다. 비극의 결말에도 불구하고 영화는 희망의 메시지를 남겼다. 이 영화가 가진 화합과 통합의 메시지는 2000년대 한국사회에 어떻게 받아들여졌을까.

- 전장에서는 서로 적군이었지만 동막골에서는 모두 친구이다.

'평화'의 메시지를 '빨갱이'로 바꾸다

영화 〈웰컴 투 동막골〉에서는 통합의 매개물로 계속 등장하는 것이 있다. 바로 음식이다. 주인공들의 첫 만남에서 긴 대치를 종식시킨 슬로우모션 장면에서도 옥수수가 팝콘이 되어 떨어지는 것으로 연출하였다. 그리고 다시 그들이 잠에서 깨어

난 뒤 서로 손에 잡히는 것들을 들고 대치하려 하자, 동막
골의 촌장이 나타나 밥을 차려주고 함께 먹는 것으로 분위
기를 무마시킨다. 이뿐만이 아니다. 그들의 심리적 경계가
무너지는 계기가 되었던 멧돼지 사건에서도, 결국은 고기
를 함께 나눠 먹음으로써 화합이 이루어졌다. 이렇듯 음식
을 매개한 영화 속 메시지는 리수화와 촌장의 대화에서 압
축적으로 나타난다.

동막골에서의 생활이 익숙해질 때쯤, 리수화는 촌장
에게 "고함 한 번 지르지 않고 부락민들을 휘어잡을 수 있
는 그 위대한 영도력의 비결이 뭐요?" 하고 조용히 묻는
다. 이에 촌장은 덤덤하게 "뭐를 많이 멕여야지, 뭐."라고
대답한다. 그렇다. '곳간에서 인심 난다'고 했던가. 영화는
배불리 먹는 것, 함께 먹는 것을 매개로 통합을 그려나가
고 있다.

음식을 함께 먹음으로써 정을 나누는 것, 그것은 코리
언의 전통적 정서에 기반한다. 그러나 영화가 가진 메시
지는 영화가 제작·개봉된 시기적 상황과 연계되어 해석
되고는 한다. 〈웰컴 투 동막골〉도 그랬다. 영화가 개봉한
2005년은 남북교류가 활발하던 시기였다. 노무현 정부는
김대중 정부의 대북정책 기조를 이어받아 북에 대한 지원
을 아끼지 않았다. 그리고 영화의 "뭐를 많이 멕여야지."
의 메시지는 당시의 대북정책과 연계되어 맥락화되었다.

김대중과 노무현 정권의 대북지원책은 북을 세계 자

본주의체제로 흡수시키기 위한 '흡수통일'적 성격을 가지고 있었다는 평을 받는다. 또한 남북정상회담을 일부 정치적으로 이용했다는 비판과 함께 단독적 정책의 진행, 성급한 한미정상회담 등으로 오히려 남한사회는 남남갈등의 구도를 형성하게 되었다. 그리고 이러한 정치적 상황과 함께 맥락화된 영화의 메시지는 당시 여당과 정치성 성향을 달리하는 이들에게는 완전한 비판의 대상이 되었다.

부정적으로 반응하는 이들은 영화에 대해 "교묘한 이념영화다", "네거티브 전략의 친북영화다" 등의 반응을 보였는데, 특히 젊은 세대에 비해 반공주의에서 자유롭지 못한 중년 이상의 세대들 가운데 이러한 반응이 다수 나타났다. 그리고 이보다 더 격한 반응으로는 "이승복 어린이가 통곡할 영화다", "판타지를 가장한 고도의 빨갱이 영화"라고까지 말하는 이들도 있었다.

그런데 사실 이 영화 〈웰컴 투 동막골〉은 분단과 한국전쟁을 다룬 영화 치고는 코믹장르의 성향을 띠고 있다. 소위 가족영화에 가깝다고 할 수 있는 것이다. 때로는 장난치는 것 같은 가벼운 분위기와 관객에게 보내는 화합의 메시지. 주인공들이 갈대밭에 쪼그리고 앉아서 대변을 보다 마주쳐 머쓱하게 대화를 나누는 장면은 보는 이들로 하여금 웃음을 유발하고, 주인공들이 함께 언덕에서 풀 썰매를 타기도 하는 평화로운 이 이야기가 그렇게 정치적이고 극단적인 스토리일까?

작품의 원작자이자 시나리오를 쓴 장진은 원작인 희극에서 '동막골'을 이념갈등이 배제된 곳으로 설정하며 이념갈등에 지친 한국사회에게 '쉼터'가 되어주기를 바랬다. 영화의 연출을 맡은 박광현 감독 또한 '동막골'을 철저하게 고립된 장소로 설정한 이유로 '이념갈등을 배제한 유토피아'로 그리고 싶었기 때문이라고 말했다. 또한 박광현 감독은 한 인터뷰에서 "신과 인간의 중간자적 존재쯤 되는 동막골 사람들의 순수성을 통해 전쟁으로 상처받은 이들이 치유되는 얘기로 만들었다"며 "각박하고 메마른 사회에 지친 현대인들이 이 영화를 통해 치유를 받았으면 하는 바람도 녹아있다"고 말했다.

하지만 이념갈등이 없는 이상향인 '동막골'에 대한 이야기는 오히려 이념갈등의 논쟁요소로 사회에 수용되었다. 영화가 상상한 통합을 살펴보며 통일에 대한 한국사회의 무의식을 직면하고자 했는데, 실은 화합과 평화의 메시지조차도 있는 그대로 받아들이지 못하는 현실을 마주하게 된 것이다. 이 지점이 한국사회에 여전히 세대를 거쳐 전이되는 역사적 트라우마의 존재를 보여주고 있다. 2000년대에 들어서 한국의 젊은 세대는 더 이상 한국전쟁을 경험한 세대가 아니지만, 그들은 사회 속에 뿌리박힌 역사적 트라우마를 이어받는다. 사실은 잘 알지도 못하는 북에 대해 막연한 거부감을 갖는 어른들의 감정을 이어받아 자식 세대도 그렇게 느끼게 된다. 그것들이 한국사회의 일부 구성원들에게 '평화'와 '화합'의 메시지를 '친북', '국군을 비하한 영화' 등으로 필터링하여 듣게끔 하였다. 전후 50년이 넘은 시기에 말이다.

'한민족' 없는
'동막골'을 상상하다

영화 〈웰컴 투 동막골〉에서는 전쟁 없는 장소인 '동막골' 속에서 살아가는 사람들의 모습으로 통합을 이야기했다. 사람의 삶이 어우러지는 통합을 보여준 동막골에는 사실 넘겨짚어야 할 한 가지 요소가 더 있다. 바로 민족이다. 동막골이라는 가상의 장소가 한복을 입고 우리말을 쓰는, 하지만 전쟁의 존재만을 모르는 사람들이 사는 곳이라면, 그곳은 이념대립이 없는 작은 한반도를 상징한다고 할 수 있다. 그리고 한반도에 사는 코리언이라는 가정은 자연스럽게 그들을 한민족이라는 존재로 상정한다. 따라서 이 영화는 '코리언은 한민족'이라는 사실을 기본전제로 하고 있다.

'한민족'이라는 말의 뿌리는 한반도의 구성원이 모두 '단군의 자손'이라는 신화적 메시지에서 비롯되었다. 고조선과 단군, 그리고 한민족. 그런데 상식처럼 알려진 이 말들의 자세한 의미를 아는 이들은 많지 않다.

예를 들어, 고조선의 '고'자는 그저 옛 고(古)자이다. 이 옛 고(古)자의 의미를 좀 더 자세히 설명하자면, 사극 속에 자주 등장하는 조선이 고조선의 이름을 그대로 사용했기 때문에 역사학자들이 이 두 나라를 구분 짓기 위해 편의상 옛 고자를 붙인 것이다. 또한 현재 한반도 인들의 직계 선조라고 볼 수 있는 것은 사실 고조선의 단군, 고구려의 주몽, 신라의 박혁거세 등이 아니라 중세의 고려인들이다. 알고 보면 반만년의 역사, 단군의 자손, 한민족, 이런 것들은 신화적인 메시지에 가깝다. 그런데 이 사실을 정확히 아는 이들은 아마 그렇게 많지 않을 것이다. 또한 한국인들은 한국의 지도를 그릴 때 한반도 전체를 그리고, 한국사를 배울 때 고구려, 발해, 조선까지 모두 배우지만, 실제 한국의 영역은 한반도의 반 토막뿐이라는 사실에는 사뭇 낯설어 한다.

글의 서두에서 요즘 세대는 '우리의 소원은 통일'이라는 노래에 퀘스천 마크를 단다고 말했다. 그리고 '한민족'이라는 통일의 당위성을 그대로 수용하고, 민족적 동질성을 이야기하기에는 세대가 많이 바뀌었다고도 했다. 하지만 애초에 방금 살펴본 것처럼 한민족이라는 것은 사실 신화적이며 과거 회귀적인 당위성일 뿐이다. 때문에 현대인들에게 와 닿지 않고, 공감할 수 없는 이야기일 수밖에 없다.

그런데도 한국사회에서는 약하게나마 '한민족'이라는

공감대가 이어지고 계속 거론되며 종종 통일에 대한 이야기가 오간다. 그리고 그와 동시에 앞서 살펴본 것처럼 한국사회에는 영화 속 평화의 메시지에도 히스테리적 반응을 보이게 하는 레드 콤플렉스가 만연해 있다. 그런데도 불구하고 계속 정반대의 선상에 놓인 통일이 함께 거론되는 것에서 남북의 정서적 관계성을 확인할 수 있다. 이것은 또한 분단체제 안의 어떤 메커니즘의 존재를 보여주는 반증이라고도 할 수 있다.

남북이 완전히 분리된 독립국가로서 존재하는 것이 아니라 떼려야 뗄 수 없는 관계라면, 적어도 평화를 추구하는 방향으로 관계를 정립해야 하는 것이 아닐까. 계속 서로를 모른 채 적대적인 관계를 유지하기보다는, 서로를 알아가고 이해하며 화합하는 방향으로 통합을 모색하는 것이 평화에 보다 가까워지는 방법일 것이다. 그것이 오늘날 한반도의 구성원들이 통합을 이야기해야 하는 이유이다.

그렇다면 지금 세대는 어떤 통합의 과정을 상상해볼 수 있을까. 영화 〈웰컴 투 동막골〉은 '한민족', '곳간에서 인심 나는 코리언의 정서' 등 전통적인 기억을 매개로 '동막골'이라는 가상의 장소를 통해 '통합'을 상상했다. '동막골'이 한반도를 상징한다고 할 때, 현실의 동막골은 영화와 달리 이미 많은 피가 흘렀고 수십 년 동안 죽어버린 이념의 그림자에 잠식되어 있었다. 현대의 코리언들이 통합의 공간을 상상해야 한다면, '그럼에도 불구하고' 함께 어우러져 살기 위해 서로 달라진 삶과 몸이 만나는 동막골을 그려야 할 것이다. 다시 말하면 과거를 극복하고, 나아가 이념대립을 극복하여 화합하고 살 수 있는 공간으로 만들어야 한다는 것을 의미한다. 그럴 때 서로 다른 사회에서 살아온 이들도 점차 화합하여 살아갈 수 있게 될 것이다. 사실 현재와 같은 상태로 통일이 이루어진다면 사회적 불화만 커질 것이다. 즉 현재 우리가 통합을 꿈꾸며 노력해야할 지점은 레드 콤플렉스와 죽어버린 냉전 이데올로기, 남남갈등 등을 극복하여 궁극적으로는 서로 있는 그대로 바라볼 수 있는 여건을 갖추기 위해 노력하는 것이다. 그 이후에야 함께 섞여 살아갈 통합을 이야기할 수 있을 것이다.

실은 팝콘이 터지는 영화 속 장면과 같이 마법처럼 한순간에 분단체제의 긴장과 대립을 펑 무마시킬 수 있는 길은 없다. 현실에서는 무수한 노력과 그만큼의 시간이 필요할 것이다. 다만 이제는 역사의 그림자 같은 '민족'에 초점을 맞추는 것이 아니라, 다른 이들도 화합하여 살아갈 수 있는 '공간'을 조성하는 데에 초점을 맞추어야 한다. 그리고 그 노력의 시간이 쌓인 뒤 존재할 남북이 함께 어우러져 사는 21세기의 동막골, 그런 통합을 상상한다.

〈간큰 가족〉, '사람의 통일'로 분단의 장벽 넘기

곽아람
건국대학교 대학원 통일인문학과 박사과정 수료

꿈꿔 왔던
통일

우리는 남과 북이 나누어진 이래로 '언젠가는 통일이 가능하지 않을까?'라는 꿈을 항상 꾸어왔다. 특히 지난날 6·15 남북 정상회담을 시작으로 크게 품었던 꿈은 개성공단의 폐쇄와 교류 단절을 겪으며 헛된 꿈으로 변하는 듯했지만 이제 그 꿈은 4·27 남북 정상회담을 시작으로 다시 희망의 꿈으로 변하고 있다. 그 계기는 바로 평창올림픽과 남북의 공연이었다. 한반도기를 들고 공동입장을 하며 여자 아이스하키 남북단일팀을 꾸려 경기를 하는, 하나가 된 감격스러운 날들은 한민족으로 동질성을 느끼기에 충분했다. 반면에 남북한 예술인들의 서울·평양공연은 그동안 떨어져 지낸 세월로 벌어진 문화 차이를 경험할 수 있었다. 그렇다면 동질성과 이질성을 함께 느끼고 있는 우리에게 통일은 어떠한 모습으로 그려질까.

우리가 꿈꾸는 통일을 〈간 큰 가족〉(2005, 감독 조명남)에서는 연극이라는 매개를 이용하여 가상의 공간 속에서 흥미롭게 그리고 있다. 2005년 6월 9일에 개봉한 영화 〈간 큰 가족〉은 월드컵이 치러지고 있었던 2002년을 배경으로 한다. 영화는 초반부에 2005년 1월 14일 한반도 평화통일 안에 전격 합의했다는 가상 뉴스를 보여줌으로써 영화의 배경을 2005년으로 짐작하게 하지만, 이후 등장하는 신문에는 한국 축구 국가대표팀의 승전 기사와 함께 서해교전 (2002년 6월 29일에 벌어진 제2연평해전)이 같이 보도되는 것으로 미루어 볼 때 2002년을 배경으로 삼았다고 보는 것이 더 정확해 보인다. 신문에는 한국 축구 국가대표팀이 프랑스를 4:0으로 압승하는 기사가 실려 있고, 2002년 6월 29일에 벌어진 서해교전이 보도되는 등 통일과는 전혀 먼 이야기들만이 가득했다. 그럼에도 불구하고 영화 〈간 큰 가족〉의 감독 조명남은 영화 속에서 통일된 한반도를 상상하며 명석·명규 형제(감우성·김수로)의 행동을 빌어 가상 통일의 꿈을 꿔본다.

가족들이 벌이는
통일 사기극의 서막

스케치북에 그려진 동화로 첫 장면이 시작되는 〈간 큰 가족〉의 내용은 정말 동화와도 같은, '통일이 되려면 우리 사회에 이러한 소소한 사건부터 시작되겠지'라는 자식들의 깜찍한 발상으로 전개된다. 분단 체제 속에 살아가는 젊은 세대들에게 통일은 상상이 되지 않는 일이었다. 단 한 번도 같이 살아본 적 없는 우리에게 통일을 상상하는 일이란 과연 가능할까?

3대가 모여 사는 김 노인(신구)의 손녀딸에게 통일은 이해할 수도, 상상할 수도 없는 상황이다. 그렇기 때문에 손녀딸이 그린 동화로 영화는 시작된다. 할머니(김수미)의 말씀에 의하면 할아버지는 보고 싶은 사람을 보지 못해 매일 새벽에 일어나는 병에 걸렸다고 한다. 할아버지가 보고 싶어 하는 사람은 누구일까?

북에 아내와 딸을 두고 온 실향민 김 노인은 북한주민 접촉 신청서를 내고 돌아오던 길에 계단에서 굴러 떨어져

병석에 눕게 된다. 이로 인해 가족들은 김 노인이 간암 말기라는 사실과 함께 통일이 되었을 때만 상속받을 수 있다는 50억짜리 땅의 존재를 알게 된다. 통일부로 전액 기부될 위기에 처한 50억을 사수하기 위해 가족들은 통일이 되었다는 연극을 펼치게 된다.

대한민국 영화사상 최초로 북한 금강산 온정각에서 촬영이 진행되어 2005년에 개봉한 이 영화는 6·15 남북 정상회담으로 지속된 남북의 화해무드에 착안하여 만들어졌다. 이러한 기발한 발상은 금강산 관광객 피격사건이나 개성공단 폐쇄처럼 얼어붙은 과거의 남북관계와 다르게 곧 통일이 될 것만 같은 분위기 속에서 가능했고, 대중의 공감을 얻기에 충분했다.

통일을 상상하게 만들어주는 연결고리는 병들고 힘없는 노인이라고 생각할 수 있지만 분단의 아픔을 경험한 할아버지였으며, 우리는 할아버지 세대를 통해 미약하게나마 분단의 상처를 느낄 수 있다. 그 세대들의 아픔을 이해할 수 있어야만 통일로 가는 길은 더욱 가까워지며, 영화에서 김 노인의 이러한 아픔은 매일 새벽에 짐을 싸들고 고향행 기차를 타자며 가족들을 깨우는 소동으로 묘사된다. 이러한 소동을 잠재우는 방법으로는 통일만큼 확실한 것이 없었는데, 50억짜리 유산으로 시작된 가짜 통일 연극은 이 병을 사라지게 하고 간암 말기였던 할아버지의 건강은 오히려 호전되는 모습을 보인다. 할아버지를 위해 가

족들이 펼친 통일의 모습은 어떤 모습이었을까? 우리에게
통일과 통일의 과정은 어떻게 진행이 될지 상상해 보자.

실향민의 아픔과
남북의 '먼저 온 미래'

　김 노인은 북에 두고 온 딸과 아내를 만나는 게 소원
인 실향민이다. 그에게는 약 50억에 해당하는 땅이 있었는
데, 이 재산은 통일이 되었을 때 북에 있는 가족들만을 위
한 유산이었다. 북에 딸과 아내를 남겨두고 왔다는 부채감
으로 김 노인은 50억의 재산을 따로 마련하였는데, 통일되
었을 때 먹고 살려면 50억 정도는 있어야 가능할 것이라
는 예상에서 비롯되었다.

　이러한 김 노인의 깊은 마음을 모르는 가족들은 50억
을 사수하기 위해 통일의 상황을 꾸며내는데, 그 연극의
서막은 평화통일안에 합의했다는 가짜 뉴스를 제작하여
아버지께 보여드리는 것으로 시작한다. 아마 통일이 된다
면 우리의 일상에서 펼쳐질 가장 심장이 떨리는 첫 장면이
아닐까 싶다. 곧 임종을 앞둔 것 같던 김 노인은 통일이 되
었다는 말에 거짓말처럼 호전되는 모습을 보여주는데, 통
일을 간절히 바라는 세대라면 가장 공감이 될 것이다.

　명석·명규 형제가 꾸민 통일의 첫 출발은 스포츠와

예술 분야의 화합이었다. 허구로 만든 통일신문을 본 김 노인이 남북단일팀 탁구대회를 봐야겠다고 성화를 부리는 바람에 가족들은 탁구선수 연기를 하게 된다. 더욱이 통일을 기념하여 평양교예단이 서울에서 특별 공연을 한다는 가짜 기사를 접한 김 노인은 서커스를 보겠다고 고집을 부리기 시작한다. 이때 명석은 빚을 받기 위해 찾아온 사채업자 박상무(성지루)를 포섭하여 가짜 평양교예단 공연까지 참여하게 한다. 하지만 가짜 평양교예단 공연을 이상하게 여긴 중국집 배달부의 신고로 경찰이 출동하면서 공연은 아수라장이 된다. 중국집 배달부는 북에 대한 반감이 있는, 우리 주변에 흔히 볼 수 있는 사람으로, 현재 우리가 처한 현실을 대변하며 관객들에게 씁쓸함을 안겨주는 동시에 영화를 절정으로 치닫게 한다.

- 아버지를 속이기 위해 허위로 남북탁구대회를 연출한 형제, 명규와 명석

　가짜 평양교예단 사건으로 김 노인은 이산가족 상봉
자 자격을 박탈당하는데, 수많은 마을 사람들의 서명 덕분
에 극적으로 이산가족 상봉에 참석하게 된다. 북에 도착한
후 김 노인은 악화된 병으로 쓰러지고, 명석·명규 두 형
제만 자신의 이복 누이를 만나러 간다. 하지만 북에 있던
누이도 세상을 뜨게 되어 외사촌이 이 소식을 전하고자 나
오게 된다. 김 노인의 건강을 염려한 자식들은 누이의 외
사촌을 북에 두고 온 딸인 것처럼 소개하며 그동안의 부
채감을 떨치게 해준다. 비록 자식은 아니지만 김 노인에게
딸처럼 이야기하며 눈물을 흘리는 장면은 한반도의 아픈
현실을 다시 한번 상기시키는 대목이다.

　이산가족 상봉을 무사히 마치고 돌아온 김 노인은 그
동안 펼쳐진 통일 연극을 알게 되고, 자식들의 노력에 감
복하여 유언을 일부 수정하며 남한의 가족들에게도 재산
을 남겨주게 된다. 비록 통일이 되지는 않았지만 가짜 통
일을 위해 애썼던 명석·명규 형제의 노력은 우리가 앞으
로 통일을 위해 달려야 할 미래이자 현재의 모습이었다.

할아버지, 평양까지
버스비는 5만원이거든요?

"평양까지 할아버지, 5만원이거든요?" 통일이 되었다

는 소식에 고속버스터미널로 간 김 노인은 고향 방문을 위해 비행청소년들에게 평양행 버스표의 예매를 부탁한다. 그러자 청소년들은 평양까지 가는 차편이 편도 5만원이라고 금액을 제시한다. 서울에서 평양까지의 거리는 250km로 서울에서 강릉까지의 거리와 비슷하다. 하지만 청소년들에게 체감되는 평양의 거리는 그 이상이었다. 현재 서울에서 강릉은 고속버스 요금이 14,600원으로 우등을 타도 21,500원에 갈 수 있는 거리에 있다. 물론 많은 금액을 갈취하기 위한 말이었지만 2배가 넘는 금액을 제시한 모습은 청소년들이 현재 느끼고 있는 통일에 대한 마음의 거리를 전적으로 보여준다.

현재 남한의 청소년들은 통일에 대해 대체로 부정적이거나 무관심하다. 그 이유는 통일이 되었을 때 펼쳐질 경제적 손실을 염려한 것인데, 이러한 사고방식은 독일의 통일 선례에서 찾아볼 수 있다. 서독의 GDP는 동독 주민의 10배에 해당하는 우위를 점하고 있었다. 그렇기 때문에 서독주민들은 무려 30년 동안 세금인상을 감내해야 했다. 통일 당시 동독 인구는 1,640만 명으로 서독주민의 약 1/4이었다. 북의 인구는 현재 2,561만 명으로 남한의 약 1/2에 해당되며, 남한의 GDP는 북한의 48배에 달하는 경제력을 보여주고 있다. 독일의 상황을 대입해 보자면, 남한은 통일이 되었을 때 서독이 동독을 위해 부담했던 통일비용보다 훨씬 많은 비용을 지불해야 한다는 이야기다. 따라서 통일에 대한 청소년들의 사고에는 경제적 격차에서 비롯된 반통일 정서가 자리 잡고 있다.

　이러한 마음의 거리를 줄여 반통일 정서를 해소하기 위해서는 지속적인 접촉과 교류가 중요하다. 분단된 두 국가에서 가장 가볍게 시작할 수 있는 교류는 스포츠 분야로, 영화에서는 남북 탁구단일팀 경기로 그려졌다. 막내아들은 서해교전이 보도된 신문을 읽으려는 김 노인의 안경을 일부러 깨뜨리고, 눈이 잘 보이지 않는 아버지를 위해 신문기사를 읽어주는 척 연기를 한다. 있지도 않은 내용을 읽으려는 명규의 입 밖으로 나온 신문기사는 남북 탁구단일팀이 세계선수권대회에 도전한다는 것이다. 막내아들 명규의 신문기사 낭독에 김 노인은 "그래, 우리는 단결을 하면은 세계 최고가 될 수 있어."라며 남북이 합심한다면 뭐든지 해낼 수 있다고 말한다. 그 결과 남북의 탁구 단일팀이 탁구의 강자인 중국을 12:10으로 이기게 된다. 남북의 탁구 단일팀이 탁구 강국인 중국을 이긴다는 설정은 남북이 합심한다면 강대국으로 발돋움할 수 있음을 의미한다. 이렇게 통일은 잦은 접촉과 소통만이 서로에 대한 마음의 거리를 줄여나가게 해주며, 함께 노력했을 때 시너지 효과가 발생함을 인지해야 한다.

'통일이 무슨 장난이래?
이랬다저랬다!'

아버지의 재산을 탐하여 통일 연극을 계획한 큰형 명석의 속셈을 알아차리고 괘씸함을 느낀 동생 명규는 김 노인에게 남북이 구두계약으로 통일에 합의했는데, 도장을 찍지 않아 번복하면서 통일이 되지 않았다고 말한다. 이를 듣고 있던 김 노인의 처는 "통일이 무슨 장난이래? 이랬다저랬다!"라고 핀잔을 준다. 정권에 따라 수없이 바뀌어 왔던 통일정책에 대한 피로감이 김 노인 처의 대사 한마디에 그대로 녹아져 있는데, 이렇듯 통일은 말장난처럼 쉽게 할 수 있는 문제의 것이 아니다.

우리는 그동안 우리와 비슷한 상황에 처해 있다가 통일을 한 독일을 지켜보았다. 지금으로부터 불과 28년 전인 1990년 10월 3일, 동독과 서독이 통일을 했다. 1945년 제2차 세계대전에서 패배한 독일이 소련군이 주둔한 동독과 서방 연합군이 주둔한 서독으로 나뉘어 분할통치가 된 이래 45년만의 통일이었다. 한반도와 유사하게 자본주의 국가와 사회주의 국가로 동쪽과 서쪽으로 나뉘어 있던 독일이 이룩한 통일은 우리에게 그야말로 충격 그 자체였다.

1985년 3월 고르바초프(Mikhail Gorbachev)가 등장하면서 소련과 동구권에 개혁과 개방이 이루어졌고, 1989년 11월 9일 동독공산당 정치국 대변인 귄터 샤보브스키(Gunter

Schabowski)의 엄청난 말실수에 의해 냉전의 상징이었던 베를린 장벽은 순식간에 붕괴되었다. 동독과 세계로 생방송되는 '여행 허가에 대한 출국규제 완화' 관련 법령을 발표하던 샤보브스키에게 한 외신 기자가 물었다. "이 법령은 언제부터 발효하는가?" 그러자 그는 머뭇거리며 문서를 뒤지다가 "지금 당장, 지체 없이."라고 대답했다. 귄터 샤보브스키의 이 말 한 마디에 동독인들은 베를린 장벽으로 몰려갔다. 국경 수비대가 저지했지만 동독인들은 "뉴스도 안 봤느냐?"면서 장벽을 타고 넘기도 하며 망치로 장벽을 부수기도 했다. 이렇게 독일의 통일은 시작된 것이다. 이러한 시작은 세간에서 독일의 통일이 정치국 대변인의 말실수로 장난처럼 한순간에 이뤄진 것으로 인식하게 하였다.

하지만 독일의 통일은 통일 이전부터 이뤄진 꾸준한 준비 덕분에 가능했다. 서독 정부는 1969년 사민당의 빌리 브란트(Willy Brandt) 총리가 추진한 동구 공산권과의 관계정상화를 위한 동방정책이 시작된 날로부터 1989년 11월 9일 베를린 장벽이 무너지기까지 20년 동안 동독에 약 580억 달러를 지원했다. 이러한 지원은 동독의 민심을 서독으로 넘어가게 하였고, 빈번한 교류는 결국 통일로 이어지게 되었다. 이렇듯 꾸준한 준비는 두 국가의 소통을 원활하게 하였고, 통일을 위한 밑거름으로 작용하였다.

〈간 큰 가족〉에서 보이는
통일 준비의 단계

그렇다면 통일은 앞으로 어떻게 준비해야 할까. 영화 〈간 큰 가족〉에서 보여주는 통일의 과정은 다양한 형태로 명석·명규 형제의 통일 연극으로 표현된다. 그중에서도 영화에서 제시하는 통일 준비는 크게 3단계로 나타난다. 가장 먼저 정치적 차원에서 평화통일안을 체결하고, 경제적으로 부족한 북한을 도와주며, 가상 통일 마을을 만들어 통일 후 혼란스러움을 줄이는 단계로 진행되었다.

> ① "대한민국 정부는 2005년 1월 14일, 조선민주주
> 의인민공화국과 한반도 평화통일안에 전격 합의했
> 음을 8천만 한민족과 전 세계 국민에게 선언하는 바
> 입니다."

명석·명규 형제가 아버지에게 통일이 되었다는 가상 소식을 알리고 믿게 하는 방법으로 택한 것은 정부 차원의 통일 선언이다. 청와대 대변인 역할을 맡은 조감독(임형준)은 긴급 속보를 통해 "대한민국 정부는 2005년 1월 14일, 조선민주주의인민공화국과 한반도 평화통일안에 전격 합의했음을 8천만 한민족과 전세계 국민에게 선언하는 바입니다."라고 말하며 통일 준비의 시작을 알린다. 통일을 공

식화하기 위해서는 우선 정부 차원에서 두 국가가 통일안에 합의하고 언론을 통해 전 국민과 세계인에 공표하는 수순을 밟게 된다. 이렇게 전 세계에 공표함으로써 통일은 정치적 차원에서 공고히 되는데, 여기서 중요한 것은 두 국가가 '평화'통일안에 합의했다는 점이다. 영화에서 선언한 이 통일은 어느 한 정부만의 일방적이고 굴욕적 차원의 흡수적 통일이 아닌, 동등한 차원에서 어떠한 무력행사도 없이 평화적으로 합의되었다. 가짜 긴급 뉴스 속보에서 앵커가 전한 "국민여러분, 기뻐해주십시오. 남북한 두 정부는 민족의 대화합 차원에서 지난주 10일, 평화적 통일에 합의했다고 합니다."라는 대사는 남북한 정부가 '평화'통일안에 합의했음을 강조한다. 평화적 통일은 통일에서 가장 중요한 사항이며 통일의 바람직한 모델로, 통일 준비가 순탄히 다음 단계로 나아가게 한다.

② "그럼, 부족하면 서로 나눠 써야지."

통일이 된 줄로 알고 있는 김 노인은 통일 소식이 듣고 싶어 텔레비전 채널을 돌리는데, 때마침 벌어진 서해 교전이 속보로 나오게 된다. 이를 염려한 막내아들 명규는 볼일을 보러 나간 슈퍼에서 집까지 급히 뛰어와 두꺼비집을 내리고, 김 노인은 잘나오던 텔레비전이 왜 갑자기 작동되지 않느냐고 질문한다. 그러자 막내아들 명규는 통일이 되어 북쪽 지역에서 전력을 끌어다 쓰다 보니 전력 공급이 원활하지 않아 동네 전체가 정전되었다며 둘러댄다. 이 설명을 들은 김 노인은 "그럼, 부족하면 서로 나눠 써야지."라며 전력 부족 상황을 당연히 감수해야 하는 것으로 받아들인다. 전력이 부족한 북한의 상황을 고려하여 전기를 나눠 쓰며 서로의 사정을 이해하고 도와줘야 한다는 김 노인의 생각처럼 통일을 위해서는 부족하고 불편한 사항이 있어도 감내하는 부분이 발생한다. 경제적 우위에 있는 남한이 북한을 도와줘야 하는 경제적 상황은 정치적 차원 다음으로 우리가 통일을 위해 맞이해야 되는 통일의 과정이다. 이 과정은 더 나은 미래로 나아가기 위한 도약이며, 피할 수 없는 통일의 현실이기도 하다.

③ "남한에 와서 소주가 얼마인지, 차비가 얼마인지, 서울역이 어디인지 어떻게 알 거야? 그러니까 우리가 한민족으로서 친절하게 대해야죠?"

국정원 직원으로 변장을 한 박상무는 동장에게 통일이 되었을 때 혼란스러움을 방지하고자 가상의 통일 마을을 운영하자며 마을 전체에 대 사기극을 제안하는데, 이는 통일 이후의 혼란을 줄이는 준비가 매우 중요함을 은유적으로 나타낸다. 분단 이후 약 70년간 떨어져 산 세월은 소통이 단절된 어둠이었다. 너무나도 다른 체제에서 살아온 남과 북은 서로에게 미지의 국가였기에 갑작스런 통일은 혼란만을 야기한다. 영화에서는 이러한 혼란을 줄이고자 통일 준비의 세 번째 단계로 통일 마을 프로젝트를 제안한다. 비록 가짜 프로젝트이긴 했지만 이를 받아들인 동장은 주민들에게 "남한에 와서 소주가 얼마인지, 차비가 얼마인지, 서울역이 어디인지 어떻게 알 거야? 그러니까 우리가 한민족으로서 친절하게 대해야죠?"라고 설명하며 통일 이후의 혼란을 대비한 준비과정이 중요함을 강조한다.

통일은 하루아침에 할 수 있는 것이 아니라 꾸준한 준비를 통해서만이 이룩할 수 있고, 통일 준비는 통일의 과정에서 오는 시행착오를 줄이기에 필연적이다. 영화 〈간 큰 가족〉은 통일의 준비과정을 정치적 차원에서의 평화통일안을 체결 · 경제적 지원 · 가상 통일 마을 시범 운영이라는 세 단계로 그려내었다. 이러한 단계는 갈라져 있는 남북이 앞으로 어떠한 긍정적인 방향으로 통일을 이룩해나가야할지 고민하게 하며, 통일에 대한 감독의 깊은 성찰도 엿보게 한다.

'사람의 통일'로
분단의 장벽 넘어 가기

분단 이후 체제를 달리하면서 생긴 반통일의 정서, 북

의 반미 정서, 한국전쟁으로 인한 적대감정, 경제적 격차에서 나온 괴리감, 이산가족의 상처 등은 고스란히 분단의 상처로 남북 개개인의 마음에 남아 있다. 그 단적인 예가 영화에서는 새벽마다 고향에 가자고 가족들을 깨우는 김 노인의 병이다. 그뿐 아니라 분단 체제는 남과 북 그 안에 살고 있는 주민의 분열도 생산했다. 김 노인의 두 아들은 약 50억에 해당하는 거액의 재산 때문에 싸우게 된다. 얼핏 보면 재산을 두고 싸우는 모습이지만 사실은 분단으로 야기된 재산상속 문제가 불거진 사건으로 남남갈등의 문제를 형상화한 것이다. 이렇게 볼 때 남북의 통일은 약 70년에 걸친 분단의 시간 동안 우리에게 남긴 상처 및 아픔을 지속적으로 치유하는 과정과 그러한 과정을 통해 남북의 민족적 통합을 포함하는 '사람의 통일'을 필요로 한다. '사람의 통일'은 상생과 소통의 통일을 목표로 해야 하며, 이때 필요한 것이 바로 통일인문학적 관점의 통일이다.

영화에서 어설프게나마 그려졌던 평양교예단의 서울 공연과 같은 남북 주민들 간의 다각적이고 점진적인 민간 교류는 그간의 적대성을 치유할 수 있으며, 서로 다른 생각을 가진 사람들이 소통하고 적대성을 치유하는 과정은 사회문화적 통합에 한 발짝 더 가까이 다가가게 한다. 또한 남북주민의 적극적인 교류 및 협력과 관련한 다양한 프로그램은 남북의 사회문화적 통합에 기여할 수 있는데, 영화에서는 통일이 되었다는 가정 아래 주민들이 생활하는 통일 마을 프로젝트가 예시로 제시되었다. 이렇듯 통일은 갈라진 국가를 단순히 합치는 것이 아니라 두 국가 사람들의 몸과 마음에 새겨진 배타성과 적대성을 소통으로 치유하여 사회문화적 통합이 될 때 가능하며, 영화에서는 그 방안을 가상 통일 속에 벌어진 여러 에피소드로 표현했다.

〈간 큰 가족〉은 가상으로 펼쳐진 가족들의 재기발랄한 통일 연극을 통해 통일을 상상하게 만든다. 임종을 눈앞에 둔 것처럼 보였던 김 노인의 병세가 통일이 되었다는 사기극에 기적처럼 호전되는 상황은 우리가 왜 통일을 해야 하고 앞으로 통일을 어떻게 준비해야 하며 통일된 한반도의 모습은 어떻게 이룩해 나가야 할지를 보여준다. 통일은 결국 우리가 그토록 불렀던 〈우리의 소원은 통일〉의 가사 '이 나라 살리는 통일, 이 겨레 살리는 통일'처럼 한반도를 살리는 '지상 최대의 사건'이 될 것이다. 남북의 변화에 발맞추어 한반도에 새로운 봄이 오길 꿈꿔본다.

〈코리아〉, 한반도 단일팀은
이벤트가 아니에요

 윤여환
건국대학교 대학원 통일인문학과 박사과정 수료

Again
남북단일팀

때는 2018 평창동계올림픽(이하 평창올림픽)에서의 일이다. 올림픽을 한 달도 채 남기지 않은 시점에서 정부는 북한과 단일팀 구성을 추진하겠다고 발표하였다. 하지만 이를 두고 스포츠계, 정치계, 그리고 여론은 부정적인 시각을 표하며 반대하였다. 아무리 남북 화해 분위기 조성을 위한 것이라지만 정치적인 목적으로 그동안 올림픽만 바라보고 달려온 선수들을 무시하는 처사라는 것이 다수의 의견이었다. 그럼에도 불구하고 정부는 평창에서 남북단일 여자아이스하키팀을 구성하여 출전시켰다.

　국내의 언론은 평창올림픽을 부정적으로 평가하며 '평창올림픽'이 아닌 '평양올림픽'이라 폄하하기에 이르렀다. 하지만 놀랍게도 시간이 지나면서 단일팀에 대한 평가는 폄하와 우려, 걱정이 평화와 화합 등의 긍정적 평가로 변하기 시작하였다. 평창올림픽의 남북단일팀은 국내외 언론의 최대관심사가 되어 한반도에 평화가 오고 있다는 평가까지 나왔다.

　최초의 남북단일팀에 대해서는 긍정적 기억이 다수 존재한다. 그리고 새로운 통일방안의 지평으로 인정받아 한반도의 평화를 기원하는 의미에서 단일팀을 추진하게 되었다. 하지만 남북단일팀이 구성되고 긍정적인 평가를 받는다 하여 남북의 관계가 지속되는 것은 아니다. 지난 잃어버린 10년, 몇 번의 정권 교체를 겪은 지금에서야 단일팀 추진에 대한 이야기를 조금이나마 할 수 있는 분위기가 조성되었기 때문이다.

　27년 동안 지속적인 노력이 있었기 때문에 지금의 남북단일팀 구성에 대한 논의가 가능했다. 단일팀은 여러 이유에서 번번이 고배를 마셔야 했지만 스포츠 메가이벤트 등에서는 나름의 성과를 꾸준히 이어왔기에 가능했다. 예를 들어 올림픽 입장 시 한반도기를 들고 공동입장을 한 것과 아시안게임 등에서 공동응원단을 구성하여 응원한 것 등이 밑거름의 역할을 담당했다.

　평창올림픽이 성공적으로 막을 내린 후 2018년 4월

27일 판문점에서 두 국가의 정상이 만나는 역사적인 남북 정상회담이 이뤄졌다. 4·27 판문점 선언에서 남과 북은 종전과 평화를 이행하겠다는 의지를 발표하였다. 그리고 누구도 생각지 못한 곳에서 기적과 같은 일이 성사되었다. 바로 2018 스웨덴 할름스타드 세계탁구선수권대회(이하 스웨덴)에 참가한 남과 북이 단일팀을 결성한다는 소식이었다. 이 사건은 너무나도 순식간에 벌어진 일이기에 당혹스러울 정도로 파격적이었다.

이 사건은 대회의 8강전에 앞서 국제탁구연맹 창립기념일을 맞아 이벤트 경기가 열리게 되었고, 거기에 남한과 북한의 선수들이 혼합팀을 구성하는 경기가 포함되면서 시작되었다. 이벤트 경기를 유심히 지켜보던 인물 중 한 명이 지극히 황당한 제안을 하였다. "남과 북이 단일팀을 구성해 이번 대회에 출전하는 것이 어떨까요?" 남과 북의 관계자들은 웃으며 넘겼다. 미래를 위한 구상이라면 생각해보겠지만 대회 도중 갑작스런 단일팀의 구성이라니 너무나도 터무니없는 제안이었다. 하지만 이러한 제안을 한 사람이 다름 아닌 바로 ITTF 국제탁구연맹 회장인 토마스 바이케르트(Thomas Weikert)였다. 그는 여기서 그치지 않고 남한 대표 IOC 선수위원 유승민과 북한탁구협회 서기장 주정철을 모아 긴급 3자회담을 가졌고, 거기서 종합된 의견을 출전국에 전하고 허가를 받았다. 그렇게 12시간 만에 기적적으로 남북단일팀이 깜짝 결성되었다. 토마스 바이케르트는 "대회 규정을 100% 따른 것은 아니지만 팀들이 받는 불이익이 없고, 앞서 다른 모든 팀이 동의를 해주었기에 가능하였다. 만약 다른 팀이 반대하였다면 단일팀 구성은 없었을 것이다. 하지만 남북의 단일팀 구성은 규정을 어길 만큼 가치 있는 일이기에 추진하게 되었다."고 말하였다. 그렇게 스웨덴에서 깜짝 결성된 남북탁구대표팀의 단일팀 결정은 한반도와 세계의 주목을 받았다.

하지만 남북단일팀 구성이 그리 긍정적인 것만은 아니다. 그 이유는 너무나도 단순하다. 무엇을 위한 단일팀인가에 대한 문제, 그리고 단일팀을 단순 이벤트로만 생각해 단발적으로 실행하기 때문에 긍정적으로만 생각할 수 없는 것이다. 최초의 단일팀도 마찬가지였다. 지바에서 최초로 구성된 남북단일팀은 세계 최강 중국의 장벽을 넘어 여자단체전 우승을 차지하며 한반도를 넘어 해외의 디아스포라 그 중 재일조선인 사회에 큰 감동을 선물하였다. 이를 두고 언론에서는 '스포츠를 통해 남과 북이 작은 통일을 이뤘다.'고 보도할 정도로 긍정적인 평가를 받았다. 하지만 지바 이후 좋은 흐름으로만 이어질 것 같던 남북단일팀과 남북의 관계는 지속되지 못하였다. 그리고 이후 다시 단일팀을 구성하는 데 27년이 걸렸다.

평창에서의 단일팀 구성은 분명 지난 십여 년 동안 남북 관계에서 가장 극적인 화해의 몸짓이었으며, 이를 통해 한반도의 분위기가 변화할 수 있었다는 것은 명백하다. 하지만 단일팀이 더욱 의미가 있으려면 지속적인 만남을 통한 교류로 하나의 이슈가 아닌 한반도의 문화가 되어야 한다. 한반도의 평화를 위한 방안으로 단일팀, 더 나아가 한반도의 평화를 말할 때 이벤트 즉, '쇼'로 비치지 않게 하려면 무엇이 필요할까에 대한 고민을 영화 〈코리아〉(2012, 감독 문현성)를 통해 살펴보자.

누구를 위한
단일팀인가?

평창에서 좋은 평가를 받은 단일팀이 이슈가 되면서 영화 〈코리아〉도 자연스럽게 이슈가 되었다. 〈코리아〉는 1991년 4월 지바 세계탁구선수권대회에서 최초로 구성된 남북단일팀의 역사를 스크린에 옮긴 영화이다.

이 영화는 최초의 남북단일팀이 세계 최강이라 불리던 중국의 장벽을 넘어 여자단체전 우승을 차지하게 된 드라마와도 같은 실화를 바탕으로 하였다. 이 대회는 한반도는 물론이며 해외에 있는 디아스포라 특히, 재일조선인 사회에 그동안 받은 설움을 이겨낼 수 있게 해준 감격스러운 사건이기도 하다. 거기에 탁구를 통해 남과 북이 작은 통일을 이뤘다고 보도될 정도였으니 그 파급력은 엄청난 것이었다.

영화는 1990년 북경 아시안게임에서 남한대표 정화

이런 작별이 어딨어
편지할게도...
전화할게도...
또 만나자는 말도 못해...

사상최초 남북 단일팀
코리아

(하지원)와 북한대표 분희(배두나)가 준결승전을 치르면서 시작한다. 이 경기에서 정화가 승리하며 중국의 덩야핑과 결승전을 치르지만 세계 최강이란 장벽에 가로막혀 2위를 차지하고 만다. 이후 메달 수여식에서 정화와 분희는 서로 견제하며 우승을 다짐한다. 시간이 지나 남한 대표팀은 지바탁구선수권대회를 준비하는 도중에 뉴스를 통해 남북체육회담에서 남북단일

팀(팀명 '코리아')을 구성하기로 결정했다는 소식을 접하게 된다. 이에 선수들은 그동안의 연습과 노력을 인정해달라며 남북단일팀을 반대한다. 하지만 탁구협회는 정부의 결정이기에 강력한 우승 후보인 정화가 참여하지 않는다 해도 진행할 것이라고 딱 잘라 말한다. 결국, 정화와 대표팀은 어쩔 수 없이 코리아팀으로 대회에 참가하게 된다. 이 때부터 단일팀은 누구를 위한 것인가에 대해 질문을 던질 수 있다.

두만: 순복 동무는 왜 그렇게 긴장을 하고 그랬습네까? 원래 첫 경험이란 게 다 그랬습네다. 뭐 힘

든 일 있으면 언제든지 오빠한테 상의하시라
요. 완전 내 스타일입네다.

분희: 공화국 탁구대표, 리분희입니다. 오두만 동무
는 국제대회 때마다 보는데 항상 웃는 얼굴이
라 참 좋습니다. 남조선 남성동무들은 모두 오
두만 동무처럼, 여성동무들을 희롱하는 걸 즐
깁니까? 여기에선 탁구에만 집중하시디요.

정화: 대한민국 국가대표 현정화에요. 남한사람들은
원래 처음 만난 자리에서 가벼운 농담으로 분
위기를 풀죠. 이런 불필요한 긴장은 방해가 되
니까요. 그걸 가지고 희롱이라고 하지 않죠.

분희: 남조선에선 인권을 중시한다더니, 여성동무들
에겐 그렇지도 않은가 봅니다.

정화: 매너를 가지고 희롱이라니 뭐라 할 말이 없네요.

역시나 코리아팀의 첫 만남은 순조롭지 못했다. 자유
로운 남한 선수들과 각 잡힌 모습의 북한 선수들이 서로
마주하며, 기선 제압에 힘을 썼다. 거기에 라이벌인 정화
와 분희의 기싸움은 이들을 더욱 치열하게 만들었다. 정화
와 분희의 관계는 라이벌이지만, 동시에 국가를 대변하는
인물이다. 그리고 이들의 첫 만남은 남과 북이 서로를 보
는 첫인상을 그대로 표현한다. 그 예로 여성 희롱과 인권,
매너 등의 이야기만 봐도 서로가 서로를 어떻게 바라보며

어떻게 생각하는지 무엇이 그들을 긴장하게 하고 갈등하게 만드는지를 알 수 있다.

> 경섭: 남조선에선 다른 나라 수령의 존함을 그따위로 부르는 게 경우가? 나무젓가락으로 모가지 따는 거 본 적 없디? 나는 따 본 적 있어. 추동무 이름. 앞으로 조심하라우. 한 번만 더 수령님 존함 갖고 농짓거리하면 기땐 니 모가지에 구멍 날 수 있어. 알간?

이후 선수단을 환영하는 자리에서 일이 터지고 만다. 남한 선수 두만(오정세)은 같은 팀 일성(박영서)을 불렀지만, 북한 선수 경섭(이종석)은 불편한 심기를 감추지 못하며 두만에게 경고한다. 이를 두고 두만 또한 기분이 상해 경섭의 경고를 무시하고 도발하기에 이른다. 결국, 두 선수단의 앙금은 점점 더 커져 난투극으로 이어지게 된다. 사실, 두만은 북한 선수들을 도발하기 위해 일성을 부른 것은 아니었다. 우연히도 일성이란 이름을 가진 선수가 같은 선수단에 있었고, 아무런 생각 없이 부른 것이 오해의 출발이었다. 하지만 북한 선수단은 일성이란 이름만으로도 충분히 오해할 만한 상황이었다. 그렇기 때문에 이 둘의 문제는 서로에 대한 배려가 부족했으며, 문화적 차이에서 빚어진 결과였다. 그리고 두 선수단의 싸움은 '코리아 단일팀,

또 하나의 38선을 긋다'라는 제목으로 언론에 보도된다.

　　　　남한 간부: 남북 단일팀 말이에요. 탁구나 잘 치자고
　　　　　　　　만든 거 아닙니다.

　　　　북한 간부: 조지도원 동무. 우리가 웃음거리나 되자
　　　　　　　　고 유일팀 한 거요? 이번 사업이 그렇게
　　　　　　　　한가로운 일이 아니라는 거 명심하시오.
　　　　　　　　이거 당의 마지막 경고요.

　　간부들은 조감독(김응수)과 이코치(박철민)에게 단일팀의
중요성을 각인시키며 이들에게 단합할 것을 촉구한다. 그리
고 이들에게 단일팀은 국가에서 내려진 명령이자 하나의 '사
업'이기에 좋은 결과를 만들어 내야 한다고 강조한다. 코칭
스텝도 대회와 단일팀의 중요성을 알고 있기에 선수단의 단
합을 위한 훈련을 강행한다. 강도 높은 단합 훈련을 강행하
지만 선수단은 쉽게 단합되는 모습을 보이지 못한다. 목표만
큼은 선수단이 일치하는 듯 보이지만, 조금만 안으로 들어
가 보면 무엇이 다른지 쉽게 알 수 있다.

　　끊임없는 긴장감 속에서 코리아팀은 또다시 갈등의
상황에 놓이게 된다. 대회 규정상 단일팀은 하나의 팀이기
에 복식조 또한 하나의 복식조만이 참가할 수 있다. 이러
한 이유에서 남과 북의 선수단은 각자가 우세함을 표하며
서로 출전하려 한다. 코칭스텝은 이를 현실적으로 해결하
기 위해 여자복식조 선발전을 개최하게 된다. 그리고 여자

복식조의 구성을 남남으로 하든, 북북으로 하든 상관없이 선발전에서 이긴 복식조가 대회에 출전하기로 결정한다. 사실 이들에게 단일팀은 중요하지 않았다. 명목상 단일팀이지 그저 남과 북의 선수단은 자신들이 더 우세함을 드러내고 싶었고, 지기 싫었을 뿐이다.

선발전이 진행될수록 두 선수단은 날 선 신경전을 벌이며 서로를 비방하기 시작한다. 그리고 마지막 점수를 두고 애매한 상황이 발생하자 더욱 거세게 서로를 향한 모욕적인 말과 몸싸움까지 벌인다. 하지만 그것도 잠시 정화의 패배 인정으로 모든 것이 종결되고 만다. 그리고 북한 선수단의 복식조가 대회에 출전하게 된다. 이들이 보이는 날 선 대립은 단일팀이라는 말이 무색해질 정도로 서로를 어색하게 만드는 부분이다.

서로에 대한 어색함을 유지한 채 지바세계탁구선수권대회가 시작되었다. 코리아팀은 세계의 주목을 받으며 첫 상대인 일본을 맞이하여 손쉬운 승리를 예상했다. 하지만 기대와 달리 순복의 긴장과 실수로 고전을 면치 못하게 된다. 가까스로 일본전에서 승리한 코리아팀은 다시 한 번 모든 이들의 걱정과 우려를 사며 분위기가 급속도로 냉랭해지게 된다. 이에 남북의 간부들은 단일팀 코칭스텝에게 왜 정화와 분희를 복식조에 출전시키지 않느냐며 질타한다. 그러면서 코리아팀 구성의 이유는 정화와 분희가 복식조로 출전하는 경기를 보기 위함임을 명심하라고 말한다.

　　코리아팀의 남북의 선수들 그리고 간부들은 각자의 이유에서 단일팀을 바라본다. 여기서의 단일팀은 그 누구를 위한, 그 누구의 단일팀도 아니었다. 단일팀은 그저 국가의 성과만을 위해 존재하는 것이었다. 거기에 이들에게도 분단의 현실은 극복하기 힘든 부분이었다. 분단 상황에서 남북단일팀 선수들은 각자의 체제 속에서 살아왔고, 남과 북은 서로에 대한 적대감만을 생산해왔다. 그렇기 때문에 선수들도 이와 같은 입장으로 단일팀에 임하고 있었다.

단일팀은 사람과
사람이 만나 이뤄지는 것

　　순복: 조지도원 동지, 나 대신 정화동무를 출전시켜
　　　　주십시오. 정화 동무를 위해서가 아닙니다. 우
　　　　리 코리아팀 전체를 위해서 부탁드리는 겁니다.

　　이때부터 단일팀은 새로운 전환점을 맞이하게 된다. 경기 후 순복(한예리)은 조감독에게 코리아팀을 위해 정화를 분희와 같은 복식조로 선발해달라고 요청한다. 순복은 처음부터 단일팀을 바라보는 입장이 조금은 달랐다. 해외의 경험도 처음이며, 남한 선수들을 처음으로 만났기에 모든 것이 낯설었다. 하지만 탁구 하나만을 생각하는 마음은 처음과도 같았다. 탁구를 하기 위해 왔으며, 탁구로 모든 것을 극복할 수 있다고 믿었기 때문이다. 그래서 모두가 보는 앞에서 자신의 무력함을 대신해줄 수 있는 정화를 추천하게 된 것이다.

> 분희: 정화동무, 잠깐 얘기 좀 하자우. 어케 생각하니? 순복동무 의견.
>
> 정화: 관심 없는데…
>
> 분희: 나는 동생들이 많아서 항상 양보하고 살았더랬어. 아바지 오머니에게 부탁을 해본 적이 없어. 아바지가 어디서 구했는지 탁구채하고 탁구공을 주셨는데… 시간이 지나면서 탁구채는 낡아빠지고, 탁구공은 찌그러져만 갔지. 그래서 며칠을 계속 울었어… 그때 처음으로 아바지한테 부탁해봤어. 새로운 탁구채와 탁구공이 필요하다고. 기때 아랐디… 내가 이 탁구를 오래 치갔구나. 동무처럼 죽자고 치갔구나. 이케 말이야… 내가 부탁하면 들어주갔어?… 내 일보자. 오전 복식 연습… 기다리갔어.

처음에 정화는 복식조로 참가할 이유가 없다며 거절한다. 하지만 분희는 자신의 이야기를 하며 정화에게 부탁한다. 분희의 이야기는 정화가 살아왔던 삶과 다르지 않음을 확인시켜준다. 이들은 탁구라는 매개를 통해 서로의 진심을 확인할 수 있었다. 서로 다른 문화 속에서 살아갔지만, 탁구 하나만큼은 그들의 삶에서 가장 중요한 것이라는 생각은 다르지 않았다.

진솔한 삶에 대한 이야기는 진정한 소통으로 이어질 수 있는 계기가 되었다. 진정한 소통은 정화와 분희의 관계만을 변화시킨 것이 아니었다. 시간이 지나면서 서로 부딪혀가며 서로를 이해해가는 모습을 통해 선수단 전체의 분위기는 전환되어 갔다. 이후 선수단의 모습은 지극히 평화로운 일상의 모습을 보였다. 그렇게 영화는 서로 함께 먹고 마시고 나누는 장면을 보여준다. 그리고 이전에 갈등을 유발했던 것들이 그들에게 그리 중요하지 않다고 말한다. 팀의 분위기가 최고조에 이를 때쯤, 또 하나의 문제가 발생한다. 바로 국가의 정치적 개입이었다.

> 연정: 억지로 같이 탁구 치라고 할 땐 언제고, 이렇게
> 그냥 끝내는 게 어덨어요!!
> (중략)
> 정화: 이렇게 일방적으로 정리할 수 없어요. 서로 이
> 야기하면 다 해결될 일 아닌가요? 왜 들어보려
> 고 하지도 않냐고요!

코리아팀이 하나가 될수록 북한 감시원의 감시는 더

욱 철저히 이뤄졌다. 그 이유는 북한 선수단의 사상변질과 망명을 우려했기 때문이다. 거기에 경섭이 프랑스 감독으로부터 받은 명함 한 장이 큰 파장을 일으키게 된다. 이에 북한의 간부는 북한 선수단의 망명을 우려하며 북한 선수단의 경기 출전을 제한하기에 이른다. 코리아팀의 팀원들은 단일팀 구성부터가 강압이었으며, 자신들의 이야기를 들어 보려하지 않았다며 억울함을 호소한다. 그럼에도 불구하고 남한간부와 북한간부는 변하지 않았다. 그렇게 북한 선수단은 명령에 복종함으로써 준결승전에 불참하게 된다. 북한 선수들이 빠진 상황에서 코리아팀은 준결승에 임하였고, 우여곡절 끝에 결승전에 진출하게 된다.

> 정화: 왜 우리가 또 단절되어야 합니까? 탁구 하나 같이 친다고 하나 되는 거 아니겠지만 그래도 우리는 같이 치고 싶습니다. 리분희, 유순복, 최연정, 현정화 우리는 같이 치고 싶습니다.

결승전 당일, 경기장으로 향하는 버스에 탑승하려던 중 정화와 남한 선수단은 조감독에게 코리아팀으로 출전할 수 있도록 요청한다. 단일팀의 존재 이유는 함께 하는 데 있다는 것을 단일팀 구성원들은 누구보다도 잘 알고 있었다. 하지만 국가의 개입으로 인한 압력은 단일팀의 구성원들을 무기력하게 만들었다. 그럼에도 불구하고 정화의 외침은 그들이 단일팀을 할 수밖에 없음을 말한다. 정화의 외침을 들은 조감독은 고심 끝에 감시대장에게 모든 일의 책임은 본인이 질 테니 도와달라고 말한다. 결국 감시대장도 조감독의 진심이 통했는지 도움에 응하고, 코리아팀은 완전체로 결승전에 참가하게 된다.

> 이코치: 그래 이게 바로 우리의 현실이다. 갈라지고 나누어진 땅에 각자 따로 살면서 탁구대에서도 적으로 서로를 마주보며 만나야 했다. 많은 사람들이 이 선을 넘고 그래서 같은 곳에 서고 싶어 했는데도 말이다. 그러니 우리가 나란히 서면, 하나가 되면, 그 힘이 얼마나 커지는지 보여주자. 이 찬란한 순간이 다시 오지 않더라도 결코 후회하지 않도록 최선을 다해주길 바란다. 명심하기 바란다. 팀보다 위대한 선수가 없다는 것을…

코리아팀은 분단의 현실 속에서 적으로 서로를 마주보며 만나야 했다. 하지만 그들은 서로 단일팀이라는 하나의 목표로 함께 마주할 수 있게 되었다. 그것이 바로 단일팀이 가진 힘이었다. 결승전에서 심판의 오심과 조감독의 퇴장 등 악재를 거듭하지만 정화와 분희는 서로를 의지하고 믿으며 경기를 펼쳐나가 최강 중국팀을 이기고 우승을 차지하게 된다.

> 정화: 언니, 나 뭐라고 해? 전화할게도 안되고, 편지
> 할게도 안되고, 뭐라고 인사해, 나 뭐라고 해야
> 되냐고…

우승에 대한 기쁨도 잠시 코리아팀은 이별을 맞이하게 된다. 정화와 분희 그리고 코리아팀은 서로에 대해 애틋한 마음을 전달하고 다시 만날 것을 기약하며 헤어지게 된다. 분단의 현실 속에 진행된 단일팀이었다. 하지만 단일팀의 헤어짐은 또 다른 이산의 아픔을 만들며 분단의 현실을 극복하지 못한 채 그렇게 끝을 맞이하게 되었다.

그로부터 2년 후 세계탁구선수권대회에서 정화와 분희는 서로 상대편으로 마주하게 된다. 둘은 언제 그랬냐는 듯이 경기를 진행한다. 하지만 달라진 것이 있었다. 바로 서로를 마주보는 시선, 태도, 언어 등 누가 먼저라 할 것 없이 달라져 있음을 확인할 수 있었다. 영화는 이 장면을 마지막으로 실제 지바에서의 사진과 경기영상을 보여주며 끝이 난다.

영화 〈코리아〉는 지바 세계탁구선수권대회에 참가한 46일간의 남북 단일팀의 역사를 담아내며 그날의 감동을 기억하고 있다. 그러면서도 남북단일팀이 무엇을 위해 존재해야 하는가에 대해 언급한다.

단일팀은 '이벤트'나
'쇼'가 아니다

지바에서의 46일간 단일팀을 재현한 영화 〈코리아〉는 단일팀의 역사만을 이야기하는 영화가 아니다. 영화는 단일팀이 존재해야 하는 이유 그리고 무엇이 억압하고 자유롭게 할 수 있는지를 보여준다.

영화에서는 구체적으로 국가에 대한 이야기는 나오지 않는다. 하지만 국가는 언제나 그들을 도구로 인식하고 있는 모습을 보인다. 예를 들어 단일팀의 존재 이유, 그리고 복식조에서 정화와 분희가 짝을 이뤄야 하는 이유 등이 그러하다. 그리고 국가는 그들을 이용한 하나의 이벤트를 만들고자 하였다. 그렇기 때문에 지금까지도 단일팀을 바라

- 우승 트로피를 들어 올린 후 헤어졌던 남북단일팀은 언제 다시 만날 수 있을까?

보는 시각이 이슈 혹은 이벤트, 쇼로 폄하되는 것이다.

더 나아가 비단 단일팀만의 문제는 아니다. 한반도에서 평화를 위한 몸짓을 보일 때마다, 반대급부적으로 그것을 하나의 정치적 쇼로 이해하는 경우가 많다. 故 김대중 대통령, 故 노무현 대통령의 방북에서도 그러했고, 판문점 선언 때에도 하나의 이벤트로만 그치는 것이 아니냐는 시각이 팽배했다. 그리고 그 이후의 만남은 없었기에 더욱 그러했다.

하지만 단일팀이나 한반도의 평화는 무엇보다도 중요한 사안이다. 단일팀은 서로 단절되었을 때, 만남을 주선해주는 장소가 되며 만남을 통해 서로에 대한 진심을 이해할 수 있게 하는 시간을 제공한다. 단일팀의 존재 이유는 바로 여기에 있는 것이다. 단일팀은 서로를 적대적으로 생각했던 사람 사이의 만남 그리고 그 안에서 진심을 나누는 대화, 진솔한 삶의 대화를 통한 이해를 위한 가장 효과적인 수단이다. 그렇기 때문에 단일팀이 한순간의 이벤트로만 끝나게 된다면 영화 〈코리아〉에서 보인 것과 같은 또 다른 아픔을 양산하게 된다. 그 아픔은 누구도 책임질 수 없는 아픔이기에 쉽게 아물지 못할 것이다.

결국 모든 것은 사람이 하는 것이다. 그렇기 때문에 반복적인 만남 그리고 서로를 마주할 수 있는 시간이 있어야지만 진실한 이야기를 할 수 있다. 마찬가지로 한반도에서의 평화를 이야기할 때, 단순히 한 번의 만남으로 모든 것을 이룰 수 없다. 끊임없는 만남과 수많은 시간과 노력, 끝없는 대화가 있어야 가능하다. 그것이 전제되지 않고서는 아무것도 이룰 수가 없다. 영화에서 단일팀의 구성원들이 보인 바와 같이 서로에 대한 시간과 노력이 있어야 진정한 소통을 이룰 수 있는 것이다. 그렇기 때문에 단일팀을 단순 이벤트나 정치적 쇼로 생각해서는 안 된다.

국가의 정치적 이익만을 위한 목적으로 사용되는 단일팀은 지양되어야 한다. 또한 당장의 성과만을 위해서라면 단일팀이 존재해야 할 이유가 없다. 지속적인 만남을 위한 단일팀, 상대방에 대한 인식 개선을 위한 단일팀, 그리고 한반도의 평화를 위한 단일팀의 구성만이 있어야 한다. 그래서 무엇을 위한 단일팀인지가 중요한 것이다. 여기서 단발적인 단일팀이 아닌 지속가능한 단일팀의 구성을 추진해야 하는 당위성이 생기는 것이다.

실제로 남북단일팀은 우리의 생각보다 많은 것을 시사해준다. 남북이 함께 입장하는 모습, 그리고 하나의 팀을 구성하여 경기하는 모습 등은 한반도의 주민뿐만 아니라 해외의 디아스포라, 그리고 전 인류에 평화를 향한 좋은 본보기가 될 수 있다. 긍정적인 시각으로 남북단일팀을 끊임없이 추진한다면 모두가 원하는 평화를 기대할 수 있을 것이다.

건국대학교 통일인문학연구단 소개

- 통일인문학연구단은 국내 최초로 분단 극복의 문제와 인문학을 본격적으로 결합시켜, '소통 치유 통합의 통일인문학'을 표방하며 건국대학교 인문학연구원에서 출범한 연구기관입니다.
- 2009년 한국연구재단의 '인문한국(HK)지원사업'에 선정되면서 연구 체계를 본격화하였으며, 2012년 1단계 평가에서는 '전국 최우수 연구소'로 선정되었습니다.
- '소통 치유 통합'의 아젠다를 통해 새로운 통일 패러다임을 모색하고 있는 통일인문학연구단은 분단 극복과 한민족 통합으로 나아가기 위한 인문적 비전과 실질적인 정책을 제시하기 위한 학문 연구 및 사회 활동을 펼쳐 나가고 있습니다.
- 현재 통일인문학연구단은 내부적으로는 10여 명의 교수진, 대학에 재직 중인 10여 명의 공동연구원, 20여 명의 HK연구원 등의 연구인력을 포함할 뿐만 아니라, 건국대 교책연구원으로서 문과대학 각 학과의 교수진을 아우르고 있습니다.
- 통일인문학연구단은 미국, 일본, 중국, 러시아, 유럽권 등 10여 개 해외 연구기관들과 협력체계를 구축하고 이에 기반한 연구를 진행 중에 있습니다. 2018년 2월 현재 통일인문학연구단의 출간도서는 총 70권에 이르고 있습니다.

〈영화 속 통일인문학〉을 쓴 사람들(차례순)

김성민 | 건국대학교 철학과 교수와 인문학연구원장으로 재직하면서 2009년부터 통일인문학연구단을 이끌고 있다. 건국대학교 문과대학장과 미국 뉴욕주립대학교 방문교수를 역임했으며 인문한국(HK)연구소협의회장 및 (사)한국철학사상연구회 회장으로도 활동 중이다.

박영균 | 고려대학교에서 철학을 공부하고 서울대, 건국대 대학원에서 기술철학과 정치-사회철학을 전공했다. 현재는 건국대 인문학연구원 산하 통일인문학연구단의 HK교수로 재직 중이며 건국대 대학원 통일인문학과에서 학생들을 가르치고 있다. 개인적으로, 이 책은 현대 정치철학에 대한 관심을 살려 통일인문학과에서 학생들과 통일을 인문학적으로 정립해가면서 다른 한편으로 근대 제국주의가 남긴 동아시아의 역사적 트라우마를 극복하는 길을 찾는 과정이 낳은 산물이라고 할 수 있다.

이시종 | 건국대학교 사학과를 졸업하고 대학원에서 한국현대사를 전공했다. 사회주의 운동 및 임시정부에 대한 석사학위 논문을 쓴 후 20년도 더 넘어 다시 모교로 돌아왔다. 건국대학교 대학원 통일인문학과 박사과정을 수료하고 통일인문학연구단 연구원 및 민화협 정책실장으로 재직 중이다.

박솔지 | 경기도 연천과 의정부에서 초·중·고를 다녔다. 사람의 의지와 힘과 상관없이 삶과 마음이 무너질 수 있는 'IMF'를 보며 자란 세대이고, 그래서 돈보다 중요한 사람의 가치와 삶의 문제를 고민하며 살아왔다. 더 많은 사람들이 함께 잘 살 수 있는 세상을 만드는 데 보탬이 되려고 학부에서 정치외교학을 전공했다. 행동하는 연구자, 공부하는 활동가를 꿈꾸며 지금은 건국대학교 대학원에서 통일인문학 박사과정과 연구원 활동을 병행하고 있다.

신매인 | 경희대학교에서 동서의과학을 공부하고 건국대 대학원에서 통일인문학을 공부하는 중이다. 고등학교, 대학교에서 흔히 말하는 이과생으로 살다가 남북문제와 남남갈등에 관심이 생겨 진로를 바꾸었다. 영화 〈박열〉을 통해 남북이 공유하는 일본 식민지에 관한 문제에 접근해보고자 글을 쓰게 되었다. 사회의 첨예한 갈등에 대한 해결은 인문학에서 찾을 수 있다는 것을 발견했다. 이과생

으로 인문학에 로망이 있다고나 할까. 평소에는 책을 읽거나 애니메이션을 보며 일상을 묵상하기를 즐긴다.

김정아 | 이화여대에서 행정학을 공부하고, KBS에서 일했다. 〈다큐멘터리한국전쟁〉, 〈KBS영상실록〉, 〈인물현대사〉 등 한국 근현대사를 다룬 다큐멘터리제작팀에서 영상자료를 담당했다. 프로그램 제작과정에서 만난 우리 시대의 아픔에 공감하고, 다른 생각을 가진 사람들과 소통하고 싶어 갈등해결교육을 공부했다. 현재는 한국현대사의 분단모순으로 인해 깊어진 남북, 남남갈등과 사람들의 슬픔과 역사적 상처를 치유하고자 '소통·치유·통합의 통일인문학'을 공부하고 있다.

박성은 | 독재 시절에 태어나 민주주의가 조금씩 자라는 속도에 맞춰 역시 조금씩 자라나고 있는 중년의 여자 사람. 90년대 절망과 희망 사이를 오가다 회색지대에 숨어 두 딸을 낳아 길렀다. 아이들 적당히 키웠으면 다시 너 자신이 되라는 어머니신 당금애기의 신탁을 받고 다시 공부를 시작한 만학도. 공부해서 쓸모 있는 사람이 되는 게 꿈이다. 바람이 버드나무를 흔들어 내는 소리, 물이 자갈길을 지나며 이야기하는 소리를 좋아한다. 20년 후에 버드나무 그늘에 앉아 동네 아이들에게 그림책을 읽어주는 노년 여자 사람이 되는 꿈도 꾼다.

신호명 | 북한에서 고등학교를 졸업한 후 전방에서 군인으로 근무했다. 7년 만에 고향에 방문했는데 가족 모두 한국으로 갔다는 소식을 듣고 탈북을 선택했다. 입국 후 자동차 정비에 흥미가 생겨 관련된 학교를 다녔고 졸업 후 동종직종으로 취직했다. 회사생활을 하다가 나만의 사업을 하고 싶어서 28살에 자동차판금도장으로 창업했다. 이후 다시 체계적인 경영을 배우고자 2011년에 건국대학교 경영학과로 입학했다. 학업 중에 통일에 관심을 갖게 되면서 대학원에서 통일인문학을 공부하기 시작했고 현재 석사 과정을 수료했다.

임지훈 | 이북 태생인 아버지 슬하에서 일찍부터 통일과 북한에 대한 관심을 갖게 되었다. 2012년 북한대학원대학교 북한학과 석사졸업(석사학위논문 '천리마운동초기 북한 가족 변화, 1958~1961') 2014년 3개월의 짧은 개성공단관리위원회 상황관리실 근무 후, 남북 주민 간의 상호접촉변화에 관심을 갖고 2016년 건국대학교 통일인문학과 박사과정에 입학했다. 2018년 수료 후 격변의 한반도 속에서 남북교류개발전략가로서 새로운 길을 준비 중이다.

강송희 | 대진대학교에서 사학과 경제학을 공부하고 건국대학교 대학원에서 통일인문학을 공부했다. 사학을 전공하면서 지속적으로 한국 현대사와 남북 분단 문제에 관심을 가져왔고, 통일교육원에서 실시하는 학교통일교육과 통일캠프에서 간사 일도 하였다. 현재는 석사과정을 마치고 HK연구원으로 활동하고 있다. 한국사회의 많은 문제가 분단 트라우마에 기인한다는 시각에서 석사논문을 썼고, 그것에 기반을 두고 영화 치유의 메시지로 확장을 꾀하였다. 한강의 소설을 좋아하며, 틈만 나면 좋아하는 고양이를 즐겨 그린다.

한상효 | 건국대학교 대학원에서 구비문학을 공부하고 있으며 박사과정을 수료했다. 구비문학 속 역사 설화에 관심을 갖고, 구비문학 속의 민초들의 역사적 의식을 바탕으로 오늘날의 현실 문제를 어떻게 해결할 수 있을 것인가에 대해 고민하고 있다. 영화가 분단문제에 대한 민중들의 고민들을 나타낸다는 사실을 깨닫고 이를 탐구하기 위해 이 책을 집필하였다. 현재 건국대학교에서 강의를 하고 있으며, 통일인문학 연구단 연구원으로 활동하고 있다. 지은 책으로는 『우리가 몰랐던 북녘의 옛이야기』(공저), 『분단체제를 넘어선 치유의 통합서사』(공저)가 있다.

조동현 | 조선민주주의인민공화국 함경북도 온성군에서 출생. 동구권 붕괴와 미국의 경제적 재제로 "고난의 행군"이라는 경제난이 발생하게 되어 가족의 와해와 함께 1999년, 탈북하게 된다. 중국에서

8년 동안 체류하다가 2009년, 한국으로 입국. 초·중·고 검정고시 과정을 마치고 2011년, 한국외국어대학교에 입학해서 중국지역학과와 정치외교학과 학사를 마치고 졸업한다. 2017년 3월에 건국대학교 통일인문학과 입학. 현재 통일인문학과 석사 과정 재학 중이다.

조배준 | 사회철학을 더 깊이 공부하려고 박사과정에 진학했으나 통일인문학이라는 새로운 학문을 만들어가는 데 약간의 보탬이라도 되려고 살다 보니 30대가 훌쩍 지났다. 건국대학교 통일인문학연구단에서 한반도의 역사와 시대정신에서 발현된 문제의식을 통해 서양근대의 사회·정치철학을 실천적으로 연구해보려는 전망을 갖게 되었다. 다양한 주제의 시민 인문학 강의를 기획했고 통일교육 및 인문체험형 DMZ 답사 프로그램에 참여하고 있다.

전영선 | 건국대학교 통일인문학연구단 HK연구교수. 대학에서 국문학을 전공하였고, 고전문학의 현대적 전승과 남북한의 변용에 대한 연구로 한양대학교에서 문학박사 학위를 받았다. 대학에서 북한 사회문화와 관련한 강의와 연구, 남북 문화의 소통과 교류협력을 주제로 연구를 진행하고 있다. 『북한에서 여자로 산다는 것』『김정은 리더십 연구』『글과 사진으로 보는 북한의 사회와 문화』『영상으로 보는 북한의 일상』『북한의 언어-소통과 불통 사이의 남북언어』등의 저서가 있다.

이병수 | 서울대학교에서 서양철학을 공부했다. 20세기에 전개된 이 땅의 사상, 철학에 관심이 있다. 건국대 통일인문학연구단에 들어와 통일연구를 해온 지도 벌써 10년이 되어간다. 그동안 지식 중심의 문헌 연구를 해왔지만, 모름지기 통일연구는 일반 대중과 함께 호흡할 수 있는 느낌과 감수성의 영역으로 그 지평을 확대해야 한다고 늘 생각해왔다. 이 책에 저자로 참여하면서 능력의 한계도 느꼈지만, 그런 생각은 더욱 공고해졌다.

박민철 | 건국대학교에서 철학을 공부하고 같은 학교 철학과 대학원에서 철학 박사학위를 받았다. 졸업 이후 인문교양, 철학적 글쓰기와 토론, 윤리학과 한국현대철학 관련된 대학 강의를 담당하였다. 2014년 3월 이후 건국대 통일인문학연구단 HK연구교수로 재직하면서 통일인문학, 한반도현대철학, 한반도 사상사, 남북의 지성사, DMZ윤리학 등을 연구하고 있다. 이제는 아이 티를 벗은 6살 아들과 연상의 아내, 그리고 이북 단천이 고향이신 장모님과 살고 있다.

유진아 | 대학을 졸업하고 에콰도르로 2년간 봉사활동을 다녀온 후 10년째 도시의 분주함에 적응 못하는 30대 후반 현재 백수. 우왕좌왕하는 전공만큼 직업도 다양하였으나 학교에서 근무한 기간이 가장 길다. 최근에는 재외 한인들을 지원하는 공공기관에서 일하다 퇴사 후 100일의 여행을 마치며(6월 16일 기준), 어떻게 하면 '조직'에 들어가지 않고 먹고 살 수 있을까를 궁리 중. 글쓰기, 자연, 여행과 사람, 책 등이 지속적 관심사. 학교에서는 탈학학생, 다문화학생, 장애학생, 저소득학생, 탈학교 학생 등을, 최근의 직장에선 고려인을 비롯한 디아스포라 한인들을 주로 만났다. 당장의 과제는 박사 논문 작성과 100일 여행기 정리.

곽아람 | 성신여대, 동대학원에서 국어국문학을 수학하였다. 통일에 대하여 인문학적 관점으로 접근할 수 있다는 사실을 발견하고 박사과정에 진학하여 건국대 대학원에서 통일인문학을 공부했다. 현재는 건국대 인문학연구원 HK연구원으로 활동 중이다. 봉사활동에 관심을 가지고 있어서 틈만 나면 이곳저곳을 다니고 있다.

윤여환 | 한신대학교에서 종교문화학을 공부하고 동 대학 대학원에서 디지털문화콘텐츠를 공부했다. 문화에 관심이 많아 지금까지도 문화 이론에 집중하여 공부하고 있다. 특히, 문화콘텐츠를 '인문학' 중심으로 접근하고자 노력하고 있다.